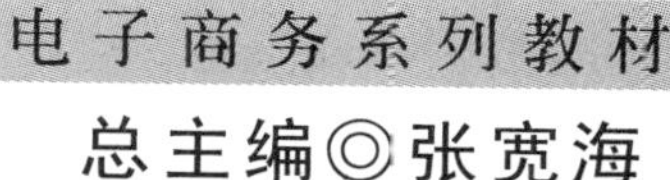

总主编◎张宽海

网络营销

主　编◎成倞媛
副主编◎曹云忠　周　蓓

图书在版编目(CIP)数据

网络营销/成倞媛主编;曹云忠,周蓓副主编.—成都:西南财经大学出版社,2008.1(2009.7重印)

ISBN 978-7-81088-892-9

Ⅰ.网… Ⅱ.①成…②曹…③周… Ⅲ.电子商务—市场营销学—高等学校—教材 Ⅳ.F713.36

中国版本图书馆CIP数据核字(2007)第197259号

网络营销

主编:成倞媛

副主编:曹云忠 周蓓

责任编辑:邓克虎

封面设计:何东琳设计工作室

责任印制:封俊川

出版发行:	西南财经大学出版社(四川省成都市光华村街55号)
网　址:	http://www.bookcj.com
电子邮件:	bookcj@foxmail.com
邮政编码:	610074
电　话:	028-87353785 87352368
印　刷:	四川森林印务有限责任公司
成品尺寸:	170mm×240mm
印　张:	14.75
字　数:	235千字
版　次:	2008年1月第1版
印　次:	2009年7月第2次印刷
印　数:	3001—6000册
书　号:	ISBN 978-7-81088-892-9
定　价:	25.00元

总 序

综观人类社会发展的历程，每一次新的技术进步都对人类的社会、经济和生活产生了深刻的影响，同时也促使人们转变思维方式。技术革命的成果终将会引发一场思想革命并带来理论的进步。计算机和通信技术结合而产生的互联网（Internet）技术，就是这样一种意义深远的新技术。从长远的发展观点来看，它的意义远胜于工业革命时蒸汽机的发明对人类社会的影响。应该说，目前人们对它的认识还处于不断认知的过程中。互联网是可以将人们在网络这种虚拟世界中联系起来的一种新型的关联要素。从这个角度上看就不难理解和解释影响社会和青少年一代的各种网络现象。这种生产关联要素意义深远的作用，还远没有被人们在更深层次上所认识。网络环境的出现乃至于人们认识的“虚拟社会”中的各种现象必然要向我们理论界提出挑战，如何构筑理论基础去解释和指导这些现象，这是我们高等院校从事电子商务教学的学者所面临的重要问题。电子商务是在商务网络上发展的一种经济现象，在缺乏必要的理论支持的情况下它又在实际经济活动中不断发展、成长和壮大，中国的电子商务教育就是在这样的背景下被实际的需求推上了发展的快车道。

在这样的背景下出现的电子商务和在互联网技术支持下所出现的这种新型的商业交易形式必然存在理论认识上的不足。目前，它还处在发展和创新阶段，未来的发展难以预料，这就给人们在理论的研究和实际问题的探讨方面留下了学术发展空间。在面临发展而又缺少必要的理论支撑的条件下，如何设置课程体系的问题是每个高等院校必须解决的首要问题。

从2001年我国教育部正式批准13所高等院校开设电子商务专业算起，在不到6年的时间内全国已有305所高校批准开设这个专业，其中不包括高职高专，如果加上高职高专的700多所高校，全国共有上千所高校开设了这个专业。这样一个庞大发展的专业体系，从试办开始就对这个学科的知识体系、课程体系、大纲进行了广泛的讨论，每年都召开全国电子商务专业建设的工作会议。在这个专业的建设上，各个高校的专家和学者，以及业界的同仁们都发表了广泛的意见。长期存在讨论和争论是客观事实，然而专业在不断发展，市场又有人才培养的需求，这个挑战是我们高校理论工作者面临的亟待解决的问题。

对这个专业建设认识上的分歧主要集中在这个专业的基础应根植于哪个学科的基础上。无论是从经济、管理、计算机还是其他学科的角度都可以找到这个学科发展的交汇点，究竟电子商务学科发展的基础是什么，这就引发了知识体系的归属问题的争论。在意见不可能也不能完全一致的情况下，为解决这个问题，教学指导委员会的专家较一致地提出了知识体系、知识框架、知识模块、知识点的意见，这无疑是多年来讨论的一个结果，同时也是交叉的边缘学科将根植于自己发展理论基础上的一个有益尝试。

上述指导思想为如何构筑合理的学科课程体系，以及保证这个知识体系的实现和具体执行奠定了坚实的基础。鉴于此，我们四川的部分高校联合出版了这套教材。这套教材的思路是从电子商务这个专业的知识体系中，从商务活动过程的规律中，从信息流、资金流和物流整合的模式中来认识电子商务这个交叉学科的特点，来构筑教材的课程体系，并兼顾学科知识体系结构的问题。这种思路是一个尝试，请从事电子商务教学的同行们给予意见和指点。我们希望这套教材多少能对电子商务学科的建设和发展贡献一份力量。

张宽海

2007 年 12 月

前 言

随着计算机网络的普及应用，互联网正在彻底地改变着社会的生产方式和人们的生活方式，基于互联网的电子商务正势不可挡地融入各行各业，逐步改变了现有的商务形态和交易方式。网络营销是电子商务的重要组成部分，从我国目前电子商务发展的现状来看，网络营销是企业开展电子商务活动的主要内容，很多企业开展电子商务活动都是从网络营销开始，在以后相当长的时期内，网络营销也仍然会是电子商务活动中最重要的工作。

本书阐述了网络营销的概念、特点以及与传统营销的关系，分析了网络营销的环境因素，网络环境下消费者的行为方式，网络营销的目标市场定位和细分，在此基础上介绍了网络营销的基本策略以及网络营销的一系列方法。

本书凝聚了编者的教学经验，深入浅出，通俗易懂。本书适合用作高等院校工商管理类本科生教材，也可作为其他专业的选修课教材。

在本书的编写过程中，作者参考了大量的专业书籍和网站资料，其中，第6章王晓伟老师做了大量的工作，第7章宋琛老师做了大量的工作，在此表示衷心感谢。本书的出版还要感谢西南财经大学的张宽海教授及西南财经大学出版社。

由于编者水平有限，编写时间仓促，书中可能存在不当之处，敬请读者批评指正。

编 者
2007年11月

目 录

CONTENTS

第1章 网络营销概述

当今世界，互联网正以惊人的速度发展和普及，对人们的生活起着举足轻重的作用。互联网为人们构造了一个全新的虚拟世界，在这个信息化的世界里没有时间和地区的限制，正好弥补了传统营销在这些方面的不足。对于企业来说，应用互联网开展网络营销将成为企业在越来越激烈的市场竞争中立足和发展的重要环节。

网络营销是以网络及相关技术的发展为基础，密切联系现代市场营销观念的一门综合性、应用性很强的新学科。它的产生引发了一场新的营销革命，同时也引起了业界对于网络营销是否会替代传统营销的问题讨论。作为网络营销的研究者，我们应该看到，现代企业开展网络营销是大势所趋，开展网络营销可以提高企业在市场中的竞争力，但同时我们也应该明白，网络营销并不可能完全取代传统营销，两者会相辅相成，共同完善和提高现代企业的营销能力。

1.1 网络营销与电子商务

1.1.1 电子商务的定义

提到电子商务，很多人首先会想到互联网，并认为电子商务就是通过互联网来开展商务活动。这个定义无可非议，但也是不全面的。事实上，到目前为止，全球还没有一个全面的并能被所有人认可的电子商务的权威定义。不同领域、背景的专家学者从不同的角度提出了对电子商务的见解，从而形成了电子商务广泛、多样化的定义体系。下面是一些具有代表性的定义：

世界贸易组织（World Tourism Organization，WTO）：电子商务是通过电子方式进行货物和服务的生产、销售、买卖和传递。

加拿大电子商务协会（Canada Electronic Commerce Association，CECA）：

电子商务是通过数字通信进行商品和服务的买卖及资金的转账，它还包括公司间和公司内利用Email、EDI、文件传输、传真、电视会议、远程计算机联网所能实现的全部功能（如：市场营销、金融结算、销售以及商务谈判）。

美国政府的《全球电子商务纲要》：电子商务是指通过Internet进行的各项商务活动，包括：广告、交易、支付、服务等活动，电子商务将会涉及全球各国。

《中国电子商务蓝皮书：2001年度》：电子商务指通过Internet完成的商务交易。交易的内容可分为商品交易和服务交易，交易是指货币和商品的易位，交易要有信息流、资金流和物流的支持。

IBM：电子商务=Web+IT，强调的是在网络计算环境下的商业化应用，不仅是硬件和软件的结合，而且是把买方、卖方、厂商和合作伙伴在互联网、企业内部网、企业外部网结合起来的应用。

惠普：电子商务是跨时域、跨地域的电子化世界（E-World，EW）=电子商务（Electric Commerce，EC）+电子业务（Electric Business，EB）+电子消费（Electric Consumer，EC）。

从以上定义可看出，电子商务是一个非常广义的概念，是包括电子交易在内的、利用Web进行的全部商务活动，在不同的领域有其多样性的特点。从技术层面上看，电子商务通过电子手段建立了新的经济秩序，这里的电子手段不仅包括互联网技术，还包括商务过程中所涉及的所有电子信息技术。在诸多的电子手段中，互联网在现今市场有着非常重要的地位，随着互联网在商务应用中的普及，企业采用互联网开展市场营销活动逐渐形成体系，成为现代市场营销中的一个重要模式——网络营销。

1.1.2 网络营销的概念

网络营销在国外有许多种翻译，如Cyber Marketing，Internet Marketing，Network Marketing，E-Marketing等。不同的单词词组有着不同的涵义：Cyber Marketing主要是指网络营销是在虚拟的计算机空间（Cyber，计算机虚拟空间）进行运作；Internet Marketing是指在Internet上开展的营销活动；Network Marketing是指在网络上开展的营销活动，但是这里的网络不仅仅是Internet，还包括一些其他类型网络，如增值网络VAN。目前，比较习惯采用的翻译方法是E-Marketing，E-表示电子化、信息化、网络化的涵义，既简洁又直观明了，而且与电子商务（E-Business）、电子虚拟市场（E-

Market）等进行对应。

在此，我们提出一个比较广义的概念：网络营销是指在现代市场营销的基础上，结合网络技术所产生的新的营销模式，可以是独立的，也可以是作为传统营销的补充而存在。网络营销作为新的营销方式和营销手段来实现企业营销目标，它的内容非常丰富。其内容体系包括：

（1）网上市场调查。主要利用互联网交互式的信息沟通渠道，运用相应的调查技巧和策略来实施在线调查活动。

（2）网上消费者行为分析。通过互联网这个信息沟通工具，及时掌握网络消费者的在线行为，通过对网上消费者在线行为的分析来了解这些群体的特征和偏好，作为制定网络营销策略的基本依据。

（3）网络营销策略制定。网络营销策略制定的方法和步骤是在传统营销策略制定的基础上发展而来，并结合网络营销的特殊性，制定最优的营销方案。

（4）网上产品和服务策略。网络营销的产品和服务有比传统营销更细致的分类，其策略也会依据产品和服务的不同，将传统营销过程中的策略结合网络特点运用到网络营销中，同时也会产生一些新的产品和服务策略。

（5）网上价格营销策略。网络营销在传统营销价格策略的基础上，根据网络消费特征制定相应的价格策略，更好地实现营销利润目标。

（6）网上渠道选择与直销。网络营销由于与传统营销在市场平台存在差异性，渠道选择上也有很多新的特点和选择方式，而且直复营销也成为了网络营销的主流营销渠道，因此为在线企业的发展带来了优势和新的挑战。

（7）网上促销与网络广告。网络广告作为网络营销最重要的促销工具之一，主要仰赖 Internet 的第四媒体的功能，即网络广告具有交互性和直接性，这也逐渐成为传统企业的重要推广方式。

1.1.3 网络营销与电子商务的关系

当互联网技术成为当今电子商务活动中最重要的电子手段时，在其基础上产生的网络营销活动与电子商务概念就逐渐变得混淆起来。要认清两者的关系，我们可以使用图 1－1 来进行分析：

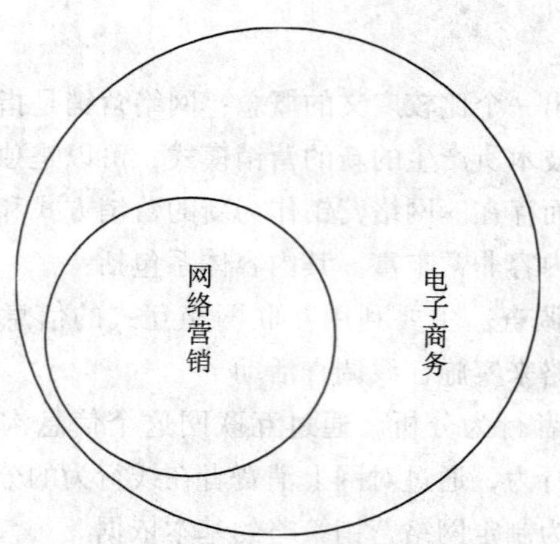

图 1－1　电子商务与网络营销关系示意图

从图 1－1 我们可以看到，网络营销是电子商务活动的重要组成部分，我们不能狭义地将网络营销等同于电子商务，网络营销是电子商务活动发展至今，伴随着互联网在商务活动中的普及而产生的新的营销模式。

网络营销与电子商务是一对联系紧密，又存在明显区别的概念，虽然当今世界人们对于这些概念的研究已经有了很多突破性成果，但仍然有很多人对这两个概念存在认识上的误区，以下我们通过两者的区别与联系来进一步理清两者的关系。

（1）两者的区别：电子商务广义上是指与电子化的商务活动，是利用电子技术进行的所有商务活动的总和，是一个完整的商务体系的概念。网络营销是电子商务整体营销策略的组成部分之一，它可以是一个完整的商务交易过程，也可以作为传统商务的补充和促进活动。

（2）两者的联系：网络营销是电子商务的组成部分，网络营销的发展会促进电子商务体系的整体发展，电子商务技术及理论体系的进步会给网络营销的发展带来更多的有利条件。

1.2　网络营销与传统营销

1.2.1　营销要素的新特点

市场营销（Marketing）是网络营销（E－Marketing）的基础，网络营销是在互联网时代将网络及相关技术运用于营销活动所产生的新的营销模式。

网络营销可以独立存在，也可以成为传统营销活动的补充和促进。

2004年8月，在AMA（美国市场营销协会）夏季营销教学者研讨会上，AMA揭开了关于市场营销新定义的面纱：市场营销既是一种组织职能，也是为了组织自身及利益相关者的利益而创造、传播、传递客户价值，管理客户关系的一系列过程。无论是传统营销还是网络营销都遵循客户主权论，都离不开市场。

根据现代市场营销学理论，营销要素已从早期的4P（产品、价格、渠道、促销）理论发展到美国营销大师劳特朋所创的4C（顾客、成本、方便、沟通）理论，网络营销也在传统营销要素的基础上，产生了新的特点，具体表现在：

1. 消费主体的新特点

营销要素中的顾客（Customer）是指企业应该考虑顾客的需要和欲望，建立以顾客为中心的营销观念，将“以顾客为中心”作为一条主线，贯穿于市场营销活动的整个过程。如：企业应站在顾客的立场上，帮助顾客组织挑选商品货源；按照顾客的需要及购买行为的要求，组织商品销售；研究顾客的购买行为，更好地满足顾客的需要；注重对顾客提供优质的服务等。

网络用户是网络营销的主要消费群体，也是推动网络营销发展的主要动力。图1－2显示了全球互联网用户的年龄分布情况。从图中可以看出，目前互联网用户主要集中在18～35岁，他们的显著特征是年轻化、知识型，他们注重自我，追求个性化的表现，对新事物充满了求知欲，兴趣爱好广泛，对待问题头脑冷静及理性化地思考。对于这样的顾客，通过互联网为他们提供什么样的产品和服务，分析他们的需求特征，网上购物习惯，提供既满足顾客需要又适合互联网特点的人性化服务，成为网络营销所研究的最基本的要素。

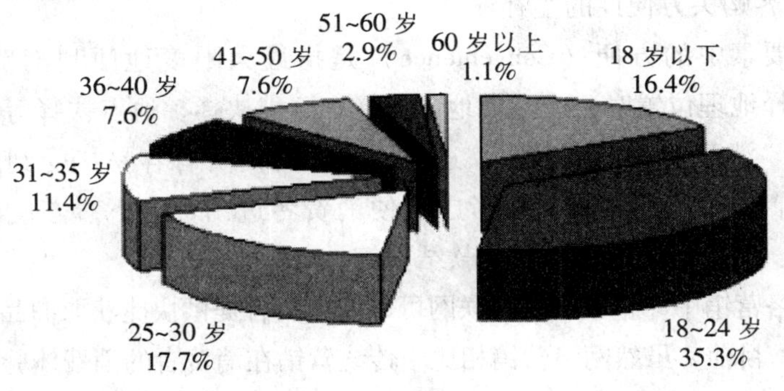

图1－2　全球互联网用户年龄分布

2. 有效降低顾客获取满足的成本

营销要素中的成本（Cost）是指顾客在购买某一商品时，除耗费一定的资金外，还要耗费一定的时间、精力和体力，这些构成了顾客总成本。因此，顾客总成本包括货币成本、时间成本、精神成本和体力成本等。由于顾客在购买商品时，总希望把有关成本包括货币、时间、精神和体力等降到最低限度，以使自己得到最大限度的满足，因此，企业必须考虑顾客为满足需求而愿意支付的"顾客总成本"。企业可通过以下方法努力降低顾客购买的总成本，如：降低商品进价成本和市场营销费用从而降低商品价格，以减少顾客的货币成本；努力提高工作效率，尽可能减少顾客的时间支出，节约顾客的购买时间；通过多种渠道向顾客提供详尽的信息、为顾客提供良好的售后服务，减少顾客精神和体力的耗费。

对于开展网络营销的企业，可以利用互联网的优势更有效地降低顾客成本。互联网是一个开放的环境，作为市场，它没有时域和地域的限制，这就给网络消费者提供了更大的购物空间和灵活性，随着互联网相关技术的不断进步，人们可以非常容易地搜索到感兴趣的资料，再加上电子商务过程所具备的低成本等优点，人们往往还可以从网上获得比传统市场更多的价格优惠。

看到网络营销降低顾客成本优势的同时，我们也应该认识到，要真正展现其优势还需要对网络营销的运作做更细致地分析和研究。目前，我国网上购物还存在很多的问题，从图 1－3 可以看出我国网上购物不满意度的程度还很高，造成不满意的原因也是多样的，如：技术上的缺陷使顾客不能准确地获取所需商品资料，网上购物流程不符合人们的购物习惯等，这些问题的出现都从不同程度上增加了顾客成本。

3. 顾客购买方便性的互补

营销要素中的方便（Convenience）是指最大限度地便利消费者。如：企业在选择地理位置时，应考虑地区抉择、区域抉择、地点抉择等因素，尤其应考虑"消费者的易接近性"这一因素，使消费者容易接受到产品或服务。在商店的设计和布局上要考虑方便消费者进出、上下，方便消费者参观、浏览、挑选，方便消费者付款结算等。

在网络营销中，企业利用互联网可以为消费者提供快捷获取商品和服务信息的渠道。目前，虽然网络营销相比于传统营销在消费者的消费体验方面还存在服务缺陷，但其所具备的全天候服务，远程服务等是传统营销所不能及的。

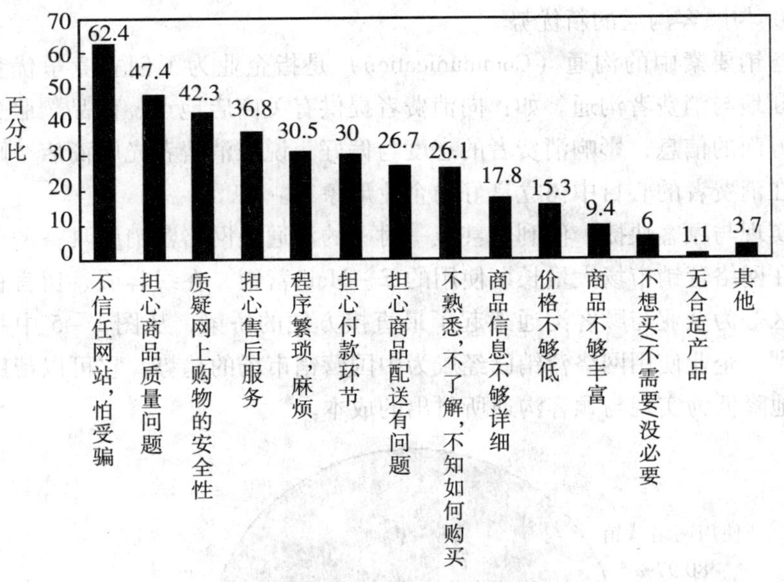

图1－3　网上购物不满意原因调查结果

知名计算机设备直销企业DELL如今将网络作为企业直销的重要渠道，在网上提供如顾客自行设计设备配置方案（如图1－4）和企业在线远程协助等业务，并以价格优势吸引消费者习惯这种更方便的购物模式。

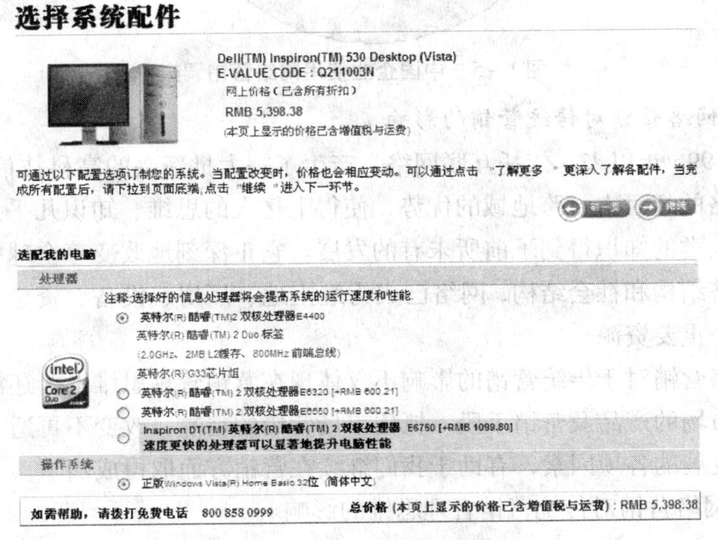

图1－4　DELL产品DIY服务页面

4. 与顾客沟通的新优势

营销要素中的沟通（Communication）是指企业为了创立竞争优势，必须不断地与消费者沟通。如：向消费者提供有关商店地点、商品、服务、价格等方面的信息；影响消费者的态度与偏好，说服消费者光顾商店、购买商品；在消费者的心目中树立良好的企业形象等。

实现与顾客快捷、便利，甚至一对一的沟通是网络营销所具备的突出优势。在网络营销市场大量长期使用的 E－Mail 营销、在线客服、留言板、网上社区等为企业与顾客沟通架起了最直接方便的桥梁，从图 1－5 中我们可以看到，企业使用网络营销已经成为中国营销市场的趋势，它可以帮助企业极大地降低为实现与顾客沟通所付出的成本。

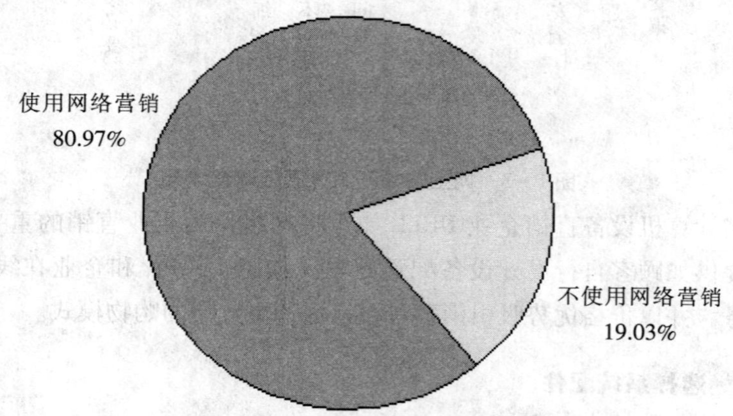

图 1－5　中国企业使用网络营销调查

1.2.2　网络营销对传统营销的影响

自 1996 年以来，依托互联网络，产生了一大批新兴的高科技信息产业，互联网络的超时空、跨地域的优势，使得上亿人的思维、知识几乎是同步交流，使人类的知识得到了前所未有的发展。它正深刻地改变着全球的工业结构、经济结构和社会结构，网络已成为继土地、厂房、设备、资金、技术之后的又一重要资源。

网络营销对于传统营销的影响不仅体现在营销管理思维上，还深刻影响着营销市场的产品及营销手段。抓住市场营销的精髓，改变不再适应新的社会环境发展的各项因素，有助于我们继续在营销方面取得成功。

1. 网络营销对传统营销管理思维的影响

人们完成营销任务的思维方式随社会宏观、微观环境的变化而变化，随它们的发展而发展，没有一成不变、永远正确的思维方式。这些思维方式指导下的营销活动之所以取得成功是因为它们使产品的产、供、销中的某个环节的效率或系统的协调性明显高于同行业其他企业。

传统营销在市场上投入大量的人力、物力、财力，是为了建立最严密、最强大的营销渠道。而在互联网时代，依托网络优势，如广告促销、人员推销、市场调查等传统营销手段将产生新的模式和特点，传统营销手段的网络化将形成企业利用网络优势低成本投入的新的营销模式。网络营销将在以下几个方面对传统营销的管理思维带来影响：

（1）传统营销的营销观念的出发点是正确确定潜在顾客的需要或欲望，本质上还是一种以市场为导向的营销思维；网络环境下的营销思维方式是直接根据顾客反馈回来的信息指导生产经营活动，本质上是一种以顾客为导向的思维方式。网络营销的产生，让企业有了更直接获取顾客信息的渠道，从而为企业提高顾客服务水平、调整企业营销策略提供了第一手资料。

（2）传统营销环境下对市场营销微观环境的种种分析、判断，某种程度上不能作为网络思维方式工作的依据。比如，网络环境下的消费者就比传统营销环境下的消费者赋有理智，他们一旦有了某种需求就会主动上网搜寻有关商品信息，于是他们从传统消费者群中分离出来，成为专门的网络顾客，网络营销活动只有针对这些人进行才能取得成果。正因为网络营销顾客的这种特点，使大多数企业为了争取到这部分的消费者而制定了相应的网络营销策略，将网络作为企业重要的营销渠道之一。

2. 网络营销对传统营销产品的影响

作为一种新的营销模式，传统营销市场中的产品也在网络营销环境中产生了很多新的特点和新的营销方式。网络营销对于传统营销产品的影响主要体现在以下几个方面：

（1）对于产品构成的影响。伴随着这一数字化营销渠道的产生，很多在传统市场上的产品也以新的形态出现在网络市场。随着网络信息流转技术及安全性的逐步提高，很多在传统市场上需要借助实体产品才能够进行商品交换的产品及服务，也开始以其最本质的形态呈现在网络市场上，使得产品整体构成更加完整细致。市场上的产品也被较为清晰地划分为两大类：实体产品和虚体产品。这样，可以更好地帮助企业根据产品类别制定最优的营销方案。

金山公司，中国最知名的软件企业之一，主要业务涉及办公软件、信息安全、在线游戏三大业务。其产品都属于数字化的虚体产品，如今一改早期主要将数字产品附着于实体物品上进行销售的模式，而将互联网作为其主要的营销渠道，通过在线下载和付费的方式开展网络营销（如图1－6），并通过免费试用和低价格在线购买的形式获得了更多的网络顾客，一方面大大降低了企业营销成本和提供了更快捷、便利的服务，另一方面也扩大了企业知名度和获得了更多的利润。

（2）对于标准化产品的冲击。网络营销最大的优势之一就是提供了企业与顾客最直接便捷的信息交换渠道，打破了早期信息链条冗长失真的缺点。企业可以通过网络获取消费者对于企业所提供的产品、服务的偏好和意见，制定灵活多样的产品服务方案，提供更优质的产品服务。

DELL 是著名的开展网络直销的企业，主要涉及计算机及相关的网络营销。在品牌电脑标准化销售的今天，DELL 推出顾客在线自行设计设备配置方案，公司依据其设计生产产品的新业务，该业务的推出将产品生产的决定权交到了顾客手中，真正体现了营销所要求的消费者主权论，也对其他同类型企业提出了新的挑战。

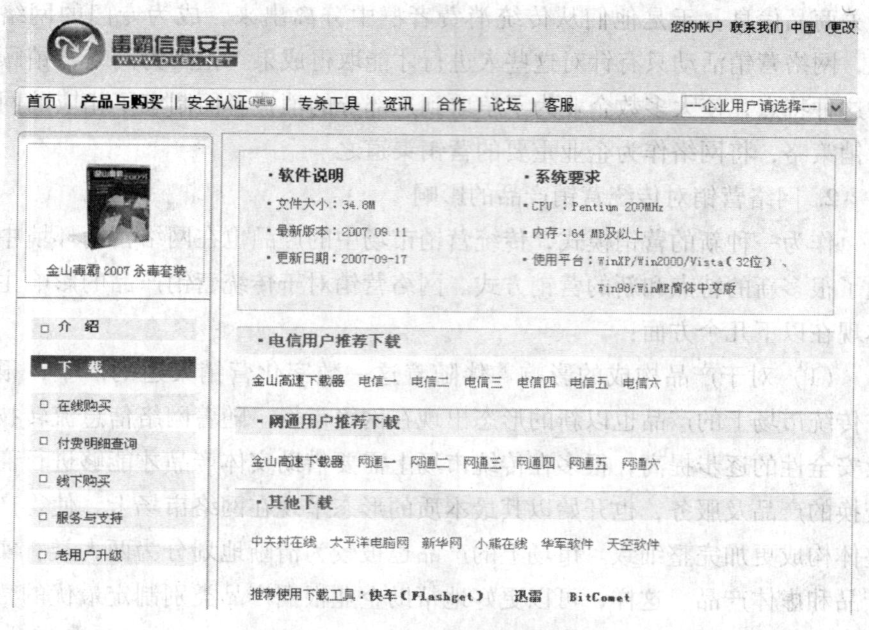

图1－6　金山在线销售页面

1.3 网络营销特点、职能

1.3.1 网络营销的特点

传统的营销管理强调4P（产品、价格、渠道和促销）结合；现代营销管理则追求4C，即顾客的欲望和需求（consumer's want and needs）、满足欲望和需求的成本（cost to satisfy want and needs）、方便购买（convenience to buy）以及与消费者的沟通（communication）。要求企业必须实行全程营销，即必须由产品的设计阶段就开始充分考虑消费者的需要和意愿。这种双向互动的沟通方式提高了消费者的参与性和积极性，更重要的是它能使企业的营销决策有的放矢，从根本上提高消费者满意度。

网络营销理念吸纳了众多新的营销理念的精髓，但又不同于任何一种营销理念。计算机科学、网络技术、通讯技术、密码技术、信息安全技术、应用数学、信息学等多学科的综合技术，给予了网络营销以沉重的技术铺垫，传统营销理论又为网络营销提供了丰富的理论参照，如今的网络营销呈现出以下特点：

1. 跨时空

没有时域和地域的限制，是网络营销最核心的特点，也是网络营销得以发挥其优势并获得迅速发展的前提条件之一。通过互联网，企业可以突破时空和地区的限制进行信息交换，可以在更多的时间和更多的空间中开展营销活动，每周7天，每天24小时随时随地向客户提供全球性的营销服务，以达到尽可能多地占有市场份额的目的。

正因为网络营销的这一特点，大大提高了顾客对网络营销的接受度，让顾客可以有更多的选择空间，享受更周到的服务。曾经营销理论中的有效地域划分标准，在网络营销存在的今天也逐渐弱化，企业和消费者利用网络营销都有了更多的选择。

2. 无形化

网络相关技术作为网络营销开展的基础支撑，使得网络营销呈现出无形化的特点。主要体现在营销过程中高度的电子化、数字化。

网络营销过程中的商品信息电子化、数字类产品的传输数字化、支付手段电子化等特性使得网络营销具备了传统营销所没有的特征和优势，一方面为营销降低成本、提高服务效率提供了极大的优势，另一方面也对网络营销的发展提出了全新的挑战。

3. 个性化

网络营销的产生为真正实现营销中所提出的“消费者主权论”打下了坚实的基础。网络营销为消费者提供了更多的选择，消费者可以根据自己的需要自主地选择自己所需，甚至可以订制自己的网页内容，设计自己喜好的产品和服务，充分发挥消费者的能动性。

4. 交互性

网络营销的技术基础使整个营销过程具备了及时交换信息的能力，这也是一直以来传统营销最迫切想要实现的。通过信息的实时交换，企业可以提供一对一的服务。掌握第一手的顾客信息，也能为顾客提供最快捷的信息反馈，大大提高顾客满意度的同时也降低了企业服务成本。

如今，大量企业在网站上设置了留言板和企业信箱，以此来获得消费者最直接的意见反馈。一些企业还在网站上设置了实时沟通系统，通过互联网的文字语音交流系统设专人为消费者提供及时的问题解答。

5. 整合性

在互联网络上开展的营销活动，可以完成从商品信息的发布，到交易的收款和售后服务的全过程，即全程营销。另外，企业可以借助互联网络将不同的传播营销活动进行统一的设计规划和协调实施，通过统一的传播资讯向消费者传达信息，从而避免不同传播渠道中的不一致性产生的消极影响。

6. 高效性

互联网作为信息高速公路，能够提供一个最快捷的传输、处理信息的平台，这就为企业营销过程的高效率奠定了基础。企业应用电脑储存大量的信息，可以帮助消费者进行查询，所传送的信息数量与精确度，远远超过其他传统媒体。企业还可以利用互联网在最短时间内完成各类表单的传输，完成购买、支付、售后服务等。

7. 经济性

这里的经济性主要指网络营销能够为企业带来的某些成本的降低。它并不是指企业开展网络营销就完全是低成本营销，是否完全低成本要视企业开展网络营销的性质和内容来决定。

网络营销使交易的双方通过互联网进行信息交换，代替了传统的面对面交易方式，这样可以减少印刷与邮递成本，进行无店面销售而免交租金，节约水电与人工等销售成本，同时也减少了由于多次交换带来的损耗，提高了交易效率。

8. 技术性

建立在以高技术作为支撑的互联网络基础上的网络营销，使企业在实施网络营销时必须有一定的技术投入和技术支持，必须改变企业传统的组织形态，提升信息管理部门的功能，引进懂营销与电脑技术的复合型人才，只有这样，方能具备和增强本企业在网络市场上的竞争优势。

1.3.2 网络营销的职能

网络营销的基本职能主要表现在网络品牌、网站推广、信息发布、销售促进、销售渠道、顾客关系、顾客服务、网上调研。

（1）网络品牌。企业要想在网上建立自己的网络品牌，或让企业已有的传统品牌在网上得以延伸和拓展，那么进行网络营销就尤为必要。网络营销为企业利用互联网建立或提升品牌形象提供了很有利的条件。网络品牌的建设一般以企业网站为基础，通过一系列的推广措施以达到用户对企业的了解和认可，网络品牌的价值是可以转化为持久的顾客关系和企业更多的收益。

（2）网站推广。网站是企业进行网络营销的基础平台，网站可以发布信息、投放广告、联系顾客、开展宣传促销活动等，因此企业一旦有了自己的网站就有必要进行推广，以提高网站的访问量，更好地进行网络营销。

（3）信息发布。互联网为企业发布信息创造了优越的条件，网络营销就是利用互联网将企业的营销信息及时地向目标客户、合作伙伴等传递，自然信息发布就成为了网络营销的职能之一。

（4）销售促进。营销的根本目的就是为增加销售，网络营销可以开展网上宣传促销，同时这对网下的销售也有促进作用，因此对于促进企业的销售同样有其价值。

（5）销售渠道。网上销售是企业销售渠道在网上的延伸，企业可以利用网站或其他的电子商务平台建立适合自身的销售渠道。

（6）顾客关系。建立和保持良好的顾客关系是企业具备竞争优势的重要策略。网络营销为建立顾客关系、提高顾客满意度和忠诚度提供了更加有效的手段，通过网络营销的交互性和良好的顾客服务手段，可以不断地建立和增进顾客关系。

(7) 顾客服务。网络为企业提供了方便的顾客服务手段，在线顾客服务效率高、成本相对低廉，是网络营销的一个基本内容。

(8) 网上调研。网上市场调研周期短、成本低，是整个市场研究活动的辅助手段之一，合理地利用网上市场调研对于企业的市场营销策略具有重要价值。

本章小节

网络营销是一门新兴的学科，也可以将其看作是现代营销学的一个分支，对网络营销的理解必须建立在对网络营销知识理解的基础上。在本章中，我们结合现代营销学理论对网络营销的产生、发展及特征进行了叙述，并比较了网络营销同传统营销之间的差异，以帮助大家更好地理解网络营销的基础概念。

第2章　网络营销环境分析

营销环境是指对企业的生存和发展产生各种影响的外部环境，是对企业营销过程相关因素的集合，企业和消费者的各种行为活动都是在一定的营销环境中形成和变化的。企业营销活动成败的关键，就在于企业能否适应不断变化着的市场营销环境。营销环境对企业的营销管理来说是不可控制的变数，营销管理者的任务就在于适当安排营销组合，使之与不断变化着的营销环境相适应。许多企业的发展壮大，就是因为善于变化而适应市场；而在营销过程中，也有部分企业，往往对市场环境变化的预测不及时，或者预测到而没有对策，结果造成企业极大的被动，轻者经济受损，重者破产倒闭。因此，营销者必须及时注意市场营销环境的调查、预测和分析，然后根据各数据确定营销组合和策略，相应地调整企业的组织结构和管理体制，使之与变化环境相适应。

研究网络营销环境及其变化，对企业开展网络营销活动起着非常重要的作用。网络营销环境就是影响企业网络营销能力和效果的各种参与者和影响力。本书中将企业的网络营销环境分为微观和宏观两个层面来分析。微观环境就是与企业紧密相连、直接影响企业网络营销能力的各种因素和各种参与者，宏观环境是指影响网络营销微观环境的一系列要素。

2.1　网络营销微观环境

微观环境是与企业开展网络营销产生直接影响的因素，微观环境对于企业来说往往比宏观环境更容易控制，网络营销的微观环境包括企业内部微观环境和企业外部微观环境。

2.1.1　企业内部微观环境分析

面临相同的外部环境，不同企业的营销活动所取得的效果往往并不一样，这是因为它们有着不同的内部环境要素。

1. 企业网络营销人员

在内部各环境要素中，人员是企业网络营销策略的确定者与执行者，是企业最重要的资源。企业管理水平高低、规章制度的优劣决定着企业网络营销机制的工作效率。对于大多数企业来说，开展网络营销所需要的人员构成一度被制定为“营销人员+技术人员”的简单模式，而这种模式经过市场的检验不能为企业提供最大化的网络营销优势，甚至会将企业的网络营销引入歧途。对于一个企业来说，开展网络营销的必要条件是要有真正的网络营销人才，即集网络技术与营销技能于一身的人员。由于网络营销与传统营销相比产生了很多新的营销特征和要素，传统的营销人员往往不能直接转向开展网络营销，而是要经过对网络营销的深入学习和分析，才能具备开展网络营销的基础条件。因此，很多传统企业要开展网络营销一方面可以直接引进人才，另一方面也可以对企业已有人员进行培训。不同的方法具有不同的效率，应该根据企业自身的特点和营销目标来确定适合的人员方案。

2. 企业内部组织结构

企业内部环境的另一个要素是企业的组织结构。这主要是指企业营销部门与企业其他部门之间在组织结构上的相互关系。营销部门在整个企业组织中的地位影响到网络营销活动能否顺利进行。由于企业内各部门的经营目标、职能侧重点各不相同，营销部门与其他部门之间往往会在经营意愿上有所冲突。例如，营销部门为避免因缺货或交货不及时而影响到企业在中间商、顾客心目中的信誉与形象，往往要求较高的库存水平，而同时财务、生产部门却往往会因库存成本等问题要求较低的库存水平；又如，营销部门往往是先花钱再赚钱（如进行新产品促销时要先花掉一大笔广告费用），这就很可能会与财务部门在所需资金的具体数目上发生分歧。解决上述冲突的办法是营销部门与其他部门根据网络营销的特点，在企业实际情况的基础上制定合理协调的运作流程。达成合理协议的前提便是要保证营销部门与其他部门在组织地位上是平等的。

3. 企业技术基础

企业具备相应的网络设备和技术是开展网络营销的基础条件。企业在建设网络营销系统时，应根据需要配以支持网络营销的硬件和软件，硬件技术包括了计算机和网络硬件的技术，软件技术包含了系统软件技术、数据库技术和应用软件技术。硬件技术和系统软件技术是其他所有网络营销工具和方法直接依赖的具体技术项的基础。由于网络营销开展程度的差异，企业建立网络营销系统所需要的技术组成也会产生差异。如：有的企业只是利用互联网发布企业推广信息，只需要基础的网络设施；有的企业需要建立自己的网站提供在线服务，除了基础网络设施的建设，还需要同服务策略相配合的网站开发与设计；有的企业利用互联网开展全方位的营销，除了基础硬件的配置和网站开发设计以外，还需要安装电子支付软件及建立网络安全体系等。不同的企业网络营销的目标不同，对技术的需求和依赖也有所不同。

2.1.2 企业外部微观环境分析

1. 供应商

供应商是为企业提供所需要的产品和服务的厂商，是企业外部供应链的重要组成环节，与企业之间具有战略性的关系。供应商所提供的资源主要包括原材料、设备、能源、劳务、资金等。如果没有这些资源作为保障，企业就根本无法正常运转，也就无所谓提供给市场所需要的商品。

网络营销的供应商依据企业开展网络营销程度的不同可以分为纯粹的网络营销供应商和传统的网络营销供应商两类。

纯粹的网络营销供应商是指将网络作为唯一营销渠道的企业所对应的供应商，这类供应商与企业之间的关系较之传统的供应方式更加复杂。由于网络营销的产品具有需求种类繁多及销量不稳定的特征，因此，网络营销企业往往采用低库存甚至依据订单进货的零库存方式开展营销，这就要求企业与供应商之间建立更强的战略关系，此时的供应商不是依据单次批量的大小来提供价格优惠，更多转变为按网络营销企业一定时期内的进货数量来结算。同时要求供应商具备较高效的信息处理能力，可以在最短时间内完成企业的订单接收和处理。在对供应链管理要求较高的企业，常常采用VMI（供应商管理库存）来实现更高效率的库存管理（如图2－1），对供应商企业提出了更高的要求。

传统的网络营销供应商是指将网络作为众多营销渠道的一种的企业所对应的供应商。此类供应商一般就是传统的供应商，企业只是将网络营销作为传统营销的补充。

网络营销企业在寻找和选择供应商时，应特别注意三点：第一，企业必须充分考虑供应商的资信状况。要选择那些能够提供品质优良、价格合理的资源，交货及时，有良好信用，在质量和效率方面都信得过的供应商，并且要与主要供应商建立长期稳定的合作关系，保证企业生产资源供应的稳定性。第二，企业必须使自己的供应商多样化。企业过分依赖一家或少数几家供应商，受到供应变化的影响和打击的可能性就大。为了减少对企业的影响和制约，企业就要尽可能多地联系供应商，向多个供应商采购，尽量避免过于依靠单一的供应商，以免当与供应商的关系发生变化时，使企业陷入困境。第三，企业必须与供应商之间建立高效快捷的信息传输网络，并共同建立信息处理机制，尽量缩短两者间信息及物流链的长度。

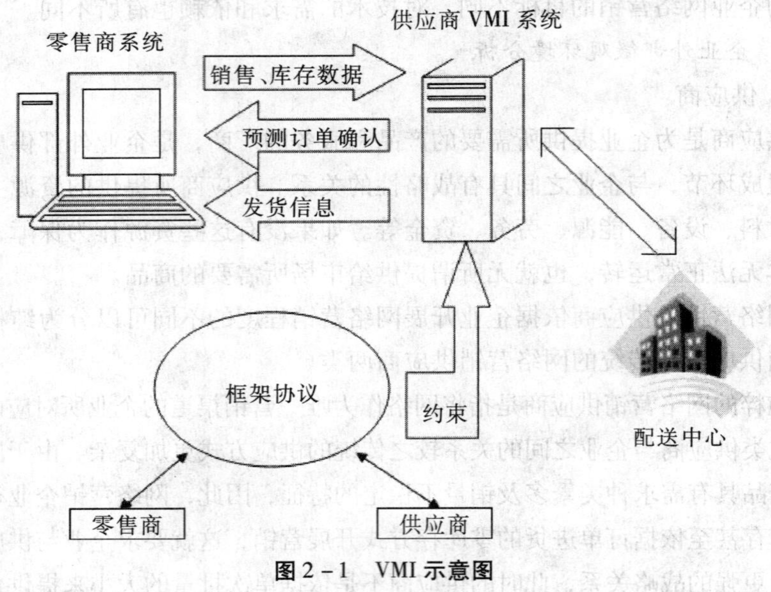

图 2－1　VMI 示意图

2. 营销中介组织

企业开展营销往往离不开中介组织提供的促销、销售、配销、推广和监管等中间服务。正因为有了营销中介所提供的服务，才使得企业的产品能够顺利地到达目标顾客手中。随着市场经济的发展，社会分工愈来愈细，那么，这些中介组织的影响和作用也就会愈来愈大。因此，企业在市场营销过程中，必须重视中介组织对企业营销活动的影响，并要处理好同它们的合作关系。

网络营销的中介组织根据功能的不同可以分为：网络中间商、网络营销服务组织、网络金融服务组织和网络认证机构。网络中间商主要向企业提供在线营销平台服务。如：淘宝网为个人及企业用户提供在线销售的平台及相关服务，是典型的提供CTOC服务的网络中间商（如图2－2）。网络营销服务组织主要为网络营销企业提供如调研、广告、促销、咨询、策划、技术支持等服务。网络金融服务组织是专业提供在线交易金融支持的机构，如：网络银行、支付中介等（如图2－3、图2－4）。网络营销认证机构具有权威性和公正性，通常是半官方性质的公司，主要承担网上安全交易的认证，加强交易各方的信任，提供网络营销的安全性。

图2－2　淘宝网平台页面

图2－3　中国银行网上银行页面

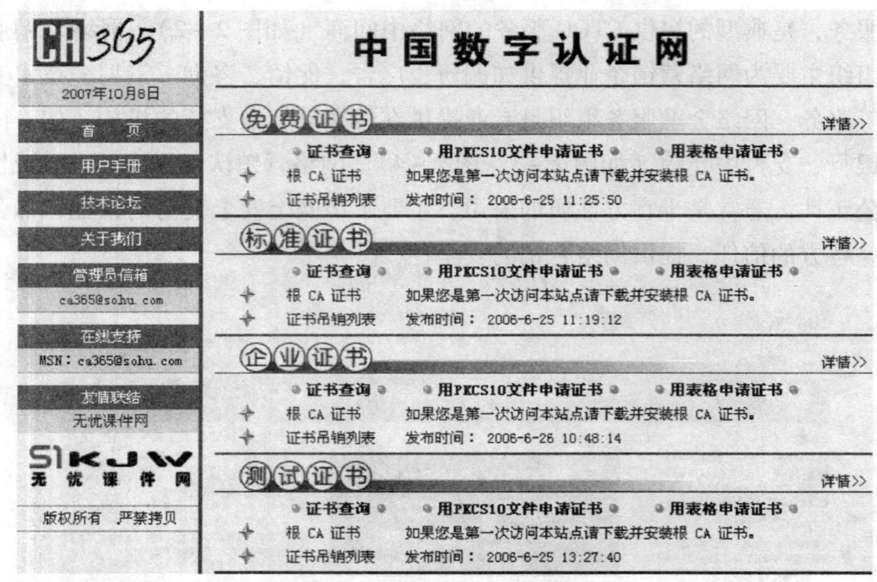

图 2－4　中国数字认证网页面

3. 网络顾客

企业的一切营销活动都是以满足顾客的需要为中心的，因此，顾客是企业最重要的环境因素。顾客是企业服务的对象，即顾客是企业的目标市场。

网络顾客是网络营销企业直接和最终的营销对象，与传统顾客不同，网络顾客具有年轻化、个性化、多样性等特征，企业面对这样的顾客群体制定营销策略将面对更多的复杂性因素。网络营销没有时域和地域的限制，这一方面是网络营销的优势，但另一方面也给网络营销依据目标顾客群体特点制定营销策略带来了更大的挑战。因此，企业需要把握目标顾客跨地域的共同点，并以此作为策划依据。

4. 网络竞争者

竞争是商品经济的基本特性，只要存在着商品生产和商品交换，就必然存在着竞争。企业在目标市场进行营销活动的过程中，不可避免地会遇到竞争者或竞争对手的挑战。同一市场往往存在若干属性相同、略有差异的产品和服务，因此，企业在市场上必然面对各种各样的竞争者。在其他条件相同的情况下，竞争者的数量、实力会影响到企业开展营销的效果。随着各种技术的迅速共享和普及，企业竞争者的数量大大增加，因此，竞争者也成为企业开展营销必不可少的环境因素。

网络营销市场上的企业运作更加透明化，一个新项目在网上推出，极短时间内就会有模仿者大量出现，竞争环境异常恶劣。加上网络上竞争者鱼龙混杂，部分不良网商所带来的负面效应也会影响到企业的网络营销效果。面对复杂的竞争市场，网络营销企业应该做到：首先，进行行业吸引力评价，建立一个竞争情报系统，分析网络市场上哪些竞争者需要攻击，哪些竞争者需要回避，以及怎样来平衡顾客导向与竞争导向的关系。其次，企业需要识别在互联网上谁是真正的竞争者，这就需要企业分辨出实际的和潜在的竞争者。同时，企业应该依据产品替代性观念，确定企业真正面对的竞争，包括行业竞争、品牌竞争、形式竞争和普通竞争。企业还应该评估网络竞争者，包括对其战略、目标及优劣势的评估，帮助制定企业的应对策略。最后，企业应该建立一套商业机密保护机制，最大可能地增强竞争防御壁垒。

除了上述四条企业外部微观环境因素，工商行政机构、互联网管理机构、行业协会、消费者协会等都是企业外部微观环境的组成部分。开展网络营销的过程中企业要注意不要单从一方面或有限的几方面去考虑微观因素，而是应该从一个全面的角度去分析所处的微观环境，获取更丰富更周详的营销依据。

2.2 网络营销的宏观环境

网络营销的宏观环境是指企业开展网络营销活动的社会背景，宏观环境包括六大因素，即人口、经济、物质、技术、政治法律和社会文化因素。

1. 人口

人口是构成市场最重要的因素。因为市场是由那些对商品有需求的人，即想购买商品同时又具有购买力的人构成的。因此，人口的多少直接决定市场的潜在容量，人口越多，市场规模就越大。而人口的年龄结构、地理分布、婚姻状况、出生率、死亡率、人口密度、人口流动性及其文化教育等特性对市场格局产生了深刻影响，并直接影响企业的市场营销活动和企业的经营管理。

人口环境因素中对网络营销影响最大的是人口结构。人口结构主要包括人口的年龄结构、性别结构、家庭结构。对于网络营销来说，人口年龄结构是否趋于年轻化是决定网络营销发展速度的基础性因素，而男性女性的比例又决定了网络营销业务类型发展的比例。在我国网络营销市场上，女性消费者多倾向于日用品、杂货、服装等消费，比如麦考林网站一直致力于向女性白领消费者销售商品，其提供的商品大多符合女性购物需求，从而使网站获得了良好的销售业绩（如图2-5）。而男性消费者更多是购买电器产品、娱乐产品及游戏类服务产品等。家庭的数量会影响到某些商品和服务的网络业务，如：房地产业在线服务，家庭理财在线等业务的发展。因此，开展网络营销的企业必须重视对人口环境的研究，密切注视人口特性及其发展动向，及时调整网络营销策略以适应人口环境的变化。

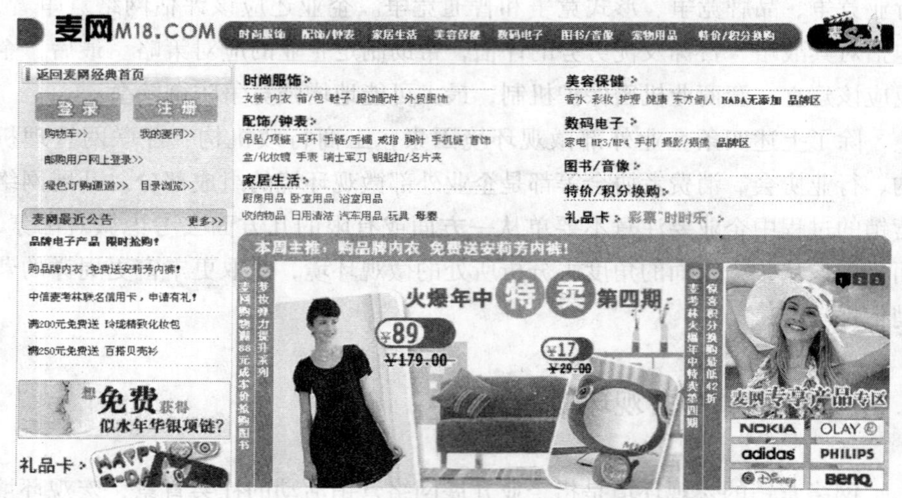

图2-5 麦考林网站页面

2. 经济环境

经济环境指企业开展营销活动所面临的外部社会条件，其运行状况及发展趋势会直接或间接地对企业营销活动产生影响。经济环境是网络营销的宏观环境中最重要的因素，直接影响着网络营销的普及和发展。宏观经济环境包括经济体制、经济增长、经济周期、经济政策体系等方面，也包括人们的收入水平、市场价格、利率、税收等因素。

对于网络营销，随着消费者收入水平的提高，大量消费者具备了上网的条件，也为消费者接受和使用网络营销服务奠定了基础。随着市场经济的高速发展，越来越多的企业开始利用互联网开展营销，这极大的促进了在线营销业务的繁荣，造就了日趋丰富的网络营销环境。金融市场的电子化趋势、网络银行业务的发展、虚拟货币的产生都对网络营销的发展起着不可小觑的作用。

3. 法治法律环境

对企业来说，法律是评判企业营销活动的准则，只有依法进行的各种营销活动，才能受到国家法律的保护。营销市场运作的规范性、公平性也需要政治法律的制约和保障。因此，企业开展网络营销活动，必须了解并遵守国家或政府颁布的有关经营、贸易、投资等方面的法律、法规。

网络营销发展迅速，但相关的立法在各个国家呈现出不平衡的特点。在欧美国家，网络营销发展较早，立法也相对完善，如：1997 年 7 月美国政府正式发布“电子商务政策框架”，OECD（经济合作与发展组织，Organization for Economic Cooperation and Development）于 1998 年 10 月，在加拿大渥太华召开了第一次以电子商务为主题的部长级会议，会议名称为“一个无国界的世界，发挥全球电子商务的潜力”。在欧洲地区，欧盟于 1997 年提出《欧洲电子商务行动方案》，为规范欧洲电子商务活动制定了框架，1998 年又颁布了《关于信息社会服务的透明度机制的指令》。1999 年末，欧盟制定《电子签名统一框架指令》，该指令由 15 个条款和 4 个附件组成，主要用于指导和协调欧盟各国的电子签名立法。在亚洲地区，新加坡是积极推广电子商务的国家。早在 1986 年新加坡政府就宣布了国家贸易网络开发计划，1991 年全面投入使用 EDI 办理和申报外贸业务，1998 年制定了《电子交易法》，并逐步建立起完整的法律和技术框架。马来西亚是亚洲最早进行电子商务立法的国家。20 世纪 90 年代中期马来西亚提出建设“信息走廊”的计划，1997 年颁布了《数字签名法》，该法采用了以公共密钥技术为基础，并建立配套认证机制的技术模式，极大地促进了电子商务发展。韩国 1999 年的《电子商务基本法》是最典型的综合性电子商务立法，该法包括：关于电子信息和数字签名的一般规定；电子信息；电子商务的安全；促进电子商务的发展；消费者保护及其他；对电子商务的各方面作出基础性的规范。日本 2000 年制定的《电子签名与认证服务法》主要用于规范认证服务，它从几个方面对认证服务进行了全面细致的规定；该法还明确指定了调查机构的权利与义务，形成了独特的监管模式。印度 1998 年推出《电子商务支持法》，并在 2000 年针对电子商务的免税提出实施方案，促进了信息产业和相关产业的持续增长。中国香港地区 2000 年颁布了《电子交易条例》；中国台湾地区2001年制定了有关电子签章的规定；《中华人民共和国电子签名法》在2004年8月28日十届全国人大常委会第十一次会议上表决通过，2005年4月1日起实行。《中华人民共和国电子签名法》共5章36条，赋予了电子签名与手写签名或盖章具有同等的法律效力，明确了电子认证服务的市场准入制度，对中国电子商务的发展产生重大的影响。

案例：（美国）匡威公司诉北京国网信息有限责任公司计算机网络域名纠纷

原告匡威公司（旧译康沃斯公司）创建于1908年，拥有商标“CONVERSE”的注册商标专用权，经过90多年的发展，“CONVERSE”已经成为世界运动鞋类和服装领域的著名品牌，在全球90多个国家通过约9 000家经销商向顾客销售，在中国各大中城市先后建立了190多家专卖店和专柜。

被告北京国网信息有限责任公司抢先于2000年2月23日注册了“converse. com. cn”并使用了该域名，但被告使用该域名的网站为网络类，与服装、运动鞋类无关。

判决结果：法院判决书认为：中国与美国均属《保护工业产权巴黎公约》的成员国，匡威公司的正当权益在中国受到侵害时，其有权依照该公约规定向中国法院提起诉讼，中国法院将依据有关法律和公约的规定进行审理。匡威公司是中国注册的“CONVERSE”商标的权利人，其对该商标享有的注册商标专用权应受中国法律保护。

北京国网公司在无正当理由的情况下，将匡威公司的注册商标“CONVERSE”注册为自己的域名并加以使用，可能造成与匡威公司所提供的产品或服务混淆，并可能导致社会公众误认为该域名的持有者与匡威公司存在某种联系，引起公众对其出处的混淆，误导网络用户访问其网站。该行为无偿占有了匡威公司的商业信誉，损害了其权益，具有主观恶意。根据《最高人民法院关于审理涉及计算机网络域名民事纠纷案件适用法律若干问题的解释》的规定，北京国网公司注册、使用“CONVERSE”域名的行为对匡威公司的注册商标专用权构成了侵害，属不正当竞争行为，应依法承担停止侵权的法律责任。匡威公司的诉讼请求依法成立，本院予以支持。

综上，依据《中华人民共和国民法通则》第四条、《中华人民共和国不正当竞争法》第二条第一款以及《最高人民法院关于审理涉及计算机网络域名民事纠纷案件适用法律若干问题的解释》第四条、第五条、第八条之规定，判决如下：

自本判决生效之日起三十日内，北京国网信息有限责任公司停止使用、注销“converse. com. cn”域名。

4. 技术环境

科学技术是社会生产力最新和最活跃的因素，作为营销环境的一部分，科技环境不仅直接影响企业内部的生产和经营，同时还与其他环境因素互相依赖、相互作用。网络营销是以互联网为基础的营销模式，全球互联网的高速发展促进了网络营销的繁荣。网络技术、Internet、Intranet、Extranet、网络安全技术、智能代理等共同构成了网络营销的技术基础。

随着网民数量的增加和宽带应用的不断增加，宽带技术已经渗透到网络的各个环节。在核心传输网中，10G 波分复用系统已经成为运营商一致的选择。上一轮光网络的敷设热潮，就为今后几年的带宽扩展提供了充足的线路。在核心节点上，新一代 T 比特级超大容量的路由器已经出现。在接入领域，以 ADSL 为代表的兆级宽带接入技术发展势头迅猛，可以在相当长一段时间内满足用户“最后一公里”的带宽需求。接入网的最终解决方案——FTTH，也开始在局部地区走向商用，日本、欧洲、美国等国家和地区的一些运营商已经取得了一些进展。在走向宽带化的过程中，互联网的业务流量成为整个电信网的主体。为了适应这一变化，电信网的体系架构也开始面向 IP 而优化，以智能光网络、多业务传送平台、多协议标记交换、软交换等为代表的下一代通信网技术，都逐渐走向商用。从下一个阶段的发展态势看，能够形成良性产业链的技术将更有前途。

本章小结

本章是对网络营销的环境进行分析，将其分为宏观环境和微观环境，其中微观环境又包括企业内部微观环境和企业外部微观环境。企业和消费者的各种行为活动都是在一定的营销环境中形成和变化的。企业营销活动成败的关键，就在于企业能否适应不断变化着的市场营销环境。通过这章的学习，应该掌握环境对网络营销企业和消费者起着什么样的作用，并学会区分不同的营销环境，了解不同的营销环境的特征，和网络营销企业的应对策略。

第3章　网络购买行为分析

由于电子商务市场与传统市场存在着很多差异，这导致了网络消费者的购买行为与传统顾客的购买行为产生了较大的差异，因此，满足网络顾客的需求是企业开展网络营销取得成功的关键。研究顾客的网络购买行为，主要是通过对网络顾客的特征分析，找出其需求特点和行为特征，帮助企业制定网络营销策略促使消费者产生网络购买决策。本章主要通过消费者及企业购买行为的分析来研究网络购买行为。

3.1　网络消费者购买行为分析

消费者是从购买和使用商品的过程中获得价值的终端用户，一旦所有权转移到消费者手中，产品将退出再生产过程。在购买过程中，消费者成本成是消费者产生购买决策的决定性因素。网络营销的产生一方面解决了传统营销中消费者成本较高的问题，另一方面也让消费者购买行为产生了很多新特点。

3.1.1　网络消费者的特征

1. 网络消费者的需求层次

网络消费者对产品的需求分为多个层次，每个层次满足的程度越好就越能推动下一个层次的需求。研究网络消费者的需求层次是为了更好把握消费者的消费心理需求特征，帮助企业建立与消费者的密切关系，实现网络营销过程中的双向提升。下面，我们按照层次的由低至高来进行分析：

（1）了解产品及服务信息。消费者要产生消费需求，首先必须要了解产品和服务的相关信息，从中寻找能满足其特定需求的关键性信息。如今，越来越多的商家利用互联网的优势开展附加的或纯粹的网络营销，消费者也越来越多地养成了在互联网上查询产品和服务资料的习惯。对于商家来说，网络营销帮助他们扩大了消费者的市场，突破了传统营销时域和地域的限制，让企业的产品和服务信息可以被更多更广泛的消费者看到，但同时我们也要看到，互联网较低的准入门槛让网络市场的竞争更加白热化，同类型的产品和服务信息众多，如何提供让消费者满意的信息成为企业开展网络营销的第一步，通常我们从信息的发布方式和发布内容来着手。

信息发布方式的合理选择是企业产品和服务信息是否能够有效传递给消费者的关键性因素。网络营销的信息都是通过网站这个平台来发布的，因此，选择适当的站点来发布信息就是企业与消费者建立良性信息沟通的首要条件。适当的信息发布站点要具备知名度高、针对性强、可信度高等特点。企业可以建设自己的网站进行信息发布，也可以利用专业的站点来发布信息。一个站点要成为信息发布的平台必须先作为营销对象进行推广，这点对于自建站点发布信息的企业尤其重要。如今，很多知名企业纷纷建立自己的站点，通过获取与企业品牌关联性强的域名，提高网站的易访问性，即消费者很容易就能找到该站点，如：宝洁公司的中国站点就采用 www. pg. com. cn 的域名，让消费者在几乎不需要搜寻的情况下直接输入就可以进入网站，同时，宝洁公司还在很多其他的网站发布信息，如国内知名网站搜狐、新浪及很多与女性相关的站点上发布产品广告等。

产品和服务信息发布的内容是决定消费者产生购买决策的决定性因素。对于相同的产品和服务，不同的消费者对于其信息的需求是不同的，应该按照消费者对于信息需求层次的差异提供能满足各类消费者的信息。如：沃尔玛（www. walmart. com）站点上对于电器产品的描述信息分为图片信息和文字信息两类，文字信息又分为优点介绍和详细的性能参数介绍，以满足不同消费者对于此类产品的信息需求。如图 3 - 1 所示。

（2）需要企业协助解决问题。消费者在购买过程及使用商品过程中往往会遇到很多普遍性问题，包括产品的购买、产品的安装、产品的使用、产品的维修等，所有的这些问题，在传统市场上往往只有通过企业设立专门的部门和人员面对面为消费者解决，这样大大增加了企业的运营成本，还会存在效率低下，重复性劳动导致浪费增加等问题。采用网络营销的企业，可以利用互联网一对一、一对多的信息沟通模式，为网络消费者提供在线的问题解决模式，如：企业设立网络 FAQ 以解决消费者重复提出的问题；IBM 在站点设置供消费者自学的知识库，提供与硬件匹配的软件下载等。如图 3 - 2 是 IBM 网站为消费者提供的产品服务页面。

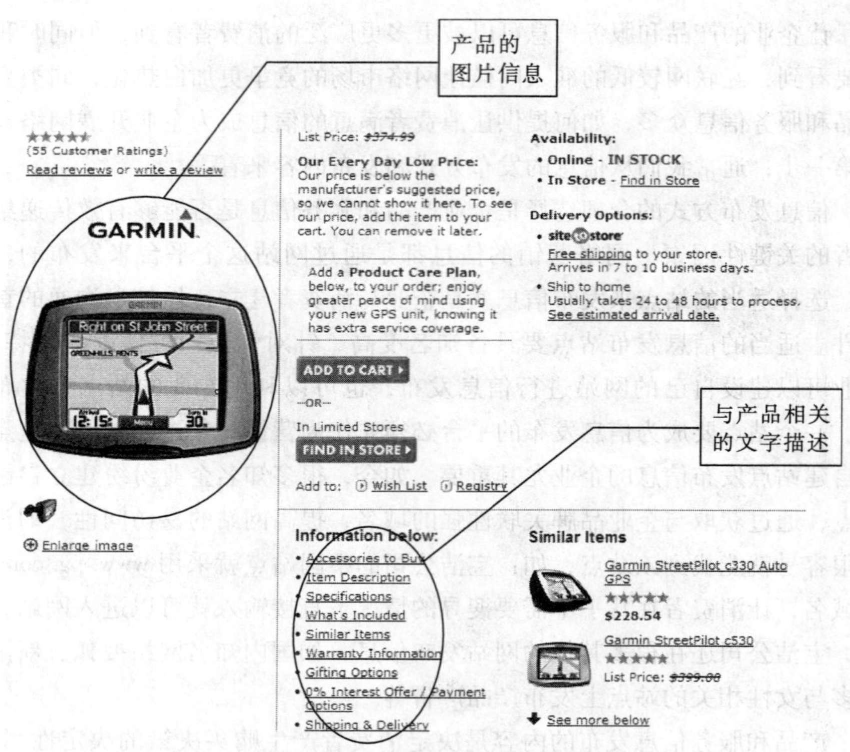

图3－1　沃尔玛电子产品介绍页面示意图

图3－2　IBM 支持与下载页面

（3）与企业人员接触。虽然企业可以通过在线提供信息的方式帮助消费者解决遇到的普通问题，但是消费者在消费过程中往往会遇到更困难的问题，这时候消费者就希望与企业人员接触，向其咨询、反馈信息，企业人员根据消费者的特定情况帮助解决问题。这一点在传统营销过程中的实现方式与网络营销中有很大的不同，网络营销过程中消费者几乎不可能与企业人员亲身接触，但是可以通过 Email、网络留言板、网络电话、网路视频等方式来实现。通过与企业人员的接触，可以增强消费者对企业的信任度，良好的服务可以树立良好的企业形象。

（4）掌握全部过程。网络消费者非常注重自我，在营销过程中的主动性很强，他们需要了解整个与他们相关的营销过程，甚至希望由他们来掌控整个过程。根据网络消费者的这一特征，企业应该在保证商业机密不外泄的前提下，向消费者提供与之相关的营销细节，甚至提供让消费者来设计和选择营销过程各环节的功能。如 DELL 公司不仅在网站上向消费者提供整个营销流程的解释，并提供 DIY 功能，使消费者可以自主设计自己的产品，并自主选择需要的服务项目及内容。网络营销企业提供的这些功能颠覆了传统企业的强势营销模式，让网络营销深入人心，大大提高了网络营销企业的竞争力。

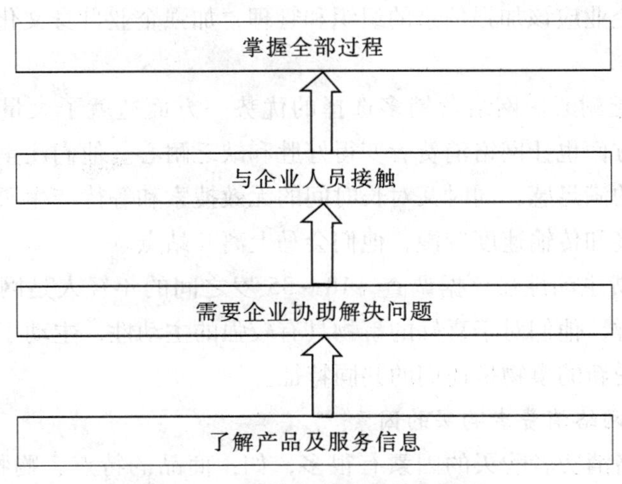

图 3－3　消费者需求层次示意图

以上四个层次之间的关系是由低到高，层层递进的（如图 3－3 所示）。分别体现了消费者不同的需求程度，每一个层次消费者越满足，越能更好地推动下一个层次的实现。企业应该把握网络消费者的需求层次，建设起与网络消费者之间密切的联系，并不断强化与消费者之间的整合，把消费者作为战略同盟中的一员来对待，重视与消费者的互动，尽力满足其各方面的需求，这才能为企业在网络市场上树立坚实的地位奠定基础。

2. 网络消费者的需求特征

随着网络营销的出现，在互联网市场上的消费者正不断呈现出有别于传统市场消费者的新的特征，表现在以下几点：

（1）个性化消费主流化。传统市场的消费者主权论很难得到真正的实现，大多数消费者都是被动地接受企业所提供的批量化产品和服务，工业化和标准化的生产方式将消费者的个性淹没。在网络营销的新环境下，每个消费者都能够被真正地当作是一个独立的市场，越来越多的网络消费者基于个性化消费的需求开始选择网络这个大市场，寻求自我的心理认同，企业也开始提供对个体消费者的个性化产品和服务，个性化消费日趋成为网络营销的主流。

（2）消费理性化。网络市场提供了消费者更多的比较和选择的机会，在购买决策之前，网络消费者往往会先通过同类商品和服务的比较，再做出决定。针对消费者对各种商品的宣传有较强的分析判断能力这一特征，从事网络营销的企业应该加强信息的组织和管理，加强企业自身文化建设，以诚信待人。

（3）缺乏耐心。网络营销多选择的优势一方面造就了大量的网络消费者，但另一方面也让网络消费者变得好胜和缺乏耐心。他们注重信息搜索的结果所带来的满足感，同时又对长时间的无效搜索和等待产生厌倦，如果一个站点的链接和传输速度较慢，他们会马上离开站点。

（4）消费主动性强。据调查，18～35岁之间的年轻人是网络消费者的主要组成人群，他们对于喜好的事物具有较强的主动性，主动了解，搜寻资料，愿意接受新的事物是他们的共同特征。

3.1.2 影响网络消费者购买的因素

影响网络消费者购买的因素有很多，如：商品的特点、购物的安全性、企业的在线服务等。但归根结底，研究影响网络消费者购买的因素是从网络消费者的消费需求出发的，通过消费者要什么来考虑企业能给他们提供什么，通过提高消费者的心理满足程度来刺激消费者产生购买决策。

1. 商品的特点

这里所指的商品是网络营销上广义的商品，包括实体商品和虚体商品。商品本身的特点是否可以促使消费者产生购买决策，最基本的前提是该商品是否适合在线销售。一般适合在网上销售的商品应该具备新颖性、稀缺性、区域互补性等特征，以适应大多数网络消费者追求时尚化、个性化等特征。但适合网上销售的产品并不是一成不变的，早期网络营销产生的时候，亚马逊网站的运营成功，让大多数企业将图书和音像制品作为最适合网络销售的商品，服装、电器等体验型购买商品被认定为不适合在线销售的商品。而如今，随着人们对网络营销的接受程度和认知度的提高，越来越多的商品搬上了网络，呈现出良好的销售势态。可见商品自身的特点在影响网络消费者购买的今天已经没有那么多限制，但高科技、时尚化、个性化、稀缺性的商品仍然是如今网络商品的主流。

2. 商品的价格

对于普通性商品，商品的价格是影响大多数网络消费者产生购买决策的最重要的因素，也是网络营销最初从产生到发展的基础性条件。以在线销售图书及音像制品为主的卓越网、当当网为例，无不运用低价策略吸引消费者并拓展市场。这是网络营销高效的信息处理，并可采用直复营销的模式等特点决定的。

但同时我们也要认识到，价格并不是决定消费者购买的唯一因素，在某些情况下，网络消费者会忽略商品价格。例如：暴雪公司推出了圣诞限量版魔兽纪念品，引起了魔兽网游爱好者的抢购，没有购买到的消费者甚至用高于市面的价格通过网络购买。如今在线礼品店也层出不穷，此时企业销售的是服务，往往服务的价格会高于商品本身的价格，但消费者仍然会选择购买。

对于网络消费者，他们仍然对于互联网有一个免费的价格心理预期，这也是早期互联网作为非营利性的工具对人们的心理影响，但随着网络消费者在线消费习惯的日趋成熟，商品价格对于网络消费者不再是最重要的影响因素，消费者对待网络营销的态度也越发理性化。

3. 购物的便捷性

购物的便捷性是网络消费者选择购物站点的首要考虑因素。虽然网络营销在购买环节上看似比传统营销具备更多的灵活性，但如何设计购物流程才能让消费者真正感受到在线购物的便利，是需要经过深入地分析和实践，并学习先进的经验才能实现的。如今的企业大多把在线购物环节设置得与传统购物保持一致，设置虚拟购物车，并提供大量人性化设计，如亚马逊的“一键式”购物，大大提高了固定消费者的购物效率。

对于网络消费者来说，之所以选择在线购物的便捷性体现在两大方面，一方面是时间上的便捷性，消费者可以不受时间限制并可以节约时间。另一方面，消费者可以足不出户却能在很大范围内选购商品，这一点也会给消费者带来极大的心理满足感。

4. 安全性

在线购物的安全性一直是网络营销发展的瓶颈之一。这里的安全性包括两方面，一是购物过程中的安全性，特别是支付过程的安全性；二是网络营销商家本身的可靠性。消费者非常重视在线购物过程中个人隐私信息是否安全，这也是网络商家在线销售过程中需要做到的最基本要求。网络营销的支付可以选择在线支付也可以选择网下支付，在线支付涉及到很多安全性的问题，近年来技术性经济犯罪屡屡出现，网站是否能保证网络消费者支付的安全性是决定消费者是否选择该站点购物的最高要求，安全的购物环境也能增强消费者对网站的信心。

网络营销商家本身的可靠性也作为消费者购买决策的重要考虑要素，因为互联网商业准入门槛较低，导致网络市场的商家实力参差不齐，诚信度也有较大差异，而在线消费大多数采用先付款后发货的销售形式，这就让消费者在选择在线购物时心存疑虑，为了解决这个问题，网络营销企业一方面加强自身诚信度建设，另一方面建立相应的监管体制，如中国网络营销商自发建立互联网诚信联盟。根据对网络消费者接受的购买方式的调查结果显示，大多数的网络消费者还是接受货到付款的购物模式，这就给网络营销当事双发的互信提出了新的挑战。为了使买卖双方都安心交易，出现了如支付宝、安付通等中间商，使在线购物的同时实现了款到发货和货到付款的双向功能。

3.1.3 网络消费者的购买过程

网络消费者的购买过程也就是商品或服务在网络上的所有权转移的过程，同传统市场一样，网络消费者的购买过程也是从动机产生到最终评价的完整过程。因此，网络消费者的购买决策过程可以分为动机产生、信息搜集、比较选择、购买决策和购后评价五个阶段。

1. 动机产生

网络消费者产生购买动机是网络购买过程的初始点。消费者产生购买动机往往是因为在现实生活中某种商品或某种服务满足了消费者的某一需要，弥补了消费者的现实生活同实际需求之间的差异。消费者往往是先对产品产生兴趣，后产生购买欲望。当消费者产生了购买动机，整个销售过程便开始了。

对于网络营销来说，网站只能通过视觉或听觉来诱发消费者的需求，文字、图片、视频、声音是网络用来吸引消费者并激发其产生购买欲望的直接方式，同传统营销具备多样化的诱发方式相比，网络营销诱发消费者需求具有更大的难度。对于网络营销企业来说，最根本的是把握网络消费者的需求特征，了解与自己产品和服务相关的实际和潜在需求，找到诱发消费者需求的切入点和诉求重点。

要做到诱发网络消费者的需求欲望，商家被动地仅按照消费者的要求去做是不行的，戴尔·卡耐基说过，当我们想要说服别人时，唯一的方法是，让那人主动地想实行所要说服的事。引导他认同自己，这才是最好的“导游”。这句话同样值得网络营销企业思考，如何巧妙地设计营销策略去吸引更多的网络消费者来关注自己的站点及站点上的产品和服务，是网络营销企业不断发展的关键。如：金山网站（www. kingsoft. com）提供杀毒软件的免费下载和一个月的免费试用期，吸引了大量网络用户关注自己的站点和使用自己的产品。麦考林网站（www. m18. com）举办在线选秀活动，吸引了网站用户的亲朋好友都来站点投票，并对投票者给予代金券的奖励，为网站赢得了更大的知名度，从而赢得了更多的用户。

2. 搜集信息

当网络消费者产生了购买动机以后，大多数人并不会立即选择购买，理智的网络消费者会着手搜集与感兴趣的产品和服务的相关信息。网络消费者搜集信息的渠道主要有两种：内部渠道和外部渠道。内部渠道是指消费者会首先从自己的记忆和自身经验中去寻找信息，包括购买产品的实际经验、对市场的观察、对商家的印象、对产品的看法等。如果通过内部渠道无法获取足够的信息用于购买决策，消费者便要去外部渠道搜集信息。外部渠道是指消费者从自身以外的地方搜集信息的渠道，包括个人渠道、商业渠道和公共渠道等。同传统营销一样，消费者会向亲友、同事，甚至专业人员来寻求可用信息，这类信息往往会对消费者的购买决策起着非常重要的作用。商业渠道是商家将产品和服务信息通过一定的方式传递给消费者，消费者通过网站的产品介绍、其他消费者对网站和网站产品的客观评价等来影响自己的购买决策。

不同的网络消费者对于信息的要求程度是不同的，一般可以分为三种模式：

(1) 普通信息需求。当网络消费者对产生购买动机的产品或服务没有非常深入的了解，也没有建立判定标准，往往只是对产品和服务的类型和品牌产生了倾向，此时的消费者仅在心目中对产品有一个期望，如对价格、质量、服务、品牌形象的期许。对于这类消费者，网络营销企业应该通过适当的渠道向消费者传递产品和服务的优势信息，进一步增强消费者对此类产品和服务的兴趣。如：当消费者打算在线购买一本小说，但此时他并没有确定购买图书的类型，可能会因为网站上优惠活动的宣传、最近的流行读物介绍等内容吸引他产生购买倾向。

(2) 有限的信息需求。出于有限信息需求模式的消费者，对感兴趣的商品或服务已经产生了特定的评判标准，但还没有确定对网络商家或品牌的倾向。此时网络消费者会更有针对性地收集信息，如：当消费者打算在线购买一本励志小说，他此时对购买的这本书已经有了明确的要求，接下来，他会在站点中搜集此类图书的相关信息，可能最后他会被其中的某一本书作者的知名度、图书的精美图片等吸引，选择购买。

(3) 精确的信息需求。在这种模式中，消费者对于感兴趣的产品或服务已经产生了明确的购买倾向，对其已经有了很深入的了解，有了足够的经验。此时他所需要的是进一步的更精确的产品或服务信息，因此他会从这些细节的信息中挖掘出自己的真正需求所在，而这时他所需要的信息也是最少的。因此网站除了提供大量对商品优点的描述、宣传图片等信息之外，还应该提供产品和服务的本质信息，以供此类消费者选择。如：当消费者打算购买一台 NOKIA 的手机，他已经对这个品牌有了很强的购买倾向，对手机产品也有了自己的深入了解，他可能对此类手机的需求点集中于手机的上网功能或拍照功能等，因此，他更关心的是手机的性能参数信息。

网络消费者搜集信息的主动性是很强的，因此，网络营销企业应该掌握消费者搜集信息的渠道，并采用适当的方式将消费者需要的所有信息传递给他们，这种方式对于企业来说也是最低成本的推广方式。

3. 比较选择

网络消费者在搜集了大量的商品和服务信息以后，需要从这些信息中筛选出最终需要的信息，帮助进行购买决策。网络消费者对信息的分析比较常常基于产品和服务的性能、价格、样式、品牌、售后服务等要素，但这些要素的获取往往只有通过网站提供的视觉和听觉的描述来实现。如果网络营销商不能对自己的产品进行充分的描述，就不能吸引大量的消费者；如果网络营销商为了一时的销售，对产品进行夸张的描述，甚至使用虚假的描述，则可能永远失去消费者。

网络营销较之传统营销在信息的比较选择上也体现出优势，消费者可以使用如搜索引擎、智能代理、具备比较功能的网站来轻松获取比较信息，表3－1是网络消费者进行比较选择常用的工具介绍：

表3－1　网络消费者进行比较选择常用工具

工具类型	功能介绍
搜索引擎	利用关键字搜索网站
智能代理	根据条件，自动完成相关指令
具备比较功能的网站	供消费者在网站内按要素比较不同商品和服务

4. 购买决策

网络消费者在对产生购买倾向的产品或服务进行了信息搜集并筛选出需要的信息以后，就进入到了购买决策阶段。这个阶段也是对网络营销商家非常重要的阶段，网络消费者是否会付诸购买行动就在这个阶段实现。虽然网络消费者的购买决策行为同传统购买决策行为相比要快速，但在他们决定购买某种产品或服务前，一般需要具备三个条件：第一，对网络营销商家的信任感；第二，对网络营销过程有安全感；第三，对所购买的产品或服务有好感。因此，对于网络营销商家来说，应该在每一个方面都做好工作，使网络消费者产生最大限度的心理满足，这样才能促使消费者做出购买的决定。

5. 购后评价

从表面上看消费者产生购买行为获得了产品或服务的所有权，即是一次购买过程的结束。实际上，现代营销所研究的购买过程是无止境的，真正优秀的高质量的营销应该是永无止境，循环向上的，这就必然需要在每一次购买过程之间存在一个链接点，对于商家来说是优良的售后服务，对于消费者来说那就是购后评价体系。网络营销为买卖双方提供了一个最方便的双向互动的沟通平台，网络消费者可以方便地通过这一渠道向商家反馈信息，包括对商家、产品或服务及整个销售过程的评价。网络消费者的评价不仅是对这一次购买行为的评价，好的评价也为网络营销商家建立了一个客观的产品和服务的推广体系，成为其他网络消费者产生购买决策的重要影响因素。因此，网络营销商家应该及时收集消费者的反馈信息，通过对评价信息的分析归纳，找到自身不足，随时改进自己的产品性能和服务品质。

3.2 企业网络采购分析

随着网络技术的高速发展，越来越多的企业开始利用网络获取更多的利益。网络给企业提供了一个更广泛的市场，这个市场没有传统市场的地域和时域的限制，企业可以在这个市场中发布信息并收集更多的信息，网络能为企业带来更多的商业机会。近年来，企业的网络采购发展异常迅速，把握企业网络采购行为特点，分析企业网络采购流程及类别特征对网络市场上的买卖双方都有着重要的意义。

3.2.1 企业网络采购的特点

1. 企业网络采购的需求特征

（1）需求的复杂性。企业生产产品往往有多条产品线，哪怕只生产一种产品，即使是一种非常简单的产品，也同时需要多种原材料和零部件，而且原材料与零部件之间还有严格的比例关系，不能随意更改。因此，企业往往需要采购多种产品，并且在生产过程中，由于各项因素影响，这些原材料和零部件等产品常常不会按照比例在同一时间进行采购，具有采购的复杂性。例如：一家汽车制造厂商除了汽车的金属零部件外还会采购皮革制品、塑料制品、玻璃制品等，也会因为某一时期的皮革制品价格较低而大量采购，以致长时间不对该类配件进行采购。

（2）对价格很敏感。企业开展采购业务归根结底是来源于消费者对于消费产品的需求，企业采购的目的不在于购买产品本身，而是为了对产品进行再加工以后销售获取利润，企业对于所采购产品的价格会直接影响到最终消费产品的价格，从而影响消费需求，因此，企业在网络采购过程中对价格很敏感。特别是对于中小型企业，因其规模小，资金匮乏，企业生存也不太稳定，普遍注重短期投资回报率，在网络采购过程中，价格成为了决定采购是否成功的重要因素。

（3）倾向于全价值链解决方案。企业利用网络开展采购业务，主要看重互联网市场能给企业提供更多的商业机会，获得更多的利益。如今的企业采购不再单纯地采购产品本身，能为采购企业提供实用易用、性价比高的产品，同时还能提供完整良好的售后服务、咨询培训等全价值链解决方案的供应企业才能在采购竞争中脱颖而出。

（4）需求的波动性很大。产业市场的需求是波动的需求，产业购买者对于产业用品和劳务的需求比消费者的需求更容易发生变化。在现代市场经济条件下，工厂设备等资本货物的行情波动会加速原材料的行情波动。产业市场的需求是“派生需求”，采购企业需求的少量增加会导致供应企业需求的大量增加，会有更多的供应企业进入该采购市场，提供更多的产品。

2. 企业网络采购的行为特征

（1）集体性。企业采购与消费者购买相比，具有更多的复杂性，决策过程更为规范。企业进行购买决策通常由生产部门、财务部门、研发部门、市场部门、采购部门及最高管理层等共同完成，各部门在采购决策中发挥不同的作用。其中非常重要的一点，企业采购过程中的最终执行者与受益者是不一致的，在传统市场上，由于采购执行过程的不透明，很多企业的采购人员会利用手中的采购权利进行不正当的行为。如今，企业利用网络开展采购业务，采购流程公开化、透明化，能帮助企业加强采购管理，减少不必要的损失。

（2）辅助性。消费者在网上购物，可以直接通过网络下订单、支付款项、购买商品，大多数情况下，除了实体商品需要网下配送过程，其余都可以通过互联网完成。对于企业采购而言，涉及大宗货物买卖，企业往往需要对供应商及其货物进行一系列考查后才能作出购买决策。与此同时，互联网形成的虚拟市场中，涉及贸易的法律法规还没有完整建立起来，传统的法律规则因为一系列障碍的存在而不再适用于规范人们的网上交易契约行为。主要障碍涉及以下几种：

①电子合同、电子发票、数字签名、电子凭证等的合法性问题。

②网络环境下法律纠纷处理的问题。如双方合法权的问题、电子数据的证据效力问题、知识产权的保护问题。

③网络安全问题、认证问题、电子支付问题等一系列技术上的不完善问题。

这些问题恰恰存在于企业采购过程中的关键环节，法律保护的缺失导致很多企业不敢选择网络采购，或者只能部分使用网络采购的功能，大大制约了企业网上交易的发展。现阶段，企业网络采购大多是利用网络的优势获取更多的供应商信息，实际的购买过程还是要依靠在传统市场中完成。

（3）专业性。企业采购不同与消费者购买商品时的灵活性和可变性，消费者购买商品时往往会依赖广告宣传等外部因素来作出购买决策，而企业采购的商品具有较强的专业性、标准性，产品本身的性能和质量才是最终决定采购与否的关键性因素。因此，企业的采购执行者往往是受过专门训练，具备产品相关知识的专业人员，并承担着采购职能，受到相关政策、制度的限制和指导。

3.2.2　企业网络采购的过程分析

企业网络采购过程主要由五个阶段组成：确定需求、信息搜集、交易谈判、成交执行、购后评价。

1. 确定需求

当企业在生产经营过程中出现对某种物料和产品的缺乏时，企业就需要从市场上购买相关产品和服务来解决该问题，采购过程便从此开始。企业采购需要确定采购项目的特性，包括采购产品类别、型号、数量、质量等。开展网络采购的企业还应该确定利用何种网络平台进行采购，如何发布采购信息等。

2. 信息搜集

当企业确定了所需要采购的相关产品要素以后，企业就应该充分利用互联网来寻求满足自身需求的产品和供应商。

在网络环境下，采购企业和供应企业会将双方的供需信息发布在网上，供需双方都可以通过网络平台获取大量的相关信息，并进行过滤、选择。整个信息搜集过程如图 3－4 所示。信息搜集的过程也是企业进行信息比较筛选的过程，企业应该通过网络及多种传统渠道获取供应商企业尽可能多的信息，以确立供应商的身份，了解供应商的企业实力和贸易信用，为交易的安全性打下一个基础。

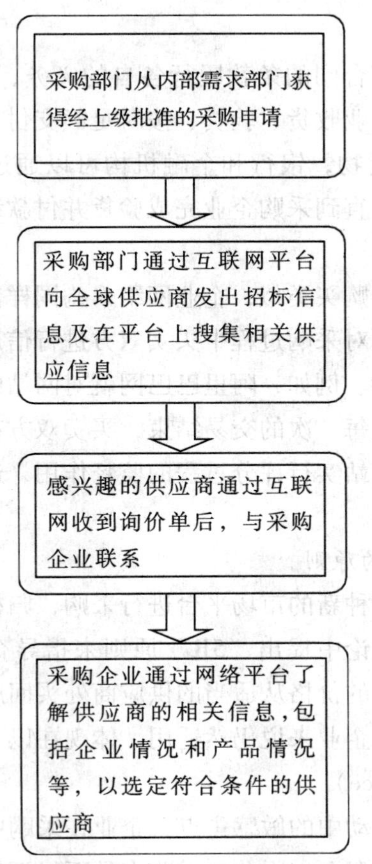

图3－4 企业网络采购搜集信息流程图

3. 交易谈判

采购企业通过互联网了解了若干供应商信息，并筛选出最符合本企业需求的供应企业后，买卖双方就会派出销售代表对有关的细节进行交易谈判，确定最终的交易内容，并签订购买合约。

网络采购的正常情况下，买卖双方会通过互联网平台对所有的交易细节展开网上谈判，谈判内容涉及产品的种类、数量、价格、交货时间、付款方式、物流模式等，以及明确双方在交易过程中的权利和义务，并进一步确定交易中的违约、索赔等合同要素，最后将双方商谈的结果以电子文件签订贸易合同。但在现今互联网贸易法律法规不健全的情况下，企业开展网络采购往往会将合同签订在网下传统市场中面对面完成。

4. 成交执行

买卖双方根据贸易合同的条款履行各自的义务，供应企业备货、配货、按时按量发货，采购企业收货、验货、按时足额支付货款。买卖双方可以利用互联网跟踪发出的货物，银行和金融机构可以通过网络处理双方的收付款，进行结算处理等，直到采购企业完成验货并付款结束。

5. 购后评价

同消费者进行网络购买类似，企业网络采购同样需要建立网络信用考核体系，通过客观评价，对采购过程中买卖双方进行信用等级认定，可以大大提高网络采购的安全性。例如，阿里巴巴网就对网站的企业会员进行信用度考核机制的建立，企业每一次的交易结束，买卖双方都会对对方的交易过程中的表现予以评分，网站实行评分过程的监督作用，逐步建立起了基于站点的企业信用数据库。

3.2.3 企业网络采购的原则

企业利用互联网这种新的市场平台进行采购，归根结底还是为了追求利益最大化。传统市场理论中提出“5R”原则来指导企业的采购活动，也就是在适当的时候以适当的价格从适当的供应商处买回所需数量的物品。该原则对于开展网络采购的企业来说仍然适用，体现在以下五个方面：

1. 适价（Right Price）

价格永远是采购活动中的敏感焦点，企业在采购中最关心的要点之一就是采购能节省多少采购资金。因此，采购人员不得不把相当多的时间与精力放在跟供应商的“砍价”上。物品的价格与该物品的种类、是否为长期购买、是否为大量购买及市场供求关系有关，同时与采购人员对该物品的市场熟悉状况也有关系，如果采购人员未能把握市场脉搏，供应商在报价时就有可能“蒙骗”采购人员。一个合适的价格往往要经过以下几个环节的努力才能获得。

①多渠道获得报价：这不仅要求有渠道供应商报价，还应该要求一些新供应商报价。企业与某些现有供应商的合作可能已达数年之久，但它们的报价未必优惠。获得多渠道的报价后，企业就会对该物品的市场价有一个大体的了解，并进行比较。

②比价：俗话说“货比三家”，因为专业采购所买的东西可能是一台价值百万元或千万元的设备或年采购金额达千万元的零部件，这就要求采购人

员必须谨慎行事。由于供应商的报价单中所包含的条件往往不同，故采购人员必须将不同供应商报价中的条件转化一致后才能进行比较，只有这样才能得到真实可信的比较结果。

③议价：经过比价环节后，筛选出价格最适当的2~3个报价环节。随着进一步的深入沟通，不仅可以将详细的采购要求传达给供应商，而且可进一步"杀价"，供应商的第一次报价往往含有"水分"。但是，如果采购物品为卖方市场，即使是面对面地与供应商议价，最后所取得的实际效果可能也比预期的要低。

④定价：经过上述三个环节后，买卖双方均可接受的价格便作为日后的正式采购价，一般需保持2~3个供应商的报价。这两三个供应商的价格可能相同，也可能不同。

2. 适质（Right Quality）

一个不重视品质的企业在今天激烈的市场竞争环境中根本无法立足，一个优秀的采购人员不仅要做一个精明的商人，同时也要在一定程度上扮演管理人员的角色，在日常的采购工作中要安排部分时间去推动供应商改善、稳定物品品质。采购物品品质达不到使用要求的严重后果是显而易见的：

①往往导致企业内部相关人员花费大量的时间与精力去处理，会增加大量的管理费用。

②往往在重检、挑选上花费额外的时间与精力，造成检验费用增加。

③导致生产线返工增多，降低产品质量、降低生产效率。

④导致生产计划推迟进行，有可能引起不能按承诺的时间向客户交货，会降低客户对企业的信任度。

⑤若因来料品质不良引起客户退货，有可能令企业蒙受多种损失，严重的还会丢失客户。

因此，网络采购企业应该对供应商企业有充分的考查，对于新的供应商应该实地考察企业状况、产品状况、服务状况等，这样才能更好地利用互联网获得更高的采购效率。

3. 适时（Right Time）

企业已安排好生产计划，若原材料未能如期达到，往往会引起企业内部混乱，即产生停工待料，当产品不能按计划出货时，会引起客户强烈不满。若原材料提前太多时间买回来放在仓库里等待生产，又会造成库存过多，大量积压采购资金，这是企业很忌讳的事情，故采购人员要扮演协调者与监督者的角色，去促使供应商按预定时间交货。对某些企业来讲，交货时机很重要。同时，应该利用好互联网的实时跟踪机制，掌握交易流程，及时获取贸易信息，做到全程控制。

4. 适量（Right Quantity）

批量采购虽有可能获得数量折扣，但会积压采购资金，太少又不能满足生产需要，故合理确定采购数量相当关键，一般按经济订购量采购，采购人员不仅要监督供应商准时交货，还要强调按订单数量交货。

5. 适地（Right Place）

天时不如地利，企业往往容易在与距离较近的供应商的合作中取得主动权，企业在选择试点供应商时最好选择近距离供应商来实施。近距离供货不仅使得买卖双方沟通更为方便，处理事务更快捷，亦可降低采购物流成本。

越来越多的企业甚至在建厂之初就考虑到选择供应商的“群聚效应”，即在周边地区能否找到企业所需的大部分供应商，这对企业长期的发展有着不可估量的作用。

但在实际的采购工作中，“5R”原则存在着效益背反，例如，若过分强调品质，供应商就不能以市场最低价供货，因为供应商在品质控制上投入了很多精力，它必然会把这方面的部分成本转嫁到它的客户身上。因此，采购企业应该充分利用互联网的优势，收集供应信息，准确把握采购全流程，争取更多的机会获得供应商企业最优质的服务。

近年来，企业采购中的一些经验、做法被引入到政府采购中，因此，政府采购执行者也应关注企业采购，在遵守“三公”原则的基础上，灵活运用采购策略，为政府谋求更多的利益。

案例　　惠普的电子采购之道

惠普公司历来都是商务史上的革新者。他们有一种离经叛道的典型做法，就是成立许多完全独立的子公司，并让它们任意做它们想做的事情（只要其针对总公司的主导产品设计出来的附属产品能够在市场上卖得出去并赚到钱就行了）。这种做法使得惠普公司迅速地发展，几十年来一直在他们所处的领域内独领风骚，将其他的竞争对手们远远抛在后面。不过近几年来，惠普的发展速度有所减缓，似乎开始在向人们暗示：廉颇老矣。

惠普公司“分而治之”的经营战略的确有其隐含的不利因素，其中较明显的一点就是由于各部门分头采购，使得他们购买的办公设备、文具用品以及各项服务都是惊人的昂贵，因此，公司每年在这些项目上的开销都是一个天文数字。到1999年底，惠普在这些项目上花费的总金额就高达20亿美元。

惠普对这个问题早有察觉，并于1998年进行过调查。调查发现，自己公司的集团购买行为过于分散，过于随便，缺乏统一的规划与控制。“许多雇员自己跑到附近的一家电脑与办公用品商店去随意采购东西拿回来报销，而不是到与我们有供应协议的供货商那里去采购，这样做的结果当然是要多花很多冤枉钱。”公司前采购主任说。

因此，惠普公司立即着手探讨建立一个基于网络的采购系统，以促使惠普公司总数为84 000多名员工队伍全都从指定的供应商那里取得诸如铅笔、台历和电脑这样的办公用品，铲除“阔少爷买东西”的陋习，全面实现采购的决策与实施过程无纸化。作为这个过程的一个副产品，惠普得以对他们庞大的供应商数据库中的十万个供货点进行筛选，只留下最可靠最高效的能够进行网上交易的少数大型供应商。

在各种软件选择方案中，惠普公司的电子采购组最终选定了Ariba采购系统，并于1999年9月正式启动。在4个多月的试运行时间里，这套系统先后接待了100多个用户。运行的结果使惠普官员们确信：Ariba网上采购方案将能够让公司每年在MRO（维护、修理与运行）项目上的支出减少6 000万~1亿美元。

事实上，效果比原先估计的更好。在惠普实行采购电子化的过程中，发生了一件很有意思的事情。尽管公司对试运行的结果十分满意，但他们实际上并不想亲自驾驭这只庞然大物。按照公司的惯常做法，进入新千年的第一个二月，电子采购组便从总公司剥离出来，成立了一个完全独立的营利性商业服务公司。商业服务领域正好是目前方兴未艾的一个全新的BSP概念，而专业化的电子采购又是这个领域中填补空白的一种服务项目。电子商务的业内分析家对此都极为关注，认为它将在未来几年内得到无比迅速的发展。

最早关于电子采购的想法是由买主来管理其采购网站，吸引供应商到自己的站点上来。但真正实行起来却往往很难，因为许多供应商没有自己的网上产品目录，或者根本就不想参加买主的站点。因此，一个独立的公开对外服务的专业采购网站就更有可能把卖主与买主拉到一起。

现在惠普的员工需要买什么东西都上 Alliente 的网站去订购，而不是在公司自己的内部网寻找自己的采购部。网站对所有的交易都有详细的记录，以方便日后的维修与保养。总资产达 470 亿美元的惠普公司从此能够与其一百个供应商进行更加快捷的交易与联系。

过去需要两个星期的采购过程，现在只需要不到两天就可以完成了。对于供应商来说，过去所有的开票、调货和信用卡问题需要占用 70% 的工作时间，而现在这些时间仅仅占 30% 左右。将来有一天，惠普的员工都不必为购买纸张或打印墨盒而操心，因为系统能够自动算出某台打印机需要换墨盒的时间并及时提醒他们。

本章小结

本章按照消费者市场和企业市场的划分，对两大市场的购买行为特征、流程进行了分析和介绍，进而阐述了各个市场的网络营销特点。本章没有对政府采购做专门地分析，原因在于政府采购与企业采购有较多的共通点，同学们可以通过企业采购的学习来贯通政府采购，但要把握政府采购的“三公”原则，即“公平、公正、公开”。把握顾客网络购买行为，对网络营销的顺利开展有着非常重要的意义，是网络营销能否取得成功的关键性因素。

第4章 网络营销的市场细分和定位

企业在开展营销时首先会面对一个整体的市场，此时的市场并不一定是企业最终选择的，或最适合企业开展营销活动的市场。因此，企业需要依据自身特点、市场状况及消费者的状态和特征来将整体市场进行划分，并进一步选择适合企业进行营销拓展的市场，确定产品或服务的市场定位，为营销活动提供参考依据，开展有效的营销活动。

企业开展网络营销，同样需要进行准确的目标市场细分和定位。此时进行市场细分和定位的依据是在传统营销的基础上根据网络这个大市场的特征而确立新的依据。网络市场较之传统市场没有地域和时域的限制，网络消费者的心理和行为也呈现出更多新的特征。因此，网络营销的市场细分不仅是按照地域、人口、心理和行为进行细分，而且是在此基础上对网络行业平台进行更为具体和细致的划分，市场定位也是依据划分后的各网络行业所确立。

4.1 网络营销市场细分

网络经营者必须通过对网络市场的调研，根据网络消费者对商品的不同欲望与需求、不同的购买行为与习惯，把整体市场划分为具有一定的类似性特征的若干子市场。有效的市场划分有利于网络企业确定自己的目标市场，发现更多市场机会，并集中人、财、物和信息等资源条件投入到目标市场，形成经营上的规模效应，制定和调整网络营销组合策略为成功开展网络营销创造条件。

4.1.1 网络营销市场细分的标准

网络营销市场细分可以按照四大标准来开展：

1. 地域细分

不同地域的消费需求构成了整体的网络市场。但网络市场的非地域性限制使我们很难对地区进行较细致的分类，如：很难将我国的网络市场划分为东部和西部市场，虽然两地在经济水平、气候条件、生活方式等方面有较大差异，但将业务放在开放的互联网平台上，南北的消费者都能接触到该业务，除了通过服务范围的限制等方式，很难实现小范围的地域划分。在网络营销的地域划分中，我们可以将其分为小范围的细分和大范围的细分两大类。

小范围的地域细分一般是指将整体市场划分为细致的小块，实现起来比较困难，也不太利于网络营销企业的长远发展。这样的划分往往是受企业现阶段的条件限制，使企业不得不选择提供有限的区域性服务，而造成的小范围地域划分。此时进行的划分手段往往是业务限制或技术条件限制，如通过限制发货区域、限制享受服务的对象或使用局域网提供服务来实现小范围地域细分。

大范围的地域细分是网络营销地域细分最重要的细分依据，主要是按照大区域的差异来进行细分，是对具有极大市场差异性的区域，如国家进行细分。大区域往往在经济发展、文化特色、风俗习惯、消费者习惯、消费理念等方面有较大的差别，这就需要企业根据自身的发展条件和优势，选择恰当的大区域开展网络营销。如：www. alibaba. com（阿里巴巴网）是全球知名的 B2B 站点，它为企业提供基于互联网的贸易平台，它的地域细分就是按照国家间的不同贸易特点来进行，将旗下的 B2B 站点分为三大子站点：中文站（主要为中国国内各企业间贸易提供服务）、国际站（为国际贸易企业提供服务）、日文站（为日本企业贸易提供服务）。经过此划分的阿里巴巴并不是简单地将网站作为中文、英文、日文的语言翻译，而是根据不同地域贸易特色，作出的三个具有各自特色的站点，如图 4－1、图 4－2、图 4－3 所示。

2. 人口细分

总体市场是由不同的消费者群体组成的，各个群体会因消费者的性别、年龄、职业、收入、宗教信仰、国籍、民族习惯等产生差异。不同消费群体的偏好、购买力和需求重点不同，甚至同一消费群体中的不同消费者之间也有差异。进行人口细分的标准很多，总体市场可以依据不同的标准细分成几十个甚至上百个细分市场。

图4－1　阿里巴巴中文站

图4－2　阿里巴巴国际站

图 4－3 阿里巴巴日文站

对于网络营销，人口细分要先从两个大方面去考虑，一是对企业的产品和服务进行传统意义上的人口细分，二是根据消费者使用网络的特性进行更细致的划分。两者结合往往才能使企业获得正确的人口细分结果。例如，肯德基在中国的营销按人口来细分包括：儿童、青少年、成人、老年人，开展网络营销时，肯德基在此细分基础上，根据中国网络消费者特征，对传统细分进行了筛选，将网络消费对象细分为学生和工薪阶层，其中又按照不同的年龄段进行了更为细致的划分。www. kfc. com. cn 是肯德基在中国开设的网络营销站点，整个网站符合细分对象的消费特征，如图 4－4 所示。

3. 心理细分

心理细分是比人口细分更加深入的细分方法，消费者的心理包括：个性、价值观、生活方式、兴趣与观点等。心理细分要在把握好人口细分的基础上，分析消费者的不同的心理特征。我们注意到，年轻人的价值观跟老年人的价值观往往存在差异，甚至对于同类商品，年轻人的心理需求跟老年人也有较大差异；独生子女跟多子女的个性差别也比较明显；学生和工薪阶层在生活方式上差别很大。因此，我们不能忽略心理细分方法在划分消费者对象中的作用，心理细分是企业客户细分的关键环节。例如：宝洁公司推出“沙宣”产品时就进行了心理细分，其核心目标是 18～30 岁的青年女性，辅助目标消费群是 30～40 岁的中年女性 ，且具有较高文化程度及经济基础。

图4-4

她们的心理细分是：个性张扬，有主见，日常开支具计划性；比较注重自己的形象，细心呵护头发、皮肤；容易接受新事物，并愿意尝试购买。值得注意的是，消费者并不知道宝洁公司对消费者的细分方式，他们大多都是通过广告的内容得出的判断，而这种判断恰恰与宝洁的客户细分吻合，证明消费者已经从心里面认可了自己属于这一群体。

网络营销上的心理细分除了要把握以上标准，还要把握消费者的网络消费心理，包括选择网络消费的原因，希望通过网络获取怎样的消费体验等。例如：www.lhok.com 是上海联华超市的网络营销站点，他们开展网络营销时就对客户进行了心理细分，细分对象是年轻的白领阶层，主要是女性，因为他们习惯使用互联网，接受在线购物这种模式，她们把大量时间投入工作，没有充足的时间逛超市购买日用品，所以总是寻求方便快捷的服务。因此网站主要提供在线购买，门店直接打包取货或送货上门的服务，让顾客从内心接受这样的服务。

4. 行为细分

行为细分就是根据消费者购买或使用产品的时机、消费者所追求的利益、使用者情况、使用者对某种产品的使用率、对品牌的忠诚度、待购阶段和消费者对产品的态度等行为变量来细分消费者市场。把握购买时机可以帮助企业促进产品的使用，增加销量，例如：凉茶本是帮助人们清火的功能性药饮，凉茶生产企业通过各种促销手段，宣传凉茶可以在生活中各个环节饮用，变成生活中时刻相伴的不可缺少的饮料，任何时刻都可以饮用，大大促进了凉茶的销量，让很多消费者从慢慢接受到习惯喝凉茶。在利益方面，企业根据顾客从产品中追求的不同利益分类，这是一种很有效的细分方法。利益细分需要确定人们在产品中寻找的主要利益，寻找每种利益人的类型。在用户状况方面，我们可以把市场细分为产品的非用户、以前的用户、潜在的用户、初次用户和经常用户，通过用户状况细分，企业可以了解用户的状况及形成的原因，从而研究采取策略。考虑消费者对商品的使用情况，使用率市场还被划分为偶尔、一般和经常使用者，对于不同的使用者企业要用不同的营销策略，重点把握经常使用者，能给企业带来更多的利益。在消费者的忠诚度方面，一些消费者是绝对忠诚的：他们只认唯一的一种品牌。一些是在一定程度上忠诚：他们对一种产品的两三种品牌忠诚，或者最喜爱一种品牌，但有时也会买其他牌子的产品。还有一些则对任何牌子都不忠诚：他们或者每次都想买些不同的东西，或者只要是有卖的，他们便买，不分什么牌子。企业要注意找到忠诚的顾客，发现不忠诚的原因，尽可能建立一批稳定的客户源。

网络营销企业在对消费者进行细致的行为细分时，也是按以上的各标准进行的。例如：www.taobao.com（淘宝网）是阿里巴巴旗下的 C2C 站点，它一直致力于培养消费者的品牌忠诚度，提高消费者对网站功能的使用率。通过消费者行为细分，分析消费者的行为特点，淘宝网采用了网上商城的模式，为消费者提供了一个传统市场消费的二维模拟，方便消费者接受网站服务，通过提供更多、更便宜的商品选择，吸引了更多的消费者，通过不断完善和提高网站功能，保证了交易的安全性，树立了品牌形象，并结合网络优势，让很多消费者养成了使用该站点的习惯。

4.1.2 网络营销市场细分的原则

当有了明确的市场细分标准，在网络营销的市场细分过程中，可以综合运用这些标准，得出一系列的准确的细分市场。同时，还应注意把握好在市场细分中的几个原则问题：

1. 可衡量性原则

可衡量性原则是指对细分市场上消费者对商品需求上的差异性要能明确加以反映和说明，并能清楚界定；细分后的市场范围、容量、潜力等也要能定量加以说明。对于网络营销企业来说，所面对的市场是一个充满了挑战、变化和不可知性的复杂环境，消费者的数量、结构、消费特征都在不断地变化中，这就对企业进行市场细分提出了更高的要求，企业要实现细分的可衡量性，就要准确把握网络市场及消费者的特征，及时对细分结果进行调整。也可以认为，网络营销的市场细分结果往往不是一个定量，而是一个紧随市场状态变化的变量。

2. 可占据性原则

应使各个细分市场的规模、发展潜力、购买力等都要足够大，以保证企业进入这个市场后有一定的销售额，同时企业也是可以利用现有条件能够去占领的。网络营销企业进行市场细分的标准很多，方法也是多样化的，最终选择什么样的标准和方法去进行市场细分，关键是看这样的细分结果是否能够适应企业的现存状态，是否能够保证企业可以在细分市场中发挥最大的力量，以及是否可以为企业将来的发展奠定良好的基础。对于大多数的网络营销企业，很难做到一开始就选择正确的细分标准和细分方法，这就要求企业在细分市场时要多标准多方法地细分，才能从一系列的细分结果中选择最适合企业发展的市场细分方案。判断市场细分方案是否适合本企业，往往从以下几个方面考量：

（1）市场细分必须足够大，以保证其有利可图。

（2）细分市场必须是可以识别的。具体表现为可以用人口统计学、情感价值数据、行为方式数据等来描述。

（3）细分市场必须是媒体能够接触到的。

（4）不同的细分市场对营销组合应该有不同的反应，否则就没必要去做区分。

（5）细分市场应该具有合理的一致性，即其中的成员应该有尽可能相似的行为方式。

（6）其大小而言，各细分市场应该是稳定的。

（7）细分市场不应该主要被竞争者占领，以免我们的产品遭到失败。

（8）细分市场应该是利于为企业将来的发展奠定基础的。

3. 相对稳定性

占领后的目标市场要能保证企业在相当长的一个时期在经营上的稳定性，避免目标市场变动过快给企业带来的风险和损失，保证企业的长期稳定的利润获取。网络营销企业要做到这一原则困难较大，因为网络市场准入门槛较低，市场运作透明化程度较高，企业很容易在同一细分市场遇到模仿者或具有相当实力的竞争者，这就对企业对细分市场的把握，选择最适合自身经营的目标市场，提出了较高要求。

网络营销企业要保持目标市场的相对稳定性，首先应该根据产品和服务的细分市场的数量、状况、分布以及各细分市场的特征，分析企业自身的发展经营优势，从细分市场中选择一两个或若干细分市场作为企业主要的营销对象。从细分市场中选择目标市场应该把握三大原则：一是所选择的市场对于网络营销企业有一定的规模和发展潜力；二是所选择的目标市场并未被竞争者完全控制，企业还有很大的发展空间；三是所选择的目标市场是最能发挥企业优势的市场，符合企业的发展目标和能力。

4.2 网络营销目标市场定位

网络营销目标市场定位就是通过营销活动的策划与开展，为企业及产品创造一种明显区别于竞争者的特色性差异，并把这种差异形象、生动地展示给顾客，争取目标顾客的认同，使企业产品在顾客心目中形成一种独特的、鲜明的印象，从而形成网络营销企业独一无二，不可替代的竞争优势。

传统市场定位有两大参数：价格和档次。在此基本参数的基础上，不同的企业还可以采用更具体的特定参数进行定位，如成本、质价比、外观、售后服务等。对于网络营销企业来说，价格和档次仍然可以作为其主要的定位参数，但此时的含义同传统市场有区别，在网络营销市场定位中的价格不再简单代表企业产品和服务的价格，因为网络营销使用互联网这样一个虚拟平台，所面对的消费者不论是个人还是企业都不再简单关注产品和服务的价格，而是考虑网络营销企业所提供的总体功能服务及产品的性价比；此时的档次也不再简单地将产品和服务划分为高、中、低档，网络营销企业的定位档次体现在企业网站的整体规模、内容层次及对消费者消费需求的满足上。但在企业具体进行市场定位时，很少直接体现出是按照价格和档次作为定位标准；往往是采用更具体的参数从侧面反映定位参数，例如：现在 3G 在全球已经进入了规模发展的阶段，3G 从一开始就不是定位于以提供话音业务为主，而是明确定位于移动多媒体业务。看似这样的定位是按照业务范畴来进行，其实3G选择移动多媒体业务也是从价格和档次两方面考量的，多媒体业务作为移动的增值性业务，主要是提供给移动的中高端客户，为其提供更完善和丰富的服务。与此同时，这样的业务也属于移动的高价位产品和服务，可以为企业获取高额利润，也符合移动业务的长远发展战略。

有了市场定位的标准，网络营销企业需要按照一定的步骤来实现准确的目标市场定位，与传统市场定位相似，网络营销目标市场定位也是按三大步骤来完成。

1. 识别竞争优势

对于网络营销企业来说，必须在充满了竞争的网络市场找到自身的优势所在，这个步骤往往是通过找到自身与竞争对手间的差异性来完成的。这些差异性体现在四个方面，如表4－1所示。

表4－1　网络营销企业差异性列表

差异	体现
产品差异	使自己的产品区别于其他产品，可以通过价格、质量、附加服务等方面实现。
服务差异	使其与产品相关的服务不同于其他企业，包括为消费者提供的消费体验、消费安全性、售后服务等人性化服务。
人员差异	通过雇佣和训练比竞争对手好的人员取得更强的竞争优势，对于网络营销企业来说，能恰当把握企业经营模式和特点、具备网络营销技术和理念的人员对于企业的经营和发展都至关重要。
品牌差异	为企业树立良好的品牌形象，使企业不同于竞争对手。作为网络营销企业，良好的品牌形象往往体现在营销过程的安全、快捷、方便、诚信度高等方面。

网络营销企业需要从以上的差异中，选择出企业的优势，这些优势可以使企业更准确找到定位切入点，增强在网络市场的竞争力。

2. 选择合适的竞争优势

网络营销企业可以通过找到自身与竞争对手间的差异来获取竞争优势，但此时往往可以列出多种竞争优势，企业需要从若干个潜在的竞争优势中选择其中几个竞争优势，建立起市场定位战略。选择竞争优势时的“合适”主要是指该优势最能使企业在目标市场中发挥出全部能量，获得最大的利益和发展空间。

对于同一企业来说，最适合的竞争优势也会随着企业的发展而不断变化，企业应该及时把握现阶段的竞争优势，调整市场定位，例如：www. alibaba. com（阿里巴巴网）现今的市场定位是为中国中小型企业提供贸易服务，这里的贸易服务包括国内贸易和国际贸易，其中定位重点放在国际贸易。这与阿里巴巴早期的市场定位有区别，发展初期阿里巴巴将定位重点放在国内贸易，因为那个时期阿里巴巴的最大竞争优势体现在所能向客户提供的服务和贸易理念上，商务资源对于阿里巴巴来说当时还比较缺乏。经过了一定时期的累积性发展，如今的阿里巴巴已经融汇了大量的商家，其中以中小型企业居多，这成为了阿里巴巴现今的最大优势，分析国内国际贸易需求，国内的中小型企业希望加入国际贸易的洪流，而国外企业希望能了解和接触到更多的中国企业。因此，阿里巴巴利用手中巨大的商务资源接轨国际市场，形成了新的具备极强竞争力的市场定位。

3. 市场定位的传播和送达

选择好市场定位，必须采取适当的切实步骤把理想的市场定位传达给目标消费者，企业所有的市场营销组合都必须支持这一市场定位战略。对于网络营销企业，可以采用传统和网络相结合的方式传递市场定位，以保证其市场定位深入人心。例如：知名饮品“王老吉”，其市场定位为具备清火功能的功能性饮料，摒弃了不被大多数中国人接受的“凉茶”概念，以一句“怕上火，喝王老吉”的广告词作为宣传口号，通过电视广告、广播、杂志、网络广告等媒体宣传，使此定位深入人心。在国人渐渐接受并喜欢上此类产品后，其后的同类竞争产品便开始以“凉茶”的概念进入市场，将“老字号”、传统、正宗等作为诉求重点进行宣传，也取得了较好的效果。因此我们看到，同类产品在进行市场定位时，不一定只有一种定位标准，应按照当时的市场情况进行最准确最恰当的定位。

网络营销企业的市场定位除了产品、服务对象，还可以是品牌形象定位，这就要求企业除了选择传统宣传方式，还要通过网站设计、特色服务等来将定位有效传递给目标对象，这一步是企业定位中的关键环节，也是企业定位策略是否得以最大化实施的前提。

作为网络营销企业来说定位时应该注意避免以下错误：

（1）定位不明显。有些企业定位不够明显，往往使得顾客心中只有模糊的形象，认为它与其他企业并无差异。

（2）定位过于狭隘。有些企业恰好相反，过分强调定位于某一狭隘区划，使顾客忽视了企业在其他方面的表现。

（3）定位混淆。购买者对企业的品牌形象相当混淆。造成这种情况可能是因为企业的诉求点太多，也可能是企业的品牌定位过于频繁。

（4）有疑问的定位。由于企业没有注意品牌的整体形象，造成一些矛盾的定位宣传。

要把握好网络营销企业的市场细分和目标市场定位，就一定要结合传统市场细分和目标市场定位的标准和方法，但不是简单的照搬，而应该按照网络营销的特征及企业状况，分析网络市场的现状，以获取最适合网络营销企业的细分和定位方案。在互联网高速发展的今天，网络营销也在不断地发展变化中呈现出越来越多的新特点，这对网络营销企业提出了更高的要求，掌握科学的市场分析方法，以不变应万变，是企业在复杂的网络环境中取胜的关键。

案例　　阿里巴巴眼中的市场

阿里巴巴是全球领先的电子商务企业和中国领先的电子商务公司。阿里巴巴集团于1999年成立其第一家公司。自1999年以来，阿里巴巴集团茁壮成长，现已拥有五家子公司，分别是：

阿里巴巴网站——在全球和中国国内贸易领域，是世界领先的B2B（企业间电子商务）网上交易市场。

淘宝网——亚洲领先的消费者电子商务网站 。

雅虎中国——国内领先的搜索引擎和社区。

支付宝——中国领先的在线支付服务。

阿里软件——为中国中小企业提供使用简单、基于网络的企业软件服务的领先提供商。

对于阿里巴巴来说，从1999年开始至今，经历了从失意到如今的辉煌，市场的准确把握始终是阿里巴巴最重要的营销前提。在成立初期，阿里巴巴将目标市场锁定在中国国内，并主要向中小型企业提供在线交易服务。当时的阿里巴巴的个体优势在于拥有先进的网络营销理念，这在当时网络营销还几乎一片空白的中国是弥足珍贵的，也正因为国人对于网络营销的轻视，对阿里巴巴的初期发展筑起了重重障碍。经过了初期经验教训的总结，阿里巴巴更准确地分析了当时的国内网络市场状况，选择了对于寻求新的商业机会愿望最迫切的中小企业群体作为最主要的营销客户，通过提供免费周到的服务，让更多企业愿意接触这一崭新的贸易模式，并在整个发展会员的过程中加强对会员的理念教育，让网络营销的概念深入人心。

经过初期的发展积累，包括资金和商务资源的积累，随着网络市场的日趋丰富，竞争也逐步加剧，同类企业开始进入 B2B 领域，此时的阿里巴巴进一步分析变化后的网络市场状况，结合自身的核心优势，将目标市场拓展到国际大市场，作出了以中国为核心的星状贸易线路，利用手中的强大资源将业务发展到全球。与此同时，随着 eBay 等国际 C2C 操盘手陆续介入中国市场，阿里巴巴意识到发展 C2C 的时代已来临，开始了“蓄谋已久”的 C2C 业务的急速拓展，成立了淘宝网，向国内消费者提供优质的商务交易服务，并依托其在国际上的业务渠道，将 C2C 业务也拓展至全球。

阿里巴巴的 B2B 业务最初将中小型企业作为服务对象，很多人并不看好，认为中小企业没有足够的经济实力去为网站提供发展资源，但事实却证明了阿里巴巴对市场的准确把握，阿里巴巴通过向中小型企业提供免费加部分增值服务付费的服务吸引了大量中小企业的加入，中小企业的大量汇集也吸引了大企业的注意力，很多大企业也选择阿里巴巴进行采购业务，这同时又帮助阿里巴巴吸引了更多的中小型企业加入。通过提供各具特色的服务，阿里巴巴逐渐集聚了大量忠诚度很高的中小型企业，这些企业也成为阿里巴巴进一步拓展国际业务的基础资源。让我们来看一下阿里巴巴的发展历史，如表 4－2。

表 4－2　　阿里巴巴发展简表

日期	事件
1998 年 12 月	马云和其他 17 位创建人在中国杭州发布了首个网上贸易市场，名为“阿里巴巴在线”
2003 年 5 月	推出个人电子商务网站——淘宝网
2003 年 10 月	推出在线支付系统——支付宝
2005 年 10 月	阿里巴巴公司与雅虎公司建立战略合作伙伴关系，并接手雅虎中国的业务
2007 年 1 月	筹建企业软件服务公司——阿里软件

通过以上的分析可以看出，阿里巴巴通过对市场的准确把握和定位，获得了最佳的发展时机和发展能量，通过传统媒体与网络相结合地方式，不断树立企业形象，将企业品牌深入人心。

本章小结

本章主要介绍了网络营销企业开展市场细分和目标市场定位的方法、标准和原则，掌握网络营销市场细分的标准应注意不要与传统市场细分混淆，两者有相似处，但网络营销要求基于网络企业、消费者及市场特征来选择恰当的标准，也应注意标准往往不是单独确立的，而是最适合企业状况的各项标准的综合体现。目标市场的选择在本章并没有做大篇幅的介绍，大家关键是要掌握能最大化发挥企业优势这一要求。把握目标市场定位关键是定位的三大步骤以及每一步骤所包含的内容和重点。

市场细分和定位是企业开展网络营销能否成功的最重要的前提，企业的所有营销策略在这一前提下才能正确制定和实施。

第 5 章　网络营销基本策略

5.1　网络营销产品策略

5.1.1　网络营销新产品的定位

1. 网络营销产品概述

网络营销产品的销售对象是上网人群，而早期的网上用户大多与网络等技术相关，因此网上销售的产品最好是与高技术或与电脑、网络有关。一些信息类产品如图书、音乐等也比较适合网上销售。还有一些服务类无形产品也可以借助网络的作用实现远程销售，如远程医疗。随着互联网的普及，上网人数越来越多，涉及到各个行业和各个层次，能在网上销售的产品也逐渐丰富起来。

2. 网络营销产品特点

适合在线销售的产品和通常的产品有一定的区别，在线销售的产品通常具有以下特性：

（1）适合网上销售的产品一般是高技术高信息类产品，如电脑、网络产品、图书、音乐、资讯服务等。

（2）网络的虚拟性使得顾客可以突破时间和空间的限制，实现远程购物和在网上直接订购，这使得网络购买者在购买前无法尝试或只能通过网络来尝试产品。

（3）通过互联网对全世界国家和地区进行营销的产品要符合该国家或地区的风俗习惯、宗教信仰和教育水平。同时，由于网上消费者的个性化需求，网络营销产品的式样还必须满足购买者的个性化需求。

（4）在网络营销中，生产商与经营商的品牌同样重要，要在网络浩如烟海的信息中获得浏览者的注意，必须拥有明确、醒目的品牌；另外，由于网上购买者可以面对很多选择，同时网上的销售无法进行购物体验，因此，购买者对品牌比较关注。

（5）作为通过互联网经营的针对全球市场的产品，其包装必须适合网络营销的要求。

（6）网上市场是以网络用户为主要目标的市场，在网上销售的产品要适合覆盖广大的地理范围。如果产品的目标市场比较狭窄，可以采用传统营销策略。

（7）互联网作为信息传递工具，在发展初期是采用共享和免费策略发展而来的，网上用户比较认同网上产品低廉特性；另外，由于通过互联网络进行销售的成本低于其他渠道的产品，因此，在网上销售产品一般采用低价位定价。

3. 网络营销产品分类

上述网络营销产品的特点其实是由于网络的限制，使得只有部分产品适合在网络上销售，随着网络技术发展和其他科学技术的进步，将有越来越多的产品在网络上销售。在网络上销售的产品，按照产品性质的不同，可以分为两大类：实体产品和虚体产品。

（1）实体产品。实体产品是指具体物理形状的物质产品。在网络上销售实体产品的过程与传统的购物方式有所不同。在这里已没有传统的面对面的买卖方式，网络上的交互式交流成为买卖双方交流的主要形式。消费者或客户通过卖方的主页考察其产品，通过填写表格表达自己对品种、质量、价格、数量的选择；而卖方则将面对面的交货改为邮寄产品或送货上门，这一点与邮购产品颇为相似。因此，网络销售也是直销方式的一种。

（2）虚体产品。虚体产品与实体产品的本质区别是虚体产品一般是无形的，即使表现出一定形态也是通过其载体体现出来，但产品本身的性质和性能必须通过其他方式才能表现出来。在网络上销售的虚体产品可以分为两类：软件和服务。软件包括计算机系统软件和应用软件。网上软件销售商常常可以提供一段时间的试用期，允许用户尝试使用并提出意见。好的软件很快能够吸引顾客，使他们爱不释手并为此慷慨解囊。服务又可以分为普通服务和信息咨询服务两类，普通服务包括远程医疗、法律救助、航空火车定票、入场券预订、饭店旅游服务预约、医院预约挂号、网络交友、电脑游戏等，而信息咨询服务包括法律咨询、医药咨询、股市行情分析、金融咨询、资料库检索、电子新闻、电子报刊等。

对于普通服务来说，顾客不仅注重所能够得到的收益，还关心自身付出的成本。通过网络这种媒体，顾客能够尽快地得到所需要的服务，免除恼人的排队等候的时间成本。同时，消费者利用浏览软件，能够得到更多更快的信息，提高信息传递过程中的效率，增强促销的效果。

对于信息咨询服务来说，网络是一种最好的媒体选择。用户上网的最大诉求就是寻求对自己有用的信息，信息服务正好提供了满足这种需求的机会。通过计算机互联网络，消费者可以得到包括法律咨询、医药咨询、金融咨询、股市行情分析在内的咨询服务和包括资料库检索、电子新闻、电子报刊在内的信息服务。

5.1.2　网络营销新产品开发

1. 网络新产品开发概述

新产品开发是许多企业取胜的法宝。但互联网的发展，也使得新产品开发表现出一些新的特点。互联网市场是买方市场，个性化消费成为主流，未来的细分市场必将是以个体为基准的。另外，由于竞争的加剧，企业必须对市场作出快速反应，因此，产品开发完成的时限缩短，产品开发代价显著提高，而且当一种新产品成功后，竞争对手立即就会对之进行模仿，从而使新产品的生命周期大为缩短。总之，互联网的发展使新产品开发更加困难，这对企业来说既是机遇也是挑战。企业开发的新产品如果能适应市场需要，就可以在很短时间内占领市场，打败其他竞争对手。

2. 网络新产品开发策略

与传统新产品开发一样，网络营销新产品开发策略也有下面几种类型，但策略制定的环境和操作方法不一样。新产品的开发主要包括：

（1）开发一种全新市场的产品；

（2）增加新产品线，即公司首次进入一现有市场的新产品；

（3）现有产品线外新增加的产品，即补充公司现有产品线的新产品；

（4）现有产品的改良品或更新，即提供改善了的功能或较大感知价值并且替换现有产品的新产品；

（5）降低成本的产品，即提供同样功能但成本较低的新产品；

（6）重定位产品，即以新的市场或细分市场为目标市场的现有产品。

企业网络营销产品策略中采取哪一种具体的新产品开发方式，可以根据企业的实际情况决定。但结合网络营销市场特点和互联网特点，开发新市场的新产品应是企业竞争的核心。对于相对成熟的企业采用后面几种新产品策略也是一种短期较稳妥策略，但不能作为企业长期的新产品开发策略。

3. 网络营销产品构思与概念形成

网络营销新产品开发的首要前提是新产品构思和概念形成。新产品的构思有多种来源，可以是顾客、科学家、竞争者、公司销售人员、中间商和高层管理者，但最主要来源还是要依靠顾客来引导产品的构思。网络营销的一个最重要特性是与顾客的交互性，它通过信息技术和网络技术来记录、评价和控制营销活动，来掌握市场需求情况。网络营销通过其网络数据库系统处理营销活动中的数据，并用它来指导企业营销策略的制定和营销活动的开展。

4. 网络营销新产品研制

对于网络营销产品，顾客可以全程参加产品研制和开发工作。顾客参与新产品研制与开发不再是简单的被动接收测试和表达感受，而是主动参与和协助产品的研制开发工作。与此同时，与企业关联的供应商和经销商也可以直接参与新产品的研制与开发，因为网络时代企业之间的关系主流是合作，只有通过合作才可能增强企业竞争能力，才能在激烈的市场竞争中站稳脚跟。通过互联网，企业可以与供应商、经销商和顾客进行双向沟通和交流，可以最大限度提高新产品研制与开发速度。

5. 网络营销新产品试销与上市

网络市场作为新兴市场，消费群体一般具有很强的好奇性和消费领导性，比较愿意尝试新的产品。因此，通过网络营销来推动新产品试销与上市，是比较好的策略和方式。但须注意的是，网上市场群体还有一定的局限性，目前的消费意向比较单一，所以并不是任何一种新产品都适合在网上试销和推广的。一般对于与技术相关的新产品，在网上试销和推广效果比较理想，这种方式一方面可以比较有效地覆盖目标市场，另一方面可以利用网络与顾客直接进行沟通和交互，有利于顾客了解新产品的性能，还可以帮助企业对新产品进行改进。

利用互联网作为新产品营销渠道时，要注意新产品能否满足顾客的个性化需求的特性，即同一产品能否针对网上市场不同顾客需求生产出功能相同但又能满足个性需求的产品，这要求新产品在开发和设计时就要考虑到产品式样和顾客需求的差异性。如Dell电脑公司在推出电脑新产品时，允许顾客根据自己的需要自行设计和挑选配件来组装自己满意的产品，Dell公司可以通过互联网直接将顾客订单送给生产部门，生产部门根据个性化需求组装电脑。因此，网络营销产品的设计和开发要能体现产品的个性化特征，适合进行柔性化的大规模生产，否则，再好概念的产品也很难在市场让消费者满意。

5.1.3 产品组合策略

1. 产品组合概念

企业为了满足目标市场的需要，增加利润，分散风险，往往经营多种产品，形成产品组合。所谓产品组合，是指某一企业所生产的或销售的全部产品大类、产品项目的组合。产品项目是指企业产品目录上列出的各种不同质量、品种、规格和价格的特定的具体产品。凡企业在其产品目录上列出的每一个产品，就是一个产品项目。产品线，即产品大类，是指一组具有密切关系，能满足同类需要，使用功能相近的产品。一个企业可以生产经营一条或几条不同的产品线。

(1) 产品组合的长度，是指一个企业产品组合中所包含的产品项目的总数。企业生产经营的产品项目越多，其产品组合的长度就越长。

(2) 产品组合的宽度，是指产品组合中所拥有的产品线的数目。产品组合的宽度表明了一个企业经营的产品种类的多少和经营范围的大小。

(3) 产品组合的深度，是指一个企业每条产品线中所含产品项目的多少，一般用平均数分析，即以产品项目总数除以产品线数就可以得到产品组合的平均深度。

(4) 产品组合的关联度，是指企业产品组合中的各产品项目在最终用途、生产条件、目标市场、销售方式以及其他方面相互联系的程度。例如，某企业拥有服装、皮鞋、帽子、针织品和手套五条产品线，就分销渠道而言，产品组合的关联度强，但在最终用途方面，产品组合的关联度就很弱。一般来讲，实行多元化经营的企业，其各类产品线间的关联度较小。

2. 产品组合策略

企业开发产品是为了满足消费需求的，产品组合中的每一个项目都要能满足市场需要，生产的产品要具备一定的市场规模，不论是产品开发还是产品线的调整都要考虑企业利润。建立产品组合时，要从竞争的角度出发，采取与竞争者“避实就虚”或“针锋相对”的策略，必须考虑企业本身的资源利用问题，产品结构的选择要考虑企业人力资源、设备条件、财力状况。如有闲置的资源，可考虑再增加产品组合的宽度和长度。产品组合策略主要包括：

（1）扩大产品组合，包括拓展产品组合的宽度和加强产品组合的深度。前者指在原产品组合中增加产品线，扩大经营范围；后者指在原有产品线内增加新的产品项目。当企业预测现有产品线的销售额和利润额在未来一段时间内有可能下降时，就应考虑在现行产品组合中增加新的产品线，或加强其中有发展潜力的产品线；当企业打算增加产品特色，或为更多细分市场提供产品时，则可选择在原有产品线内增加新的产品项目。一般情况下，扩大产品组合可使企业充分利用人、财、物等资源，分散风险，增强竞争能力，提高经济效益。

（2）缩减产品组合，较长较宽的产品组合在市场繁荣时期会为企业带来更多的盈利机会，但在市场不景气或原材料、能源供应紧张时期，缩减产品组合反而可能使利润上升。因为剔除那些获利小甚至亏损的产品线或产品项目，企业就可以集中力量发展获利多的产品线和产品项目。

（3）淘汰产品策略，这是企业对一些已确认进入衰退期的老化的产品线和产品项目所采取的策略。这些产品已不能满足市场需要，也不能为企业带来经济效益，因此企业应做出果断的决定，淘汰和放弃这些产品，避免更大的损失。

5.1.4 品牌策略

一个知名的、受人尊重的品牌带给顾客的是对产品质量和服务的认可。知名品牌更容易推广，企业能够从产品的品牌声望中获得收益。因而企业要注重在现实市场中建立和培育自己的品牌。

1. 网络品牌的内涵和特点

（1）网络品牌的内涵。品牌是一种名称、属性、标记、符号、设计，或是它们的组合运用，其目的是借以辨认销售者的产品或服务，并使之同竞争对手的产品和服务区别开来。

品牌的要素是差异化、关联性和认知价值。产品差异化是创建一个产品或服务所必须满足的一个条件，企业需要将自己的产品同市场上的其他产品有所区别。品牌的第二个要素是关联性，它是指产品为潜在顾客提供的可用性程度。消费者只有在现实生活中看到了品牌的存在，品牌才有意义。品牌的第三个要素是认知价值，它是创建一个有价值品牌的要素。即使企业的产品同市场上的其他产品存在差异，潜在顾客发现别人也在使用这种产品，但如果他们感觉不到产品的价值，就不会去购买这种产品。

根据 iResearch 艾瑞市场咨询的数据显示，截至 2005 年 11 月美国网络品牌中，Yahoo，Microsoft，MSN，Google，AOL 是网上五大超级品牌。另有调查显示，有一半的受访人士一看到书籍，脑中就首先浮现出 amazon. com 的品牌，三分之一的人看到电脑软件，立刻想到微软，五分之一的网友看到电脑硬件就想到戴尔电脑。网上品牌与传统品牌有着很大不同，传统优势品牌不一定是网上优势品牌，网上优势品牌的创立需要重新进行规划和投资。美国著名咨询公司 Forrester Research 公司在 1999 年 11 月份发表了题为《Branding For A Net Generation》的调查报告，该报告指出：知名品牌与网站访问量之间没有必然的联系。在调查报告中指出，通过对年龄 16 ~ 22 岁的青年人的品牌选择倾向和他们的上网行为进行比较，研究人员发现了一个似是而非的现象。尽管可口可乐、耐克等品牌仍然受到广大青少年的青睐，但是这些公司网站的访问量却并不高。既然知名品牌与网站访问量之间没有必然的联系，那么公司到底要不要建设网站就是一个值得考虑的问题。从另一角度看，这个结果也意味着公司要在网上取得成功，绝不能指望依赖传统的品牌优势。

（2）网络品牌的特点。网络品牌现在还难以找到权威的解释。简单来看，网络品牌是企业品牌在互联网上的建立和存在。网络品牌具有以下的特点：

①网络品牌是传统品牌的延伸。在网络营销中大众化的传播变成了个性化的传播，大众营销变成了一对一营销，互联网的交互性、超文本链接和多媒体以其操作的简易性，使网上传播更具操作性和可信性，更易建立品牌形象并加强与客户地沟通，增强品牌的知名度、美誉度和忠诚度。

②网络品牌是网络营销效果的综合表现。网络营销的各个环节都或多或少与网络品牌有关系。网络品牌的创建和维护存在于网络营销的整个过程之中。企业网站的建设、顾客关系、在线销售以及网络营销的策略和采用的网络营销的方法都与网络品牌有关系。

③网络品牌的价值要通过网络用户表现出来。科特勒在《网络营销》

中说到：每一个强有力的品牌实际上代表了一组忠诚的顾客。由此可见，网络品牌是企业在网上拥有忠诚顾客的体现，是企业在互联网上建立用户忠诚的一种手段。其价值在于在互联网上企业和用户建立起来的良好关系。

④网络品牌的建设是一个长期的过程。网络品牌的创建和维护是与网络营销过程密切相关的，因此，网络品牌的建设不是一朝一夕就能完成的，而是一个长期的过程。

2. 企业域名品牌的内涵

众所周知，网络营销是通过互联网来进行的，而网络域名是企业的重要资源，因此这里主要介绍域名品牌的内涵。

（1）互联网域名的商业作用。互联网上的商业运作需要交易双方进行协商和参与，需要双方选择交易对象，因此网上市场虚拟交易主体双方选择和协商等行为依然存在，只是实施的媒体发生变化，减少了双方选择和协商的交易成本而已。随着互联网上的商业增长，交易双方识别和选择范围增大，交易概率随之减少，因此互联网上同样存在一个如何提高被识别和选择概率的问题，以及如何提高选择者忠诚度的问题。传统的解决问题的办法是借助各种媒体树立企业形象，提高品牌知名度，通过在消费者中树立企业形象来促使消费者购买企业产品，企业的品牌就是顾客识别和选择的对象。

企业在互联网上进行商业活动，同样存在被识别和选择的问题，由于域名是企业站点联系地址，是企业被识别和选择的对象，因此提高域名的知名度，也是提高企业站点的知名度，也就是提高企业被识别和选择的概率。域名在互联网上可以说是企业形象的化身，是在虚拟网上市场环境中商业活动的标识。所以，必须将域名作为一种商业资源来管理和使用。

（2）域名商标。根据美国市场营销协会（AMA）定义，商标是一名字、术语、标志、符号、设计或者它们的组合体，是用来识别某一销售者或组织所营销的产品或服务，以区别于其他竞争者。商标从本质上说是用来识别销售者或生产者的一个标识，依据商标法，商标拥有者享有独占权，单独承担使用商标的权利和义务。另外，商标还携带一些附加属性，它可以给消费者传递使用该商标的产品所具有的品质，是企业形象在消费者心理定位的具体依据，可以说商标是企业形象的化身，是企业品质的保证和承诺。

①域名的商标特性。对比商标的定义，域名则是由个人、企业或组织申请的独占使用的互联网上标识，并对提供的服务或产品的品质进行承诺和提

供信息交换或交易的虚拟地址。域名不但具有商标的一般功能，同时还提供互联网上进行信息交换和交易的虚拟地址。虽然目前的域名申请规则和法律没有明文规定域名的法律地位和商标特性，但从域名的内涵和商标的范畴来看，可以将域名定义为：从以物质交换为基础的实体环境下延伸到以信息交换为基础的网上市场虚拟环境下的一种商标，是商标功能在新的虚拟交易环境中的一种新形式和变种，是企业商标外延的拓展和内涵的延伸，是适应新的商业环境的需要而产生的。重新认识域名在商业环境中的商业价值和法律地位，对企业的发展是刻不容缓的事情。

②域名商标的商业价值。互联网上的明星企业网景公司（Netscape）和雅虎公司（Yahoo），由于其提供的 WWW 浏览工具和检索工具享有极高的市场占有率和市场影响力，因此，公司成为网上用户访问最多的站点之一，其域名也成为网上最著名的域名之一。由于域名和公司名称的一致性，因此，公司的形象在用户中的定位和知名度是水到渠成，甚至超过公司的专门形象策略和计划。所以，域名的知名度和访问率就是公司形象在互联网商业环境中的具体体现，公司商标的知名度和域名知名度在互联网上是统一和一致的，域名从作为计算机网上通讯的识别提升为从商业角度考虑的企业的商标资源，与企业商标一样它的商业价值是不言而喻的。

（3）域名抢注。在互联网上日益深化的商业化过程中，域名作为企业组织的标识作用日渐突出，虽然目前还不能从中获取商业利润，但越来越多的企业也纷纷注册上网。据统计，目前在顶级域名. com 下注册的企业占注册企业总数的 65. 2% 之多，可见域名的商业作用和识别功能已引起注重战略发展企业的重视。

互联网域名管理机构没有赋予域名以法律上的意义，域名与任何公司名、商标名没有直接关系，但由于域名的唯一性，任何一家公司注册在先，其他公司就无法再注册同样的域名，因此域名已具有商标、名称类似的意义。由于世界上著名公司大部分都直接以其著名产品名命名域名，域名因此在网上市场营销中同样具有商标特性，加之大多数使用者对专业知识知之甚少，很容易被一些有名的域名所吸引，因此一些显眼的域名很容易博得用户的青睐，如美国著名打火机公司域名为：www. lighter. com。正因域名的潜在商业价值，许多不法之徒抢先注册一些著名域名，用一些著名公司的商标或名称作为自己的域名注册，并向这些公司索取高额转让费，由此引起法律纠纷，如美国的 Dennis Toppen 抢注域名案以及英国的首宗域名抢注案。

出现如此严重的域名抢注问题，一方面是一些谋取不当利益者利用这方面法律真空和规章制度不健全钻空子，另一方面是企业还未能认识到域名在未来网上市场商业模式中的类似商标的作用。域名不仅仅是互联网交换信息的唯一标识，还是企业在网上市场中进行交易时被交易方识别的标识，企业必须将其纳入企业商标资源进行定位设计和管理使用。

3. 企业域名品牌管理

（1）域名商标命名。域名的选取和命名是以英文字母为基础进行的，由于英文字母的有限性，加之域名越短越容易记忆和使用，以及顶级域名的国际标准规定，导致域名的选择具有很大的局限性。同时由于申请者的广泛性，使域名选择重复和类似的概率非常高，企业还面临域名被抢先使用或类似使用的障碍。针对这些恶意抢注或类似注册，企业必须检索清楚后采取相应策略予以解决。

如果单考虑域名的标识功能，可能认为域名的选择只要符合国际标准和惯例，便于记忆使用即可。但考虑到域名的商标资源特性，还应考虑到下面几个方面：

①与企业已有商标或企业名称具有相关性。

②简单易记易用。

③多个域名。由于域名命名的限制和申请者广泛，极易出现申请类似的域名，减弱域名的识别和独占性，导致顾客的错误识别，因此企业一般要同时申请多个类似相关的域名以保护自己。

④国际性。目前，互联网上的标准语言是英语，因此命名一般用英语单词为佳，如“中国”的拼音“ZhongGuo”可以很容易被中国人识别出来，可对于不了解中国文化的人就不知所云，如果用“China”就可以兼顾国内和国外的用户。

（2）域名商标注册方式。域名的申请注册必须向授权组织申请。根据互联网国际特别委员会（IAHC）报告，将顶级域名分成三类：一是国家顶级域名（ccTLD），国家顶级域名代码由 ISO3166 定义，如 . cn 表示中国；二是国际顶级域名（iTLD），适用于国际化机构；三是通用顶级域名（gTLD），国内也称为国际域名，根据 1994 年 3 月公布的 RFC1591 规定有：. com（公司企业）、. net（网上服务机构）、. org（非营利组织）、. edu（教育机构）、

. gov（政府部门）、. mil（军事部门）；另外 IAHC 又增加了七个顶级域名：. firm（公司企业）、. store（销售公司）、. Web（www 活动单位）、. arts（艺术）、. rec（娱乐）、. info（信息）、. nom（个人）。由于互联网的发展，原来由 InterNIC 单独受理域名申请，现在发展为多个申请注册中心，如果申请通用顶级域名 . com、. org 和 . net 则由 InterNIC 负责；但企业也可以根据需要在本国顶级域名下申请，体现企业的国籍，如中国的企业可以在顶级域名 . cn 下注册（CNNIC 负责，http：//www. cnnic. net. cn），如果引起冲突还可以在国内得到妥善解决。

一般顶级域名选择是没有多大本质区别，但如果是国际性企业则应在通用域名下申请，以体现企业的国际性。从实际使用的角度来讲，到底注册哪类域名，取决于该企业开展业务的地域范围 、主要用户群的居住地、主要目标市场的地域以及企业未来的发展和目标。

在注册域名时可以自己直接到域名管理机构进行注册，这种方式直接但需要自己准备有关材料，而且也不是很专业；另外一种方式是比较常用的，即委托专业公司代理注册，只需要交纳一定代理费用即可，专业公司不但可以提供注册服务，还可以帮助企业推广注册的域名，扩大企业在网上的知名度。

（3）域名商标管理。域名商标的管理主要是针对域名对应站点内容的管理，因为消费者识别和使用域名是为了获取有用信息和服务，站点的页面内容才是域名商标的真正内涵。站点必须有丰富的内涵和服务，否则再多的访问者可能都是过眼云烟，难以真正树立域名商标的形象。要保证域名使用和访问频度高，必须注意下面几点：

①信息服务定位。域名作为商标资源，必须注意与企业整体形象保持一致，提供的信息服务必须和企业发展战略进行整合，避免提供的信息服务有损企业已建立的形象和定位。

②内容的多样性。丰富的内容才能吸引更多用户，才有更大的潜在市场，一般可以提供一些与企业相关联的一些内容或站点地址，使企业页面具有开放性。同时，还必须注意内容的多媒体表现，采取生动活泼的形式提供信息，如声音、文字和图像的配合使用。

③时间性。页面内容应该是动态的经常变动的，因为固定页面访问一次就可，没有回头访问的必要，这一点非常重要，因为企业大部分收益是由少

数固定消费者消费实现的。

④速度问题。由于互联网发展过于迅猛，使得通讯成为一个制约瓶颈，使用者的选择机会很多，因此对某站点的等待时间是极其有限的几秒钟，如果在短短时间内企业未能提供信息，消费者将毫不犹豫选择另一域名站点。因此，企业的首页一般可设计简洁些，以便用户可以很快有内容查看，不致感觉等待太久。

⑤国际性。由于访问者可能来自国外，企业提供的信息必须兼顾国外用户，一般对于非英语国家都提供两个版本，一个是母语，一个是英语，供查询时选择使用。

4. 网络品牌的发展策略

重视企业在互联网上的展示是品牌发展和维系不可缺少的组成部分。企业的 URL 应出现在产品包装以及电视、电台和印刷媒体等大众媒体广告上。要保证网站能被多种搜索引擎搜索到，而且网页上最好有企业的徽标，这对提高网站知名度和口碑都很有好处。

企业在创建和维系品牌的广告和促销活动中常采用感性的方法，这在电视、电台、路牌广告和印刷媒体上都很有效，但在互联网上却不然，因为互联网在很大程度上是由顾客控制的主动媒体。网络营销人员在创建和维系品牌时常常采用理性的品牌创建方法，即不是采用类似电视广告的感性方式而是采用提供实际帮助的理性方式，这种方法是为互联网用户提供某种帮助以交换他们看广告。

理性的品牌创建并不是互联网上创立品牌的唯一方法。对著名网站很有效的一种方法就是用其已经具备的优势将品牌延伸到其他的产品和服务上。Yahoo 就是应用这种策略的好例子，Yahoo 是 WWW 上最早的目录服务之一，很早就有搜索引擎功能，并通过兼并其他的 WWW 企业和扩展所提供的服务来保持它的领先地位。Yahoo 不断增加互联网用户认为有用的功能，从而提高了网站对广告主的价值，其广告收入远远领先于竞争者。

创建和维系一个优秀的网络品牌并非一朝一夕就能完成，它需要企业从多方面采取措施。一般而言，可采取以下策略：

(1) 多方位宣传。企业应该善于运用传统的平面媒体和电子媒体，舍得花费资金打品牌广告。在利用网站做广告的同时，对品牌的内涵加以解释，使人们了解品牌的特定含义和品牌文化。

（2）质量支持。品牌的声誉是建立在产品质量和服务质量上的，所以企业始终要注重产品和服务的质量。尽管广告在顾客内心激发出的感觉固然有建立品牌的功效，但却比不上顾客在网站上体会到的整体浏览或购买经验。因此在网站、网页的设计上更要考虑满足顾客的需求。如戴尔电脑让顾客在线上根据个人需求订制电脑，Yahoo 和 AOL 都提供一系列的个人化工具。

（3）公共关系。抓住一切可利用的事件和机会，广行善举，开放门户，利用公关造势建立品牌，塑造品牌形象。

（4）品牌延伸。将企业已经成功的品牌运用到其他产品上，特别是运用到新产品的推广上。品牌延伸可以使新产品借助成功品牌的市场信誉在节省促销费用的情况下顺利进入市场。但也要注意，投放市场的新产品如果不尽如人意，消费者不认可，则会影响到该品牌的市场信誉。

（5）法律保护。品牌在市场上唯有注册才受法律保护。国际上多数国家采用注册在先原则，即谁先注册，谁就拥有专用权，我国也如此。因此，企业在品牌的推广中，要想获得合法权利就必须注册。

5.2 网络营销定价策略

价格是市场竞争的一种重要手段，也直接关系到产品的销售量和企业的利润额。企业在制定价格时既要满足顾客能够接受的价位，又要符合企业产品成本的需求。价格的形成是极其复杂的，受到多种因素的影响和制约。同时网络营销定价又依附于网络这一虚拟环境，呈现出新的特点，需要新的策略。

5.2.1 网络营销定价的特点

1. 透明化

传统的商业环境中，交易双方的信息是不对称的。卖方凭借占有多于买方的信息处于主动地位。卖方可以为产品制定较高的价格，获取超额利润，也可以根据市场情况采取差别定价。在网络营销中，买方拥有的信息越来越多，用户的资源空前丰富，鼠标一点，所有产品及其价格都会出现在同一个平面，顾客可以全面掌握同类产品的不同价格信息，甚至是同一产品在不同地区或不同零售商的价格信息，消费者可以找到满足他们需要、质量和价格结合得最好的卖方。买方开始处于主动地位，掌握了定价的主动权，企业必须正视这种现象，采取适当的定价策略，以取得良好的销售量和利润。

2. 全球性

网络营销市场面对的是开放的和全球化的市场，用户可以在世界各地直接通过网站进行购买，而不用考虑网站是属于哪一个国家或者地区的。这种目标市场从过去受地理位置限制的局部市场，一下拓展到范围广泛的全球性市场，这使得网络营销产品定价时必须考虑目标市场范围的变化给定价带来的影响。如果产品的来源地和销售目的地与原来传统市场渠道类似，则可以采用原来的定价方法；如果产品的来源地和销售目的地与原来传统市场渠道差距非常大，定价时就必须考虑这种地理位置差异带来的影响。因此，如果企业面对的是全球性网上市场，就不能以统一市场策略来面对这差异性极大的全球性市场，必须采用全球化和本地化相结合原则进行。

3. 趋低性

互联网是从科学研究应用发展而来，因此，互联网使用者的主导观念是网上的信息产品是免费的、开放的、自由的。在早期互联网开展商业应用时，许多网站采用收费方式想直接从互联网赢利，结果被证明是失败的。成功的 Yahoo 公司是通过为网上用户提供免费的检索站点起步，逐步拓展为门户站点，到现在拓展到电子商务领域，一步一步获得成功的，它成功的主要原因是遵循了互联网的免费原则和间接收益原则。

网上产品定价趋低化还有着成本费用降低的基础，在上面分析了互联网发展可以从诸多方面来帮助企业降低成本费用，从而使企业有更大的降价空间来满足顾客的需求。因此，如果在网络上产品的定价过高或者降价空间有限的产品，在现阶段最好不要在网络市场上销售。如果面对的是组织市场，或者产品是高新技术的新产品，网上顾客对产品的价格不太敏感，主要是考虑方便、新潮，这类产品就不一定要考虑低价定价的策略了。

4. 顾客主导

顾客主导定价，是指为满足顾客的需求，顾客通过充分市场信息来选择购买或者定制生产自己满意的产品或服务，同时以最小代价（产品价格、购买费用等）获得这些产品或服务。简单地说，就是顾客的价值最大化，即顾客以最小成本获得最大收益。

5.2.2 网络营销定价策略

在网络条件下，交易成本低廉且能充分互动沟通，顾客选择的余地增多造成商品的需求价格弹性增大。此时，价格确定的技巧将受到较大的制约，但同时也为理性定价提供了方便。网络定价策略主要有：

1. 个性化定价策略

个性化定价策略就是利用网络互动性消费的需求特征，根据消费者对产品外观、颜色等方面的具体需要，来确定商品价格的一种策略。网络的互动性使个性化营销成为可能，也将使个性化定价策略有可能成为网络营销的一个重要策略。企业可根据消费者特殊需要的程度，来确定出不同的价格。

2. 新产品价格策略

新产品投放市场时，其价格对产品的销售和品牌的树立至关重要。要制定出适合目标群体的价格，就必须进行深入细致的调研。首先，进行品牌影响调研，即调查新产品的生产企业或使用的品牌是否具有一定的影响力。有影响的品牌推出的新产品，价格就可以定得稍高点；否则，就要考虑将价格定得低一点。其次，调研竞争对手的价格。研究竞争产品的定价状况，并找出价格空白点与制高点，在价格缝隙中寻找制胜点。再次，调研消费者心理价位，即研究消费者对同类产品的最佳心理价位及最高心理价位。最后，调研产品成本，即与同类产品相比，新产品是否具有成本优势。如果有，则应以低价快速占领市场，否则就应考虑以高品质的形象去支撑高价位。新产品的定价一般包括以下几种：

（1）成本定价法。成本定价法是一种以成本为中心的定价方法，即产品成本加利润进行定价，是运用较普遍的传统定价方式。如生产企业以生产成本为基础，商业零售企业则以进货成本为基础。由于利润一般按成本或售价的一定比例来计算，故将期望利润比率（百分比）加在成本上，因此常被称为“成本加成定价法”。

（2）心理定价法。心理定价法是根据顾客能够接受的最高价位进行定价，它抛开成本，赚取它所能够赚取的最高利润，即顾客能接受什么价我就定什么价。例如，某企业有一个非常好的产品，若按成本定价，产品价格仅为90元左右，但经过市场调研后发现，消费者所能接受的心理价位为200元以内，于是建议其定价188元，比原来高出100元。新产品上市后，价格并未成为购买障碍，消费者反而本着货好价高的心理，认为这是一款品质相当好的产品。而企业的纯利润，则是原来定价的5倍。

3. 定制生产定价策略

基于个性化服务的思想，按照顾客需求进行定制生产是网络时代满足顾客个性化需求的基本形式。由于消费者的个性化需求差异性大，加上消费者的需求量又少，因此，企业实行的定制生产必须在管理、供应、生产和配送各个环节上都必须适应这种小批量、多式样、多规格和多品种的生产和销售变化。因此为适应这种变化，现代企业在管理上采用 ERP（企业资源计划，Enterprise Resource Planning），在生产上采用 CIMS（计算机集成制造系统，Computer Integrated Manufacturing System），在供应和配送上采用 SCM（供应链管理，Supply Chain Management）来实现自动化、数字化管理。

定制定价策略是在企业能实行定制生产的基础上，利用网络技术和辅助设计软件，帮助消费者选择配置或者自行设计能满足自己需求的个性化产品，同时承担自己愿意付出的价格成本。Dell 公司的用户可以通过其网页了解本型号产品的基本配置和基本功能，根据实际需要和在能承担的价格内，配置出自己最满意的产品，使消费者能够一次性买到自己中意的产品。在上面配置电脑的同时，消费者也相应地选择了自己认为价格合适的产品，因此对产品价格有比较透明的认识，增加了企业在消费者面前的信用。目前这种允许消费者定制定价订货的尝试还只是初步阶段，消费者只能在有限的范围内进行挑选，还不能完全要求企业满足自己所有的个性化需求。

4. 使用定价策略

传统交易关系中，产品买卖是完全产权式的，顾客购买产品后即拥有对产品的完全产权。但随着经济的发展，人民生活水平的提高，人们对产品的需求越来越多，而且产品的使用周期也越来越短，许多产品购买后使用几次就不再使用，非常浪费，因此制约许多顾客对这些产品的需求。为改变这种情况，可以在网上采用类似租赁的按使用次数定价的方式。

所谓使用定价，就是顾客通过互联网注册后可以直接使用某公司的产品，顾客只需要根据使用次数进行付费，而不需要将产品完全购买。这一方面减少了企业为完全出售产品而进行的不必要的大量生产和包装浪费，另一方面还可以吸引过去那些有顾虑的顾客使用产品，扩大了市场份额。顾客只根据使用次数付款，节省了购买产品、安装产品、处置产品的麻烦，还节省不必要的开销。如微软公司在 2000 年将其产品 Office 2000 放置到网站，用户通过互联网注册使用，按使用次数付钱。

采用按使用次数定价，一般要考虑产品是否适合通过互联网传输，是否可以实现远程调用。目前，比较适合的产品有软件、音乐、电影等产品。对于软件产品，如我国的用友软件公司推出的网络财务软件，用户在网上注册后就可以在网上直接处理账务，而无须购买软件和担心软件的升级、维护等非常麻烦的事情；对于音乐产品，也可以通过网上下载或使用专用软件点播；对于电影产品，则可以通过现在的视频点播系统 VOD 来实现远程点播，无须购买影带。但采用按次数定价对互联网的带宽提出了很高的要求，因为许多信息都要通过互联网进行传输，如互联网带宽不够将影响数据传输，势必会影响顾客租赁使用和观看。

5. 拍卖竞价策略

网上拍卖是目前发展比较快的领域，经济学认为市场要想形成最合理价格，拍卖竞价是最合理的方式。网上拍卖由消费者通过互联网轮流公开竞价，在规定时间内价高者赢得产品或服务。目前国外比较有名的拍卖站点是：http：//www. ebay. com，它允许商品公开在网上拍卖，拍卖竞价者只需要在网上进行登记即可，拍卖方只需将拍卖品的相关信息提交给 eBay 公司，经公司审查合格后即可上网拍卖。

根据供需关系，网上拍卖竞价方式有下面几种：

（1）竞价拍卖：最大量的是 C2C 的交易，包括二手货、收藏品，也可以是普通商品以拍卖方式进行出售。如 HP 公司也将公司的一些库存积压产品放到网上拍卖。

（2）竞价拍买：是竞价拍卖的反向过程，消费者提出一个价格范围，求购某一商品，由商家出价，出价可以是公开的或隐蔽的，消费者将与出价最低或最接近消费者意愿的商家成交。

（3）集体议价：在互联网出现以前，这一种方式在国外主要是多个零售商结合起来，向批发商（或生产商）以数量换价格的方式进行。互联网出现后，使得普通的消费者能使用这种方式购买商品。集合竞价模式，是一种由消费者集体议价的交易方式。这在目前的国内网络竞价市场中，还是一种全新的交易方式。提出这一模式的是美国著名的 Priceline 公司（http：//www. priceline. com）。

就价格而言，理论上有两种价格模式：浮动价格模式和固定价格模式。浮动价格模式包括竞价拍卖、竞价拍买和集体议价等竞价模式；固定价格模式包括供方定价直销、需方定价求购等定价模式。随着互联网市场的拓展，将有越来越多的产品通过互联网拍卖竞价。目前拍卖竞价针对的购买群体主要是消费者市场，个体消费者是目前拍卖市场的主体。因此，采用拍卖竞价并不是企业目前首要选择的定价方法，因为拍卖竞价可能会破坏企业原有的营销渠道和价格策略。采用网上拍卖竞价的产品，比较合适的是企业的一些库存积压产品；也可以是企业的一些新产品，通过拍卖展示起到促销效果，许多公司将产品以低廉价格在网上拍卖，以吸引消费者的关注。

6. 折扣定价策略

折扣定价是一种低价定价策略，价格折扣是指通常在基本定价之外，公司会给予买者一些特别价格，以鼓励顾客提早付款、大量采购或在淡季购买等对公司有利的行为。折扣价格策略包括四种：现金折扣、数量折扣、季节性折扣、功能性折扣。

（1）现金折扣是指买方在一定的时间期限内付清购货款项所给予的价格折扣。典型的折扣条件是“2/10，30天”，表示付款期限30天，若客户能在10天内付清，则给予2%折扣。现金折扣的目的在于鼓励顾客提早付款，以降低公司收账成本。

（2）数量折扣是为鼓励顾客大量购买产品所给予的折扣。当顾客大量购买时，可以降低价格，使顾客从中享受优惠。

（3）季节性折扣通常是指在业务淡季下所提供的特别折扣。提供季节性折扣的目的在于使公司产品的生产量维持在一个较稳定的水平上。

（4）功能性折扣又称为交易折扣，通常是营销渠道中的成员因其所扮演的特殊功能与角色所给予的折扣，这些功能包括销售、储存和作进出货记录。

7. 免费价格策略

免费价格策略是市场营销中常用的营销策略，它主要用于促销和推广产品，这种策略一般是短期性和临时性的。但在网络营销中，免费价格不仅仅是一种促销策略，它还是一种非常有效的产品和服务定价策略。

免费价格策略就是将企业的产品和服务以零价格形式提供给顾客使用，满足顾客的需求。免费价格形式有这样几类形式：第一类是产品和服务完全免费，即产品（服务）从购买、使用和售后服务所有环节都实行免费服务；第二类是对产品和服务实行限制免费，即产品（服务）可以被有限次使用，超过一定期限或者次数后，就取消这种免费服务；第三类是对产品和服务实行部分免费，如一些著名研究公司的网站公布部分研究成果，如果要获取全部成果必须付款作为公司客户；第四类是对产品和服务实行捆绑式免费，即购买某产品或者服务时赠送其他产品和服务。

免费价格策略之所以在互联网上流行，是有其深刻背景的。一方面，由于互联网的发展得力于免费策略实施；另一方面，互联网作为20世纪末最伟大的发明，它的发展速度和增长潜力令人生畏，任何有眼光的人都不会放弃发展成长的机会，免费策略是最有效的市场占领手段。目前，企业在网络营销中采用免费策略，目的是让用户免费使用形成习惯后，再开始收费，如金山公司允许消费者在互联网下载限次使用的WPS2000软件，其目的是想让消费者使用习惯后，再掏钱购买正式软件，这种免费策略主要是一种促销策略。

网络营销中免费策略不是针对所有的产品。一般说来，免费产品具有下面的特性：

（1）易于数字化。互联网是信息交换的平台，它的基础是数字传输。对于易于数字化的产品都可以通过互联网实现零成本的配送。企业只需要将这些免费产品放置到企业的网站上，用户可以通过互联网自由下载使用，企业通过较小成本就实现产品推广，可以节省大量的产品推广费用。

（2）无形化。通常采用免费策略的产品大多是一些无形产品，他们只有通过一定的载体才能表现出一定的形态。如软件、信息服务（如报纸、杂志、电台、电视台等媒体）、音乐制品、图书等。这些无形产品可以通过数字化技术实现网上传输。

（3）零制造成本。这里零制造成本主要是指产品开发成功后，只需要通过简单复制就可以实现无限制的生产。对这些产品实行免费策略，企业只需要投入研制费用即可，至于产品生产、推广和销售则完全可以通过互联网实现零成本运作。

（4）成长性。采用免费策略的产品一般都是利用产品成长推动占领市场，为未来市场发展打下坚实基础。

（5）间接收益。采用免费价格的产品（服务），可以帮助企业通过其他渠道获取收益。这种收益方式也是目前大多数ICP的主要商业运作模式。

5.3 网络营销渠道策略

5.3.1 网络营销渠道的特点

以互联网作为支撑的网络营销渠道是指与提供产品或服务以供使用或消费这一过程有关的一整套相互依存的机构，它涉及到信息沟通、资金转移和实物转移等。一个完善的网上销售渠道应有三大功能：订货功能、结算功能和配送功能。

与传统分销渠道相比，网络营销渠道有以下一些特点：

1. 信息双向沟通

利用互联网的交互特性，网上营销渠道从过去单向信息沟通变成双向直接信息沟通，增强了生产者与消费者的直接连接。

2. 服务的便捷性

一方面，生产者可以通过互联网提供支付服务，顾客可以直接在网上订货和付款，然后就等着送货上门，这一切大大方便了顾客的需要；另一方面，生产者可以通过网上营销渠道为客户提供售后服务和技术支持，特别是对于一些技术性比较强的行业如IT业，提供网上远程技术支持和培训服务，既方便顾客，同时生产者也可以以最小成本为顾客服务。

3. 网络营销渠道的高效性

网络营销渠道可以大大减少过去传统分销渠道中的流通环节，有效降低成本。对于网上直接营销渠道，生产者可以根据顾客的订单按需生产，做到实现零库存管理。同时网上直接销售还可以减少过去依靠推销员上门推销的昂贵的销售费用，最大限度控制营销成本。对于网上间接营销渠道，通过信息化的网络营销中间商，可以进一步扩大规模实现更大的规模经济，提高专业化水平；通过与生产者的网络连接，可以提高信息透明度，最大限度控制库存，实现高效物流运转，降低物流运转成本。

5.3.2 网络营销渠道的分类

互联网的迅速发展改变了营销渠道的结构。从总体上看，网络营销渠道可分为网络直销渠道和网络间接营销渠道两种类型。

1. 网络直销渠道

网络直销渠道与传统的直接分销渠道一样，都没有营销中间商，商品直接从生产者转移给消费者。网上直销渠道也有订货功能、支付功能和配送功能。在网络直销中，生产企业可以通过建设网络营销站点，使顾客直接从网站进行订货；也可以通过与一些电子商务服务机构的合作，如网上银行等，直接提供支付结算功能，解决资金流转问题；还可以利用互联网技术，通过与一些专业物流公司进行合作，建立有效的物资体系。网络直销渠道一般适用于大型商品及生产资料的交易。

2. 网络间接营销渠道

网络间接营销渠道是通过融入互联网技术后的中间商提供网络间接营销的渠道，是指把商品由中间商销售给消费者的营销渠道。传统间接分销渠道可能有多个中间环节；而由于互联网技术的运用，网络间接营销渠道只需要新型电子中间商这一中间环节即可。间接营销渠道一般适应于小批量商品及生活资料的交易。

5.3.3 网络营销渠道策略

1. 网络营销渠道的建设

根据网上销售对象的不同，网上销售渠道有很大的区别。一般来说网上销售主要有两种方式，第一种是B2B，即企业对企业的模式，这种模式每次交易量很大、交易次数较少，并且购买方比较集中，因此网上销售渠道的建设关键是建设好订货系统，方便购买企业进行选择。由于企业一般信用较好，通过网上结算实现付款比较简单；另外，由于量大次数少，因此配送时可以进行专门运送，既可以保证速度也可以保证质量，减少中间环节造成的损伤。第二种方式是B2C，即企业对消费者模式，这种模式的每次交易量小、交易次数多，而且购买者非常分散，因此网上渠道建设的关键是结算系统和配送系统，这也是目前网上购物必须面对的门槛。由于国内的消费者信用机制还没有建立起来，加之缺少专业配送系统，因此开展网上购物活动时，特别是面对大众购物时必须解决好这两个环节才有可能获得成功。

在具体建设网络营销渠道时，还要考虑到下面几个方面：

首先，从消费者角度设计渠道。只有采用消费者比较放心、容易接受的方式才有可能吸引消费者网上购物，也才有可能克服网上购物的“虚”的感觉。如在中国，目前采用货到付款方式比较让人认可。

其次，设计订货系统时，要简单明了，不要让消费者填写太多信息，而应该采用现在流行的“购物车”方式模拟超市，让消费者一边看物品比较选择，一边进行选购。在购物结束后，一次性进行结算。另外，订货系统还应该提供商品搜索和分类查找功能，以便于消费者在最短时间内找到需要的商品，同时还应提供消费者想了解的商品信息，如性能、外形、品牌等重要信息。

再次，在选择结算方式时，应考虑到目前实际发展的状况，尽量提供多种方式方便消费者选择，同时还要考虑网上结算的安全性，对于不安全的直接结算方式，应换成间接的安全方式。

最后，关键是建立完善的配送系统。消费者只有看到购买的商品到家后，才真正感到踏实，因此建设快速有效的配送服务系统是非常重要的。在现阶段我国配送体系还不成熟的时候，进行网上销售时要考虑到该产品是否适合于目前的配送体系，正因如此，目前网上销售的商品大多是价值较少的不易损坏的商品，如图书、小件电子类产品等。

2. 网络直销渠道策略

企业开展网上直销，可以有两种途径管理和控制物流。一种是利用自己的力量建设自己的物流系统，如IBM公司的蓝色快车拥有自己的“e物流”。其利用严密的管理和组织，包括新的运作方法、新的经营观念使货物的管理、货物的分发、货物的跟踪都有蓝色快车的一套完整的信息系统来控制，从而为客户提供满意的服务。另一种方式，是通过选择合作伙伴，利用专业的物流公司为网上直销提供物流服务，这也是大多数企业的发展趋势。美国的DELL电脑公司就与美国的联邦快递公司（http：//www. fedex. com）合作，利用联邦快递的物流系统为Dell公司配送电脑给客户，Dell公司只需要将要配送电脑的客户地址和电脑的装备厂址通过互联网传输给联邦快递，联邦快递就直接根据送货单将货物从生产地送到客户家里。作为专业化的物流服务公司，联邦快递拥有自己最先进的InterNetShip物流管理系统，客户可以通过互联网直接送货、查货、收货，客户足不出户就可以完成一切货物配送。

那么，对于一个特定的企业，究竟是自建物流系统还是利用专业物流公司完成其物流业务，以及如何选择专业物流公司，这是一个企业必须要认真分析并做出选择的。传统企业一般都具有一定的物流能力，但在电子商务环境下，企业传统的物流难以满足现代物流一体化的要求，若进行升级改造，则需要较大的资金投入和技术投入，但一般企业往往难以承受。因此，目前物流的发展趋势是物流外包，专业物流公司具有信息优势、专业优势、规模优势和服务优势，利用专业物流公司的上述优势，企业可以获得更好的物流服务，有助于企业将自己的力量用在自己的主业上，而且还可以大大提高效率、降低物流成本，转移风险。在选择专业物流公司时，首先，企业应当了解自己的需求是什么，物流方面的需求在哪里。其次，针对实际需求和基本要求，明确所需要的专业化物流服务企业有哪些必备条件。如所需要的仓储服务仓库应该在哪里，需要什么样的设施、仓储条件如何，需要哪条线路的运输，什么时候进行，是否需要整体物流进行规划管理和优化组合，供应区域和货物流转情况如何，针对这些内容寻找最接近的服务企业。再次，对符合条件的企业进行必要的对比筛选工作，筛选的基本原则就是服务第一、可成长第二、价格第三。选择专业化的物流服务企业的目标就是规范化物流，形成最佳成本的物流。最后，针对所选定的目标企业进行内部了解，了解其企业文化、内部管理、作业流程、管理手段等，并拿出诚意来与他们建立长期合作伙伴关系，因为只有建立长期合作伙伴关系，他们才能为长期的合作投入相应的软件和硬件资源，只有这种合作才能产生物流利润，其他形式的合作都非常难产生物流利润。

3. 网络间接营销渠道策略

（1）网络分销商的选择。许多成功企业的经验说明了这样一个基本道理，明确选择分销商的目标和原则，并且做好深入细致的调查研究工作，全面了解每一个将被选择的分销商的情况，是选择分销商的起点和前提条件。明确目标是选择分销商的前提之一，这里有两个层次的目标要加以区分：第一个层次为基本目标，即选择中间商，建立分销渠道要达到什么分销效果；第二个层次为手段目标，即要建立怎样的分销渠道，它在实现第一层次目标的过程中应当发挥什么作用。建立分销渠道的目标明确之后，这些目标就被转换成选择分销商的原则，成为指导分销商选择工作的纲领。一般来说，应遵循的原则包括以下几个方面：

①把分销渠道延伸至目标市场原则。这是建立分销渠道的基本目标，也是选择分销商的基本原则。企业选择分销商，建立分销渠道，就是要把自己的产品打入目标市场，让那些需要企业产品的消费者能够就近、方便地购买，随意消费。根据这个原则，在选择分销商时应注意其是否在目标市场拥有分销通路（如是否有分店、子公司、会员单位或忠诚的二级分销商），是否在那里拥有销售场所（如店铺、营业机构）。

②分工合作原则。分工合作原则是指所选择的中间商应当在经营方向和专业能力方面符合所建立的分销渠道功能的要求。尤其在建立短分销渠道时，需要对中间商的经营特点及其能够承担的分销功能严格掌握。一般来说，专业性的连锁销售公司对于那些价值高、技术性强、品牌吸引力大、售后服务较多的商品，具有较强的分销能力。各种中小百货商店、杂货商店在经营便利品、中低档次的选购品方面力量很强。只有那些在经营方向和专业能力方面符合所建分销渠道要求的分销商，才能承担相应的分销功能，组成一条完整的分销通路。

③树立形象原则。在一个具体的局部市场上，显然应当选择那些目标消费者或二级分销商愿意光顾甚至愿意在那里出较高价格购买商品的分销商。这样的分销商在消费者的心目中具有较好的形象，能够烘托并帮助建立品牌形象。

④共同愿望及抱负原则。联合分销商进行商品分销，不单是对生产厂商、消费者有利，对分销商也有利。分销渠道作为一个整体，每个成员的利益来自于成员之间的彼此合作和共同的利益创造。从这个角度上讲，联合分销商进行商品分销就是把彼此之间的利益"捆绑"在一起。只有所有成员具有共同愿望、共同抱负，具有合作精神，才有可能真正建立一个有效运转的分销渠道。在选择分销商时，要注意分析有关分销商分销合作的意愿、与其他渠道成员的合作关系，以便选择到良好的合作者。

上述原则是从实现建立分销渠道的目标来提出的。它们是一个有机整体，反映着建立商品分销系统、厂商共同合作、共享繁荣的要求。按照这些原则来选择分销商，可以保证所建立的分销渠道成员的素质和合作质量，提高分销渠道的运行效率。这些原则也是分销渠道成员达成合作协议的基础。

（2）确定分销渠道策略。企业在确定了目标市场，并对影响营销渠道决策的各因素进行了分析后，就需要进行营销渠道的设计。在网络分销中，分销渠道大大缩短，企业可以在多个中间商中进行选择，在确定网络中间商时，通常有密集型分销渠道策略、选择型分销渠道策略、专营性分销渠道策略三种。

①密集型分销渠道策略，即选择尽可能多的分销商来销售产品。这种策略可以弥补个别分销商在信息覆盖上的不足，即增加了渠道的宽度，使更多的消费者能更方便地买到商品。该策略一般适用于低值易耗的日用品。

②选择型分销渠道策略，即企业在一个地区只选择有限的几家分销商来经销自己的商品。该策略是在分销商之间形成有限的竞争，而这种竞争能提供给消费者一种安全、保障和信心，从而更有利于产品的销售。该策略一般适合于大件耐用消费品。

③专营性分销渠道策略，即企业在一个地区只选择一个合适的分销商来销售自己的产品，它提供的是独一无二的产品或服务，往往能提供更好的相关服务，但价格昂贵，消费者较少。

4. 网络商店及其经营策略

（1）网络商店是指建立在第三方提供的电子商务平台上的、由商家自行完成所有业务的一种电子商务形式，正如同在大型商场中租用场地开设的专卖店一样。在电子商务发展的早期，一些网上零售网站也称为网络商店，如当当网上书店、亚马逊网上书店等。随着这些网上零售网站的快速发展，其经营的商品品种越来越多，规模也越来越大，因此这些独立的电子商务网站通常都不再称为网上商店，而改称“网上商城”了。一些大型电子商务网站除了自己销售产品之外，还为其他企业提供租用网上商店或者开设网上专卖店的业务。淘宝网就是这样一个为商家或个人提供网络商店服务的著名网站。

作为网络间接营销渠道之一的网络商店近年来获得了高速发展。随着国内电子商务的发展，网上开店的时机已经趋于成熟，为不少企业甚至个人进行网上创业提供了很好的平台。面对互联网的快速发展和市场的激烈竞争，网上商店处处彰显其独特的优势，确实为企业带来了丰厚可观的利润。

（2）网络商店的优势。开设网络商店有两种途径，一是租用网上商城的店铺，如在淘宝或意趣等网站租用一个网店；二是独立建立自己的网络商店。这两种方式各有利弊，但相比传统商店有以下一些明显的优势：

①利用互联网，更易于销售商品。

②较低的前期投入，免去了昂贵的店面租金或投资。

③网上开店是虚拟商店，无需存货、仓库等。

④货源充足且容易组织。可以卖本企业自己的商品，也可以卖他企业的商品，可以到市场上去物色商品，甚至你可以卖你周围商店里的商品。

⑤节约人手和时间，不需要雇请营业员，只需抽空上网看看订单就行。

⑥适应性广。企业、家庭、个人、个体户都可开店，个人工作之余也可

开个商店来赚钱。

⑦成本低，收益大。

（3）网络商店的营销策略。在网上开店，首先要选择好适合网上销售的商品，目前适宜在网上开店销售的商品主要包括首饰、数码产品、电脑硬件、手机及配件、保健品、服饰、化妆品、工艺品、体育与旅游用品等。其次，产品要丰富一些，在把握新、精、平的原则上，尽量多铺点货上去，因为每个客人都希望自己所逛的店铺商品琳琅满目，产品丰富。

网络商店的开办，可以选择现成的电子商务平台，也可以制作完全个性化的网上商店，实际就是建设自己的新网站，通常包括几个方面，域名注册、空间租用、网页设计、程序开发等。若是自建网站，既需要前期投入，还涉及到更新升级，要求较高。个人开店可直接到淘宝等网站开就可以了（www. taobao. com），开设过程很简单。

开设了自己的网络商店，并非万事大吉。现在网络商店竞争很激烈，为避免陷入恶性竞争，大打价格战，网店必须要有自己的特色，才能吸引新顾客留住老顾客，这已成为了经营网络商店成功的制胜关键。通常情况下，网店可采取以下策略：

①选取好的网络商店平台。若是选择租用网店，就要对众多提供网店的网站进行仔细对比。现在各种网上商店平台很多，但是，最好不要轻易下决定，先试用一下再说。无论你建店的目的是为了给顾客提供一个了解你的产品的窗口，还是真的希望通过网上商店实现电子商务的目的，选择一个理想的平台都是很重要的一步。因为你要建立的网上商店相当于租用商场的一个柜台，经营效果的好坏在很大程度上取决于商场的知名度、客流量，以及你的柜台位置等因素，因此，选择一个功能完善、管理方便、访问量大的网站平台至关重要。

不过，如果你是第一次开店，还是选择免费或租金相对低一点的网站好一些，因为，经营效果的好坏，除了网站流量之外，还有许多其他因素，比如你的店面布置是否有吸引力、产品或商店是否有最合适的分类、是否占据显著的位置等。如果其他条件跟不上，为此支付高额租金，岂不是浪费？

理想的电子商务平台应该具有这样的基本特征：良好的品牌形象、简单快捷的申请手续、稳定的后台技术、快速周到的顾客服务、完善的支付体系、必要的配送服务，以及售后服务保证措施等。当然，还需要有尽可能高的访问量、具备完善的网店维护和管理、订单管理等基本功能，并且可以提供一些高级服务，如对网店的推广、网店访问流量分析等。此外，收费模式和费用水平也是重要的影响因素之一。

②网上开店诚信第一。由于网上交易是在一个虚拟的环境中发生的，买卖双方通过网络进行交易，对投资者和买家双方而言都意味着一定的安全风险。因此在网络上经营，最主要的就是讲求诚信。每个卖家都有一个关于诚信的记录，买家都可以看到卖家以前的销售状况以及别的买家对卖家的评价，不诚信的人很难在网络上经营下去，而诚信卖家的商品价格高些都有人要。

③网络商店须有鲜明的自我特色。影响顾客在某个网络商店购物的关键因素是什么？是价格最低吗？由于网上商店很多，仅仅靠低价是很难发展的。如果自己的网络商店无法在价格方面取胜，那必须要鲜明的自我特色才能获得消费者的青睐，并使消费者愿意在该网络商店购物。

在日本有个知名的网络商店，当塑身商品正热卖时，有位中年店长突发创意，将他要卖的“红外线排汗塑身衣”穿在身上并量了体重后拍照，再沿着他的商店外，设定一个慢跑路线，每到一个定点便拍照，一直到回到店里后，脱掉外衣后再量体重，发现体重下降了0.5公斤。他将每个过程的照片都一一排列在商品介绍上。试想，这样的商品说明，是否比在所有卖场都看到的一样的热卖商品图片和制式的文字说明更有说服力？

④争取获得网站的特别推荐。这实际上是在为自己做广告啊，而且效果甚至还好过自己吹捧自己。不过，可能要为此投入许多精力才行，除了自己的产品容易引起访问者的兴趣、有一个响亮的店名之外，店面的布置和装饰可能更加重要，有时甚至需要请专业人士来为你设计。

因为获得网站特别推荐的机会不多，一个重要的替代方法，就是为商店申请一个独立域名。在申请完成建立网上商店手续之后，通常可以获得一个属于该网站的二级域名作为商店的网址，你会被告知，这就是你专用的独立网址，你可以将它印刷在名片上、公司的宣传册上、登录到搜索引擎上等，当然，从功能上讲，你可以这么做。不过，从网络营销的角度来看，最好不要这样做，道理很简单，这个域名带着浓重的网上商店提供商的色彩，不便于推广自己的网上商店。

最好的解决办法是为网上商店申请一个专用的独立域名，不过，这需要服务商的配合，需要将你的域名指向解析到你的网上商店才行。假定你拥有独立网址，那么，就可以采取各种常规的网络营销手段进行推广了，也许你的网上商店就可以名声大振了。

⑤保证商品信息尽量完整和提供个性化客户服务。正常情况下，消费者第一次进入一个网络商店，多少带有一定的偶然性，而最重要的是，这里的商品正是他要寻找或想要购买的。如何留住这些顾客，一种有效的方法就是提供给消费者最完整的商品信息和提供“符合消费者期待”的客户服务。让消费者对商品有整体的了解，这将显著提高客户的购买欲，同时针对不同客户提供个性化的服务以留住客户。

5.4 网络营销促销策略

5.4.1 网络营销促销概述

1. 网络营销促销的特点

网络促销是利用现代化的网络技术向虚拟市场传递有关产品和服务的信息，以激发消费者需求，引起消费者的购买欲望和购买行为的各种活动。它突出地表现为以下三个明显的特点：

（1）网络促销是通过网络技术传递产品和服务的存在、性能、功效及特征等信息的。它是建立在现代计算机与通讯技术基础之上的，并且随着计算机和网络技术的不断改进而改进。

（2）网络促销是在虚拟市场上进行的，即互联网。互联网是一个媒体，是一个连接世界各国的大网络，它在虚拟的网络社会中聚集了广泛的人口，融合了多种文化。

（3）互联网虚拟市场的出现，将所有的企业，不论是大企业还是中小企业，都推向了一个世界统一的市场。传统的区域性市场的小圈子正在被一步步打破。

2. 网络促销与传统促销的区别

虽然传统促销和网络促销都是让消费者认识产品，引起消费者的注意和兴趣，激发他们的购买欲望，并最终实现购买行为。但互联网强大的通讯能力和覆盖面积，网络促销在时间和空间观念上，在信息传播模式上以及在顾客参与程度上都与传统的促销活动发生了较大的变化，主要表现在：

（1）时空观念的变化。以产品流通为例，传统的产品销售和消费者群体都有一个地理半径的限制，网络营销大大地突破了这个原有的半径，使之成为全球范围的竞争；传统的产品订货都有一个时间的限制，而在网络上，订货和购买可以在任何时间进行。时间和空间观念的变化要求网络营销者随之调整自己的促销策略和具体实施方案。

（2）信息沟通方式的变化。多媒体信息处理技术提供了近似于现实交易过程中的产品表现形式；双向的、快捷的、互不见面的信息传播模式，将买卖双方的意愿表达得淋漓尽致，也留给了对方充分思考的时间。在这种环境下，传统的促销方法显得软弱无力。

（3）消费群体和消费行为的变化。在网络环境下，消费者的概念和客户的消费行为都发生了很大的变化。上网购物者是一个特殊的消费群体，具有不同于消费大众的消费需求，这些消费者可以直接参与生产和商业流通的循环，他们普遍是大范围地选择和理性地购买。这些变化对传统的促销理论和模式产生了重要的影响。

3. 网络促销的形式

传统营销的促销形式主要有四种：广告、销售促进、宣传推广和人员推销。网络营销是在网上市场开展的促销活动，相应形式也有四种，分别是网络广告、销售促进、站点推广和关系营销。其中网络广告和站点促销是网络营销促销的主要形式。

（1）网络广告。网络广告是以一种有偿的方式发布企业产品和服务信息，以吸引消费者购买，其类型很多，根据形式不同可以分为旗帜广告、电子邮件广告、电子杂志广告、新闻组广告、公告栏广告等。

（2）站点推广。网络营销站点推广是利用网络营销策略扩大站点的知名度，吸引网上流量访问网站，起到宣传和推广企业以及企业产品的效果。站点推广主要有两类方法，一类是通过改进网站内容和服务，吸引用户访问，起到推广效果；另一类是通过网络广告宣传推广站点。前一类方法，费用较低，而且容易稳定顾客访问，但推广速度比较慢；后一类方法，可以在短时间内扩大站点知名度，但费用较高。

（3）销售促进。销售促进是企业利用可以直接销售的网络营销站点，采用一些销售促进方法，如价格折扣、有奖销售、拍卖销售等方式，宣传和推广产品。

（4）关系营销。关系营销是通过借助互联网的交互功能吸引用户与企业保持密切关系，培养顾客忠诚度，提高顾客的收益率。

4. 网络促销的作用

网络促销的作用主要表现在以下几个方面。

（1）告知功能。网络促销能够把企业的产品、服务、价格等信息传递给目标公众，引起他们的注意。

（2）说服功能。网络促销的目的在于通过各种有效的方式，解除目标公众对产品或服务的疑虑，说服目标公众坚定购买决心。例如，在同类产品中，许多产品往往只有细致的差别，用户难以察觉。企业通过网络促销活动，宣传自己产品的特点，使用户认识到本企业的产品可能给他们带来的特殊效用和利益，进而乐于购买本企业的产品。

（3）反馈功能。网络促销能够通过电子邮件及时地收集和汇总顾客的需求和意见，迅速反馈给企业管理层。由于网络促销所获得的信息基本上都是文字资料，信息准确，可靠性强，对企业经营决策具有较大的参考价值。

（4）创造需求。运作良好的网络促销活动，不仅可以诱导需求，而且可以创造需求，发掘潜在的顾客，扩大销售量。

（5）稳定销售。由于某种原因，一个企业的产品销售量可能时高时低，波动很大，这是产品市场地位不稳的反映。企业通过适当的网络促销活动，树立良好的产品形象和企业形象，往往有可能改变用户对本企业产品的认识，使更多的用户形成对本企业产品的偏爱，达到稳定销售的目的。

5.4.2 网络营销站点推广

网络营销站点是企业在网上虚拟市场进行营销活动的场所，站点能否吸引大量流量是企业开展网络营销成败的关键，也是网络营销的基础。站点推广就是通过对企业网络营销站点的宣传吸引用户访问，同时树立企业网上品牌形象，为企业的营销目标实现打下坚实的基础。

1. 站点推广方法

根据互联网的特点，网络营销站点的推广方法较多，这里介绍几种常用的方法。

（1）搜索引擎注册。根据调查显示，网民找新网站主要是通过搜索引擎来实现的，因此在著名的搜索引擎进行注册是非常必要的。

（2）利用网络链接。利用不同站点的链接，可以缩短网页间距离，提高站点的被访问概率。一般可利用的链接有下面几种方式：

①在行业站点上申请链接。如果站点属于某些不同的商务组织，而这些组织建有会员站点，应及时向这些会员站点申请一个链接。

②申请交互链接。寻找具有互补性的站点，并向它们提出进行交互链接的要求（尤其是要链接上到站点的免费服务，如果提供这样的服务的话）。为通向其他站点的链接设立一个单独的页面，这样就不会使刚刚从前门请进来的顾客，转眼间就从后门溜到别人的站点上去了。

③在商务链接站点申请链接。特别是当站点提供免费服务的时候，可以向网络上的许多小型商务链接站点申请链接。只要站点能提供免费的东西，就可以吸引许多站点为你建立链接。寻找链接伙伴时，通过搜索寻找可能为站点提供链接的地方，然后向该站点的所有者或主管发送电子邮件，告诉他们可以链接的站点名称、URL以及200字的简短描述。

（3）发送电子邮件。电子邮件的发送费用非常低，许多网站都利用电子邮件来宣传站点。利用电子邮件来宣传站点时，首要任务是收集电子邮件地址。为防止发送一些令人反感的电子邮件，收集电子邮件地址时要非常注意。一般可以利用站点的反馈功能记录愿意接受电子邮件的用户的电子邮件地址。另外，还可以通过租用一些愿意接受电子邮件信息的通信列表，这些通信列表一般是由一些提供免费服务的公司收集的。

（4）发布新闻。及时掌握具有新闻性的事件（如新业务的开通），并定期把这样的新闻发送到你的行业站点和印刷品媒介上，将站点在公告栏和新闻组上加以推广。互联网络使得具有相同专业兴趣的人们组成成千上万的具备很强针对性的公告栏和新闻组。比较好的做法是加入这些讨论，让邮件末尾的“签名档”发挥推广的作用。

（5）提供免费服务。提供免费资源，在时间和精力上的代价都是昂贵的，但其可以在增加站点流量的功效上得到回报。应当注意，所提供的免费服务应是与所销售的产品密切相关的，这样，所吸引来的访问者同时也就可以成为良好的业务对象。也可以在网上开展有奖竞赛，因为人们总是喜欢免费的东西。如果在站点上开展有奖竞赛或者是摸奖活动，将可以产生很大的访问流量。

（6）发布网络广告。利用网络广告推销站点是一种比较有效的方式。比较廉价的做法是加入广告交换组织，广告交换组织通过不同站点的加盟后，在不同站点交换显示广告，起到相互促进的作用。另外还可以在适当的站点上购买广告栏发布网络广告。

(7) 使用传统的促销媒介。使用传统的促销媒介来吸引访问站点也是一种常用方法，如一些著名的网络公司纷纷在传统媒介发布广告。这些媒介包括直接信函、分类展示广告等。对小型工业企业来说，这种方法更为有效。应当确保各种卡片、文化用品、小册子和文艺作品上包含有公司的 URL。

2. 提高站点访问率方法

目前网站主要分为这样几类：

(1) 内容信息类。主要为访问者提供各种信息、知识等有价值的内容，如新浪提供的新闻服务，搜狐提供网站搜索服务。

(2) 中介服务类。主要通过网站架设桥梁为访问者提供某种服务，如网易提供的虚拟社区信息交流服务，3721 网站提供的中文域名服务。

(3) 电子商务类。主要是通过互联网作为开展商务活动的平台。这类站点一般有两种方式，一种是纯粹的网上电子商务企业，另一种是传统企业将其业务拓展到电子商务，如 8848 网站属于前种，北京图书大厦网站属于后种。

(4) 其他。这类网站一般不是以盈利为目的的，如个人网站、组织机构网站等，它们一般是结合自己的具体情况，开展网上信息交流活动。

不同类型的网站，要增加访问回头率需要采取不同的策略。对于内容信息类，它的目标就是起到一个媒体的作用，要扩大访问量主要是通过提供及时的信息和大容量的数据库检索服务；对于中介服务类，它的关键是要提供具有特色的，同时又是网民需要的服务；对于电子商务类，它的关键是为网民提供更便捷的网上购物渠道，更丰富的产品和更优惠的价格。对于传统企业将业务拓展到电子商务的站点，要注意遵循互联网的规律，传统市场优势品牌在网上不一定能吸引大量访问量，必须提供网上用户需要的一些服务，如产品知识、网上直销、免费增值服务等。

5.4.3 网上销售促进与公共关系

1. 网上销售促进

销售促进主要是用来进行短期性的刺激销售。互联网作为新兴的网上市场，在网上的交易额不断上涨。网上销售促进就是在网上市场利用销售促进工具刺激顾客对产品的购买和消费使用。一般，网上销售促进主要有下面形式：

（1）有奖促销。在进行有奖促销时，提供的奖品要能吸引促销目标市场的注意。同时，要会充分利用互联网的交互功能，充分掌握参与促销活动群体的特征和消费习惯，以及对产品的评价。

（2）拍卖促销。网上拍卖市场是新兴的市场，由于快捷方便，吸引了大量用户参与网上拍卖活动。我国的许多电子商务公司也纷纷提供拍卖服务。拍卖促销就是将产品不限制价格在网上拍卖，如前面介绍的 Compaq 公司与网易合作，通过网上拍卖电脑，获得了很好的收益。

（3）免费促销。免费资源促销的主要目的是推广网站。所谓免费资源促销就是通过为访问者无偿提供访问者感兴趣的各类资源，吸引访问者访问，提高站点流量，并从中获取收益。目前利用提供免费资源获取收益比较成功的站点很多，有提供某一类信息服务的，如提供搜索引擎服务的 Yahoo 和 Sohu。

利用免费资源促销要注意的问题：①要考虑提供免费资源的目的是什么，有的是为形成媒体作用，有的是为扩大访问量形成品牌效应；②要考虑提供什么样的免费资源，目前网上免费资源非常丰富，只有提供有特色的服务才可能成功，否则将成为追随者，永远不可能吸引访问者，因为网上的信息是开放的，要访问肯定是访问最好的，这就是网上赢家通吃原则；③要考虑你的收益是什么，世上没有免费的午餐，只要在允许的范围之内，访问者是愿意付出一点的，当然不能是金钱，因此你的收益可能是通过访问者访问从广告主获取收益，或者通过访问者访问扩大你的品牌知名度，或者通过访问者访问扩大你的电子商务收入。当然利益有短期和长期的，有现金和无形的，这都需要综合考虑，毕竟免费资源对站点来说不是免费的。

2. 网上公共关系

公共关系是一种重要的促销工具，它通过与企业利益相关者包括供应商、顾客、雇员、股东、社会团体等建立良好的合作关系，为企业的经营管理营造良好的环境。网络公共关系与传统公共关系功能类似，只不过是借助互联网作为媒体和沟通渠道。网络公共关系较传统公共关系更具有一些优势，所以网络公共关系越来越被企业一些决策层所重视和利用。一般说来，网络公共关系有下面一些目标：

①与网上新闻媒体建立良好合作关系。

②通过互联网宣传和推广产品。

③通过互联网建立良好的沟通渠道，包括对内沟通和对外沟通。

下面分别介绍企业如何利用互联网开展公关活动，来实现上述目标。

（1）与网络新闻媒体合作。网络新闻媒体一般有两大类，一类是传统媒体上网，通过互联网发布媒体信息。其主要模式是将在传统媒体播放的节目进行数字化，转换成能在网上下载和浏览的格式，用户不用依靠传统渠道就可以直接通过互联网了解媒体报道的信息。另一类媒体，是新兴的真正的网上媒体，他们没有传统媒体的依托。

不管是哪一类媒体，在互联网出现后，企业与新闻媒体的合作更加密切了，他们充分利用互联网的信息交互特点，可以更好进行沟通。为加强与媒体合作，企业可以通过互联网定期或不定期将企业的信息和有新闻价值的资料通过互联网直接发给媒体，与媒体保持紧密合作关系。企业也可以通过媒体的网站直接了解媒体关注的热点和报道重点，及时提供信息与媒体合作。

（2）宣传和推广产品。宣传和推广产品是网络公共关系重要职能之一。互联网最初是作为信息交流和沟通渠道，因此互联网上建设有许多类似社区性质的新闻组和公告栏。企业在利用一些直接促销工具的同时，采用一些软性的工具如讨论、介绍、展示等方法来宣传推广产品效果可能更好。在利用新闻组和公告栏宣传和推广产品时，要注意“有礼有节”。

（3）建立沟通渠道。企业网络营销站点的一个重要功能就是为企业与企业相关者建立沟通渠道。在前面分析网站建设的主要功能和设计架构时，其中的一个重要因素就是网站是否具有交互功能。通过网站的交互功能，企业可以与目标顾客直接进行沟通，了解顾客对产品的评价和顾客提出的还没有满足的需求，保持与顾客的紧密关系，维系顾客的忠诚度。同时，企业通过网站对企业自身以及产品、服务的介绍，让对企业感兴趣的群体可以充分认识和了解企业，提高企业在公众中的透明度。

5.4.4 网络促销的实施

企业在实施网络促销时，需要深入了解产品信息在网络上传播的特点，分析促销信息的接收对象，设定合理的网络促销目标，通过科学的实施程序，打开网络促销的新局面。根据国内外网络促销的大量实践，网络促销的实施程序可以由五个方面组成。

1. 确定网络促销对象

网络促销对象是指在网络虚拟市场上产生购买行为的消费者群体。随着网络的迅速普及，这一消费群体在不断扩大。这一群体主要包括三部分人员：产品的使用者、产品购买的决策者、产品购买的影响者。企业必须根据自己产品情况，对上述三种群体分别实施促销。

2. 设计网络促销内容

网络促销的最终目标是希望引起客户购买，其目标是要通过设计具体的信息内容来实现的。消费者的购买过程是一个复杂的、多阶段的过程，促销内容应当根据购买者目前所处的购买决策过程的不同阶段和产品所处的寿命周期的不同阶段来决定。

3. 决定网络促销组合方式

网络促销活动主要通过网络广告促销和网络站点促销两种促销方法展开。但由于企业的产品种类不同，销售对象不同，促销方法与产品种类和销售对象之间将会产生多种网络促销的组合方式。企业应当根据网络广告促销和网络站点促销两种方法各自的特点和优势，根据自己产品的市场情况和顾客情况，扬长避短，合理组合，以达到最佳的促销效果。

网络广告促销主要实施“推战略”，其主要功能是将企业的产品推向市场，获得广大消费者的认可。网络站点促销主要实施“拉战略”，其主要功能是将顾客牢牢地吸引过来，保持稳定的市场份额。

4. 制定网络促销预算方案

在网络促销实施过程中，使企业感到最困难的是预算方案的制定。在互联网上促销，对于任何人来说都是一个新问题。所有的价格、条件都需要在实践中不断学习、比较和体会，不断的总结经验。只有这样，才可能用有限的精力和有限的资金收到尽可能好的效果，做到事半功倍。

首先，必须明确网上促销的方式及组合的办法。网上促销可以通过自己的网站进行，虽成本较低，但知名度也低，宣传效果不理想。利用知名网站做广告，宣传的覆盖面较大，效果较好，但费用也较高。因此，企业必须在两者之间作出选择，或对各知名网站的服务质量和价格进行比较，选择适合本企业的信息服务网站。其次，需要确定网络促销的目标。企业网络促销目标有树立企业形象、宣传产品和宣传服务等，企业应根据促销目标来决定促销投入的多少。最后，需要明确希望影响的是哪个群体，哪个阶层，是国外的还是国内的。一般网站都有其服务对象的定位，如有的网站定位于年轻人，有的定位于学术界，有的定位于产品消费者，不同的定位其服务价格相差较大。一般侧重学术的网站服务费用较低，专门从事产品推销的站点费用较高，综合性的网站费用最高。因此，企业应根据自己产品的销售对象和范围选择适当的网站进行促销。

5. 衡量网络促销效果

网络促销的实施过程到了这一阶段，必须对已经执行的促销内容进行评价，衡量一下促销的实际效果是否达到了预期的促销目标。企业可以根据促销效果的评价修正自己的促销策划。

本章小结

本章围绕网络营销的基本策略展开讨论。网络营销中新产品开发是许多企业市场取胜的法宝，而互联网的发展为企业新产品的开发带来了挑战。本章还论述了做好新产品构思与概念形成、研制、试销与上市等方面工作。此外，网络营销的成功与否，还取决于在网络上推广的产品的品牌能否让浏览者产生一定的信任感，从而产生购买的冲动，本章从建立和维护企业品牌的各个方面给出了相应的策略。

产品的价格不仅直接影响到企业的赢利水平，同时也是企业开展市场竞争的重要手段之一，价格策略是企业营销组合策略中重要的组成部分。本章讨论了网络营销定价内涵、网络营销定价原理。

本章从信息通讯、方便性和效率等方面对网络分销渠道与传统分销渠道进行了分析。分析了网络分销渠道的概念、分类和建设，以及企业如何设计和建设自己的分销渠道。

最后，本章在分析网络促销的特点和优势的基础上，详细介绍了网络营销站点推广的方法，网上销售促进与公共关系，以及网络促销的实施过程。

第6章 网站建设

企业网站是企业通向互联网的平台和门户，是企业开展电子商务、实施网络营销的基础和重要条件。企业网站建设与网络营销有着非常密切的关系，网络营销的实施以及网络营销的效果很大程度上取决于企业网站建设的专业化程度，建立一个以营销为导向的企业网站是实施网络营销的基础。

6.1 企业网站与网络营销

企业网站要更好地发挥网络营销的作用，就应该以网络营销为导向进行网站的建设，注重建设网站思想的探讨。企业的经营、发展离不开营销，而现代企业的营销包括传统营销和网络营销，它们是相辅相成的。

网络营销可以是无站式营销与有站式营销。所谓无站式营销是指企业没有自己的网站，网络营销是基于外界的一些网络平台或网络措施而进行的。有站式营销是指企业建立了自己的网站，网络营销很大程度上依托于自己的网站而进行。我们主要讨论基于站点的网络营销方法，其大致归为两类：网站建设和与网站相联系的一些网络营销方式，如搜索引擎、网络广告等，即网站的建设与营销推广的关系。本章将讨论与网站建设相关的内容。

6.1.1 企业网站建设的必要性

企业拥有自己的网站，可以充分利用自身的信息以及其他资源，并把具体的内容放入网站中，这样，企业进行网络营销就更加主动。企业建立网站的益处在于：

（1）企业网站使企业具有网络沟通的能力，有利于提升企业形象。企业网站强化了企业与外界的沟通，可以向公众传播企业经营理念、企业文化、企业品牌形象等基本信息，能加深用户对企业和品牌的印象。

（2）企业网站可以全面详细地介绍企业及企业的相关产品、服务和内容。网站内容的丰富和深入，使其成为企业发布企业新闻、企业供求信息、企业人才招聘、产品、服务信息的重要途径，网站的多媒体特征保证了信息传播的质量和效率。

（3）网站可以向企业的供应商、分销商、用户等提供信息和服务。无论企业、合作伙伴和用户都是希望通过彼此的沟通、交流以使自己获得利益最大化。互联网的基本作用就是使企业能连接不受时空限制的各种用户，使他们得以进行多种形式的交流。

（4）企业网站可以提供交互性、个性化服务功能。传统环境下的一些服务如业务咨询等，往往需要人员的参与，但在互联网上就可以采用自动化的手段为消费者提供交互性和个性化的服务，计算机的处理降低甚至替代了服务人员的参与，从而降低了成本，同时也提高了企业与消费者双方的效率。

（5）收集市场信息。对注册用户信息以及其他与网络营销有关的信息进行市场调查。通过市场的调查和研究，从中收集信息，发现顾客需求动向和行为变化，是企业市场营销活动的重要内容，也是制定营销组合的重要依据。互联网由于其信息流通的特征，为企业收集市场信息，开展市场调研提供了便利场所。这种方法不但高效、低成本，同时还能起到扩大企业及其网站知名度的作用。

（6）网上展示、推广、销售产品。互联网将分散在全球的消费者与企业联系起来，减少了时间限制并跨越了空间障碍，也提供了更广泛的选择机会和选择方式，同时大大降低了交易的成本和提高了交易效率。

6.1.2 企业网站分类

建有网站的企业可以分为传统企业和电子商务企业。随着网络时代的到来，传统企业不得不在网络中开辟自己的市场，他们往往是通过自身业务与网站系统的整合来提升自己的竞争力。电子商务企业与传统企业相比，是以网站为核心来进行运作的，可以说网站就是他们的企业，也许一间十几平方米的机房就是一家电子商务公司的全部家当了。

现在的市场可以说是买方市场，也就是各行各业的企业已经为数众多，提供的服务逐渐趋于同质化，消费者在购买商品的时候选择的余地很宽，如果企业做得不好，那么市场就会将它淘汰出局。企业之间的竞争日渐激烈，已经可以用“短兵相接”来形容了，怎样占领市场，怎样留住顾客，成为企业生存的关键性问题。在瞬息万变的市场中，能否准确、高速的获得和处理信息几乎成为了现在企业界公认的制胜法宝。

信息化与网络化成为企业发展的必然趋势，就像电视和报纸一样，起初的目的并不是为了给企业做广告，但企业却已经离不开这些技术和媒介。网站也一样，渐渐在市场经济中扮演着越来越重要的角色。

网站虽然各种各样，但总的来说，建立网站的目的有以下四类：

(1) 作为政府部门治理国家的辅助手段。

(2) 成为企业经营的辅助手段，进行辅助性服务，或建立纯粹的商业网站进行经营，并以此获利。

(3) 大学院校以及科研机构进行学术交流和技术探讨。

(4) 没有商业目的的公益性网站。

下面是一则关于企业网站分类情况。将网站按照主体性质不同分为政府网站、企业网站、商业网站、教育科研网站、个人网站、其他公益性网站以及其他网站等。如图 6－1 所示。

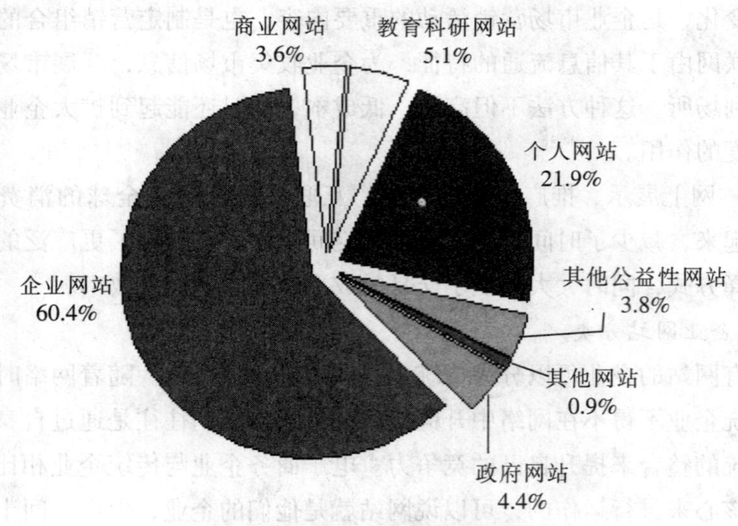

图 6－1　2005 年 CNNIC 对网站分类图

按信息流转、传送以及提供服务的方式，可以有以下几种建立网站的方向：

(1) 信息发布型：这类网站主要用于发布信息。浏览信息是因特网提供的最基本、最简单和最广泛的服务。人们通过简单的浏览器就可以进行浏览。

（2）在线查询型：在海量的数据面前用户会显得不知所措，但在线查询可以解决问题，只要输入相应的关键字或者是查询的条件就可以把该站收集的所有相关信息都显示出来，方便而且准确。

（3）免费资源服务型：免费的资源是指服务器的硬盘上保存了许多信息，而且这些信息可以下载到本地，比如软件、图片、音乐、影视等；免费服务包括电子邮件、论坛、虚拟社区、免费空间等。

（4）电子商务型：这类网站着重提供网上电子商务活动，对网站的稳定性和安全性要求极高。

（5）远程互动型：这类网站着重提供远程教育、医疗诊断等。

（6）娱乐游戏型：这类网站着重提供在线的各种娱乐方式和网络游戏。

（7）网络媒介型：这类网站以互联网为媒介来加强人与人之间的联系，以增进交流。

当然，一个综合性的功能完善的网站可能是以上各种类型的整合。对于企业来说，需要围绕自己的业务来设计网站，可能会是一种或者多种类型的整合。网站建设需要先进技术的推动，而企业是以盈利为目的的经济组织，因此，企业首先考虑的是企业的长期生存、发展和盈利问题。在进行网站设计时要把握市场的脉搏，熟知网络的发展趋势，只有这样才能使网站建设同市场应用的发展相互协调。

6.1.3 传统营销的基础上开展网络营销

传统营销我们可以理解成是在20世纪90年代网络兴起之前形成的营销理论体系，包括市场探测、营销战略、营销组合策略。

传统营销从市场探测开始，市场探测是探测市场的环境；营销战略是做市场细分，确定目标市场并进行市场定位；营销组合战术（4P）包括产品、价格、渠道和促销策略。传统营销遵循营销流程，并依赖层层严密的渠道，通过大量人力与广告将产品或服务投入市场。

互联网技术对传统营销形成了巨大冲击，并构成了21世纪营销领域的创新焦点。如著名的电脑制造商DELL的网络营销模式。1984年，一个名叫迈克尔·戴尔的年轻人突发奇想，他要创办一家公司，按照客户的要求来制造微机并向客户直接发货。这一天才的想法使得该公司迅速跻身于业内最大的制造商之列。DELL的顾客通过DELL公司的网站和DELL在线商店可以评价多种电脑配置模式，了解各款电脑和各种电脑零配件的即时报价，自己设计和订制产品，然后通过互联网将这些信息传递给 DELL 公司。DELL 公司再按这些订单设计、生产，最后通过物流配送体系直接将货发送到消费者手中，货款则通过信用卡或上门收取。这就是 DELL 电脑的网络营销模式。

网络营销相对传统营销其弱势表现在是否具备安全可靠的网上支付、物流配送、网络安全性、平面媒体信息传递的局限性等方面。因此，网络营销不能完全替代传统营销，其将与传统营销长期并存。

从发展趋势来看，网络营销的实施是一种必然。企业在实施网络营销时应该根据企业当时的内部情况和外部环境，比较网络营销实施的投入成本和收益，以决定是否采用网络营销，多大程度上采用网络营销，如何将网络营销与传统营销更有效地结合起来，网络营销和传统营销只有紧密结合起来，扬长避短，才能更好、更快、更有效率地满足顾客需要以取得好的营销效果。

1. 网络营销的外部环境分析

网络营销的宏观环境包括网民人数、在线交易额、互联网技术状况、互联网法律的完善程度、政府对待互联网的态度等方面。企业通过宏观环境分析，可以得到网络营销的可行性和适用性报告：网络营销是否存在着物流配送、安全性、网上支付等现实瓶颈，哪一个环节适合采用互联网，哪一个环节应采用传统营销等。假如物流配送的效率不高，网上支付安全性低，那么网络营销信息传播的全球性全天候优势也会受到限制。

网络营销的微观环境主要包括目标市场、竞争者、供应商、政府及社区，以及与之相关的行业等。在目标市场方面，主要考虑的是互联网技术对消费者需求的冲击，根据新时代顾客需求特征制定新的营销战略和策略。同时，还要考虑企业的物流配送和货币支付存在的局限性。信息虽然可以全球性传播，但物流配送的范围通常是有限的，企业在做决策的时候应该充分考虑到这一点，不能盲目将目标市场的地理范围扩大。分析竞争者实施网络营销的情况，可以判断网络营销的有效性和实施方法，分析供应商、社区采用互联网的情况可以判断形势的紧迫性，是否要迅速跟进。

2. 企业内部情况分析

企业应该根据自身的产品特点、资金、人才等决定网络营销的实施，产品是最重要的考虑因素。对于软件、书籍、影视类等可以通过数字形式传播的产品，企业应该努力利用信息流来替代物流。也可以这样说，企业应该转换思维，将销售书本、光盘等实物产品转换为销售知识产权，并通过会员制，网上货币等方式回收资金。当信息、商品、资金三者都同时以数字的形式在互联网络中传输时，企业的前程是无法估量的。据估计，软件的在线销售额已经从 1997 年的 8.8 亿美元上升为2003 年的 64 亿美元。对于服务和个性化、贵重产品，由于不能或者不适合通过物流配送体系来完成物流，企业必须将传统营销和网络营销紧密结合起来，借助互联网进行营销传播，用传统营销的分销渠道和零售终端最终达成交易。对于一般商品，应该主要依靠物流配送体系来完成物流，互联网结合传统促销方式进行信息传播、网上支付和传统手段回收资金。

综上所述，网络营销可以作为一种策略整合到企业现在的业务中来，应用网络的各种优势，以提高企业自身的竞争力。

无论是传统营销还是网络营销都是企业营销战略的一部分，他们都有共同的目的——为企业创造更好的经营状况，提高企业的市场份额，增强竞争力，取得利润。只是他们实现的方式有些差别，我们在本书中将介绍网络营销在这一方面的内容，而本章讨论的企业网站建设则正是网络营销的一个核心问题。

6.1.4 网站建设与其他网络营销方法

网络营销按照是否有企业网站分为无站点网络营销和基于企业网站的网络营销。

1. 无站点网络营销

所谓无站点网络营销，是指企业没有自己建设网站，但仍然进行网络营销。无站点网络营销的方法主要包括：经由供求信息平台、分类广告、在线黄页、企业目录、网络社区等渠道进行的信息发布，以及利用网上商店或网上拍卖等方式开展网上销售。

2. 基于企业网站的网络营销

随着网络的普及和技术的成熟，基于站点的网络营销得到了迅速的发展。在这种体系下发展出了一系列的营销方法，主要有搜索引擎营销、许可电子邮件营销、网络广告、网站资源合作、病毒性营销、网络会员制营销等。

网站的存在支持着其他网络营销方法的实施，而网络营销的方法则是对网站的一个推广。网站的建设是基础性的、全局性的工作，有必要考虑到各种需求，和各种可能遇到的情况，留有充分的升级能力，从而使各种营销活动得以有效进行。

6.1.5 网站建设所面对的用户

访问企业网站的用户有很多，企业网站的主要浏览者包括：消费者、经销商、供应商、企业自己的员工，其他的浏览者还包括新闻媒体、竞争对手、政府部门等。

消费者：他们一般是已经购买或准备购买企业的产品，关心产品的零售价格、质量、售后服务等。

经销商：他们担负着分销和存储的任务，因此，除了关心消费者关心的问题之外，还关心产品的批发价格、库存、运输等。

供应商：他们主要关心企业经营的产品种类和所需要的原材料等。

新闻媒体和政府部门：他们是一种社会监督的机制，一般来说对企业的形象和产品的质量非常敏感，因此最好把各种权威的认证全都拿给他们看。此外，他们的影响力也是相当大的。

竞争对手：他们总是想尽办法搜集企业的信息，网站对信息可以进行分级，将企业的相关信息进行保护。

在建设网站的时候企业必须明确自己网站的客户定位，必要的时候可以为不同的用户开设专门的板块，提供不同的入口，以满足客户的需求。

6.1.6 企业网站的发展趋势——营销型企业网站

网站的发展经历了许多阶段，现在已经发展到营销型的网站。我们从以下几个方面来理解营销型企业网站。

1. 营销型企业网站的提出

（1）企业网站在国内发展从技术角度经历了两大发展阶段：第一阶段是以静态 HTML 为代表的企业网站建设。这个阶段 ASP、JSP、PHP 等技术尚未发展到全面应用的程度，更多的企业网站建设处于满足企业信息和产品信息的简单展示功能的程度。第二个阶段是基于各种动态网页技术迅速普及的企业网站建设的发展阶段。从这一阶段来看企业网站的发展主要表现在技术革新，大量企业网站采用动态数据库技术，实现了企业快速建站和满足了日常维护方便的需要，而在这一阶段也涌现出了更多的企业建站系统和模板建站业务模式。更进一步，许多有实力的企业开发了基于 Web 平台的信息管理系统，将原来的行政命令流为主线的业务改成了以订单流为主线的业务。只要客户在网站上提交订单，系统就会通过现有的库存、生产能力、供应情况对用户作出反应，并且对客户的历史资料和兴趣偏好进行存档和分析，提供更加迅速和人性化的服务。

（2）营销型企业网站以及营销型企业网站解决方案使得网站具备一定的营销功能，能够满足企业对网络营销的需求。在网络应用迅速发展的大环境下，营销型网站从概念和理论上一举打破了以技术为导向的企业网站发展历程。营销型企业网站解决方案是对企业营销型网站的最好诠释，我们不能够仅仅提概念、出理论，更需要的是将这种思想应用于实践。

2. 营销型企业网站的核心要素

（1）以帮助企业实现经营目标为网站建设目标。营销型企业网站一定是为了满足企业的网络营销需求，比如以面向客户服务为主的企业网站营销功能，以销售为主的企业网站营销功能，以国际市场开发为主的企业网站营销功能。以上简单列举均是以实现企业的经营目标为核心，从而通过网站这样的工具来实现其网站营销的价值。

（2）良好的搜索引擎表现。企业网站另一个重要功能是网站推广功能，而搜索引擎是目前网民获取信息最重要的渠道之一。如果企业网站无法通过搜索引擎进行有效推广，那么这个企业网站从一定程度上来讲其营销性会大打折扣，所以营销型企业网站必然要解决企业网站的搜索引擎优化问题，在营销型企业网站解决方案中，搜索引擎优化工作应该是基础和长期的工作，从企业网站的策划阶段乃至从企业网络营销的战略规划阶段就应该开始，而其又贯穿于企业网站的整个运营过程。

（3）良好的客户体验。企业网站最终面对的是客户与潜在客户或者与本公司业务有关联的任何组织和个人，如何提升企业网站的客户体验是营销型企业网站必须考虑的重要问题。客户体验在我们目前的现代营销中无处不在，比如电话营销中我们不得不重视客户体验，在面对面营销中我们不得不重视客户体验，在设计企业业务流程时不得不重视客户体验；而企业网站是一个直接面对市场主体的窗口，更需要重视其客户体验性。客户体验又是一个不太好量化的指标，更多时候是针对不同客户的感觉。我们一般从这几方面来实现一个具备良好客户体验的营销型企业网站：可用性和易用性、网站的沟通性、网站的可信度、易于传播性等方面。

（4）重视细节。细节也是客户体验中一个重要的元素，在营销型网站的流程制定、内容维护、网站管理等都需要体现出来细节问题。

（5）网站监控与管理。营销型网站的另一个因素是网站本身的监控功能与管理功能，最简单来说，网站总需要加一些流量监测的代码。

3. 营销型企业网站技术与营销的关系

摆在我们面前的一个很重要的问题，营销型企业网站是以营销为导向的，而技术处于一个怎样的地位呢？在营销型企业网站整体体系中技术是基础，同时技术也是支持营销型网站实现营销目标的一个不可或缺的重要因素。

以营销为导向的营销型网站应当如何理解呢？营销是指企业的整体营销，包括企业的传统营销和网络营销，营销型企业网站是指以营销为导向的网站建设思路，以企业营销与网络营销目标为网站营销规划与建设的指导思想，而技术则作为实现的工具。

新技术在营销型企业网站中的应用：在营销型企业网站建设过程中处处可以感受到新技术的应用所带来的营销价值，比如搜索引擎优化技术应用、HTML静态化技术的应用、以Web标准为指导的网页代码编写、基于Web的交互工具、基于Web的CRM客户系统等都在为营销型网站实现更大营销价值而服务。

以营销为导向对新技术的应用是营销型网站解决方案的一大特点，建设营销型网站既需要营销知识，又需要懂技术开发的技术人员，不把营销和技术相结合永远也无法开发出满足企业营销需要的营销型企业网站。

6.2 网站建设分析

企业进行网站建设首先要明确建设网站的目的，充分分析其需求以指导网站的建设。

6.2.1 企业网站建设的三个层次

1. 信息发布层次

在网页上提供关于企业及其产品特性的一般信息，让用户可以访问网站、浏览信息。交互性体现在企业提供了信息，而顾客通过主动输入域名、搜索或点击看到了企业网站并浏览其页面信息，这是互联网最初级的交互性。

2. 培养兴趣层次

网页内容与形式设计考虑了潜在客户的特征与需求，提供与企业行业、产品相关的各种信息，使潜在顾客访问页面后，可以通过点击按钮、搜索信息来发现兴趣点，培养对产品、公司、服务的进一步兴趣。这一层次的交互性体现在企业向顾客提供相关信息，满足顾客的兴趣需求，以吸引顾客、刺激需求；顾客通过必要的参考信息的支持，更充分地认识企业的产品并确认自己的需求。

3. 建立关系层次

企业网站运用各种 Web 交互性技术，使网站访问者可以通过数据库搜索、发送邮件、网上交谈、定购、在线付款、货物派送等方式，与企业建立起有效的商品交易信息流与物流关系。

交互层次不同，技术上就有层次差异。信息发布层次，要求具有基本的网页制作技术和网站宣传手段；培养兴趣层次，要求在网站建设中有效的结合市场调查与网站经营效果分析技术，合理设计网站内容；建立关系层次，不仅要求利用数据库、电子邮件与 BBS、网上实时付款等技术，还要求对网站的经营机制制度化。

交互层次不同，营销效果也不同。从信息沟通上看，网上营销可以给企业带来四个方面的收益，即直接、高速、低成本和信息充分，而网站交互层次不同，这些收益大小也就不同。例如：在信息发布层次，网站提供的内容有范围的限制，交互性不足，效果也受到局限，比如有利于顾客做出决策的信息就可能不足；而在建立关系层次，企业就可以快速响应顾客的问题，提供较充分的信息，优化企业形象。

从实现销售的角度来看，低层次的交互功能只能提供信息上的方便，并没有充分减少传统销售方式的整体成本，如顾客通过网站信息刺激产生购买欲望后，可能会由于要通过汇款或亲自到店铺去的精神成本或时间成本而放弃了这次购买，对于这个企业来说，这个需求就被阻碍或被流失了；而高层次的交互可以立即将顾客的需求转化为购买行为，减少了顾客需求的流失，促进了营销的实现。

6.2.2 企业网站建设的一般要素

企业网站是开展网络营销的综合性工具。一个完整的企业网站，不管复杂或简单，都可以划分为四个组成部分：网站的结构、网站的内容、网站的功能和网站的服务，下面我们分别对这些要素作一些探讨。

1. 企业网站的结构

网站的结构主要包括栏目设置、页面布局、信息的表现形式等，企业所要表达的信息都要以此为框架，只有结构设计合理才能使逻辑清晰，让用户在访问网站的时候一目了然，形成良好的浏览体验，就是我们常说的“网上冲浪”。

网站的结构设计属于网站规划中要解决的问题，是企业建站的指导方针，只有网站的结构确定了，才能够开始技术开发和网页的设计工作。

（1）网站栏目结构

栏目应该将网站的主体明确显示出来。企业可以根据本身的业务和性质把网站分成几个较大的主栏目，也叫做一级栏目。根据需要可以在一级栏目下继续划分二级栏目、三级栏目。一般来说，一个企业网站的主栏目数最好不超过八个，栏目在三层以内较为合理。既不能让信息零零散散，使用户摸不着头脑，也不能过于细分，考验用户的耐心。而根据栏目我们就可以设计相应的网站导航和网站地图，就像向导一样，用亲切的口吻向客户娓娓道来，让用户觉得自己永远都不会迷失。一般的网站栏目安排首先要注意紧扣主题，将主题按一定的方法分类并将它们作为网站的主栏目；其次要注意设立最近更新或网站指南栏目，这样即可以照顾常来的访客，让主页更有人性化，也可以帮助初访者快速找到他们想要的内容；最后就是设立可以双向交流的栏目，如论坛、留言本、邮件列表等，让浏览者留下他们的信息以及设立下载或常见问题回答栏目，便于访问者下载所需资料，及时解答访问者疑问，也可以节约自己更多时间。

目前网站栏目结构的问题主要表现在栏目设置重叠、交叉、或者栏目名称意义不明确，容易造成混淆，使得用户难以发现需要的信息。有些网站栏目过于繁多和杂乱，网站导航系统又比较混乱，这样每增加一次点击，就可能会流失浏览者，让客户等待的时间越长，损失的客户也会越多。网站导航结构的设计出发点应该是：让客户尽快找到他想要找的东西。

合理的网站栏目结构，是要能正确表达网站的基本内容及其内容之间的层次关系，能够站在用户的角度考虑，使得用户在网站中浏览时可以方便地获取信息，不至于迷失，要做到这一点并不难，关键在于对网站结构重要性有充分的认识。归纳起来，合理的网站栏目结构主要表现在以下几个方面：

①通过网站主页可以到达任何一个一级栏目首页、二级栏目首页以及最终内容页面。

②通过任何一个网页可以返回上一级栏目页面并逐级返回到主页。

③主栏目清晰明了，并且全站统一。

④通过任何一个网页可以进入任何一个一级栏目首页。

网站栏目结构与导航奠定了网站的基本框架，决定了用户是否可以通过网站方便地获取信息，也决定了搜索引擎是否可以顺利地为网站的每个网页建立索引，因此网站栏目结构被认为是企业网站优化的基本要素之一，网站栏目结构对网站推广运营发挥了极其重要的作用。实际上，网站栏目结构和导航结构已经成为企业网站的基本功，如果连这一点都无法做到的话，那么这样的企业网站必定是不专业的。

(2) 页面布局

页面布局是指在网站栏目确定之后，为了满足栏目设置的要求进行的页面设计规划，这其中主要包括：网页结构定位方式、网站菜单和导航的设置、网页信息的排放位置等。

企业网站最重要的作用在于为用户提供有价值的产品信息、顾客服务，以及为实现促销和在线销售等提供支持，所以网站应该越简单明了越好，如果过分注重外在的视觉效果，就可能适得其反。

现在界面设计简陋的企业网站越来越少，正向另一个极端发展，主要表现为网站过分注重美术效果，包括：大量采用图片，影响网页下载速度；有些网站连基本信息内容都用图片格式或者 FLASH 格式，影响基本信息获取；或者文字太小、文字颜色暗淡、采用深色页面背景，影响正常视觉等。

使用多媒体格式应该注意以下问题：

①图片和动画。如果可用可不用，则不用。

②网站的主体内容不要换成图片。能通过文字表现的效果尽量用文字表达。加入媒体内容应该谨慎。

③首页动画的问题。

我们经常会看到一些企业网站的首页是一个巨幅照片或莫名其妙的FLASH，之所以做这样的网站设计，无论是企业经营者还是网站设计人员都会说，这是表示企业形象。如果从网络营销为导向的企业网站建设思想来看，这种设计不仅不能代表企业形象，反而在很大程度上损害了企业形象。道理很简单，如果一个网站仅靠一个漂亮的网页设计就体现了企业形象，那么创建企业形象实在是太过简单了，只要雇一个网页设计人员，或者最多花几千元外包给别的公司设计一个漂亮的网站首页，这就完成了企业网上形象的工作。然而事实当然不是如此。

企业网站在首页有必要体现企业形象，但绝不是简单的依靠美工效果就可以做到的。真正能体现一个企业专业形象的是网站内在的专业品质，如用户获取信息的方便性、网站基本要素设计的合理性、网站可信度等，这些内在的要素才能真正体现其专业形象。

以用户获取信息的方便性为例，如果用户不能方便地在网站上找到自己所需要的信息，或者根本无法通过搜索引擎、分类目录等常规方法找到企业的网址，这样的企业网站即使再漂亮也无法在用户心目中树立起形象。

企业网站通常都比较重视自己的网上形象，希望通过漂亮的网站设计来体现，但过于注重外在的因素，只能适得其反。在这个问题上最好注意做到更加人性化，更加注重从客户的角度来考虑问题。

2. 企业网站的内容

一个完善的企业网站应具备以下内容：

①企业的网站架构应该是由以企业为核心的主题层次、内容分类、页面顺序等所组成。由于每一个浏览者都可能成为企业的客户，因此，网站的主题应突出对企业所想或所可以提供给客户的利益性产品或服务的详尽说明和体贴客户设计，而企业实力、规模等方面的描述则只是对主题的烘托。由此决定了在内容分类上应重点进行主题内容的渲染，在页面顺序上应优先考虑主题内容的排列。

②企业网站另一个重要的作用就是体现出企业精神、理念以及企业文化，这些在网站的建设中应该得到延伸和渗透，进而有利于树立企业形象。

③在策划过程中要兼顾企业产品营销理念和企业未来的发展规划。一个完整意义的企业网站还应该突显企业所处的行业特点，以避免浏览者从视觉或文字上对企业的行业产生误解，从而对企业的形象建立产生偏差。

④如果说网站架构是骨架，那么网站内容就是血和肉，是浏览者了解企业的关键。由于目前 Internet 受到网络传输速率等因素的影响，网站的内容务必达到精炼、准确，切不可错字累累、篇幅冗长，以确保浏览者能够在较

短时间内了解到网站的核心内容。同时还要注意对网站内容的及时更新和延伸扩展，特别是有关最新动态、企业重大活动、客户服务举措、新优惠新调整等。

网站建设过程中要注意信息的完整。网站重要信息包括：企业介绍、联系方式、产品分类和详细介绍、产品促销等，这些都是企业网站最基本的信息，但为数不少的企业网站上这些重要信息不完整，尤其是产品介绍过于简单，有些甚至没有公布任何联系方式。基于此现象提出以下建议：

①不要随意将一篇完整的文章分成多个页面，如果实在必要则必须设计好他们之间的相互连接，以确保容易访问。

②增加具体的产品或服务信息，减少笼统介绍。

③确保信息的完整性。

④产品介绍应该尽量详细，最好在每个产品的详细介绍下面加上联系方式。

⑤联系方式要鲜明。不要只留一个电话或邮件，应考虑一些在线的留言系统。如果留言不是及时处理，则不如不要。

⑥设计好常见问题解答（FAQ）。这样能帮助客户解决大部分的问题。

⑦经常更新内容。

在设计网站内容的时候应该站在客户的角度，思考客户到底需要哪些信息。通过前面章节的分析我们知道公司的现有用户和潜在用户是网站的重点照顾对象，那么就要认真分析他们需要什么信息。以一个生产电视机的企业为例，一个用户或潜在用户访问某企业网站的目的大致有几种：看看有什么新电视、对比不同规格产品的性能和价格、与其他品牌的同类产品进行对比、查询本地销售商和保修地址等，如果可以进行网上订购，用户自然也希望了解与此相关的信息，比如订货方式、支付手段、送货时间和费用、退换商品政策等。

企业网站不仅是一个有效的营销工具，还是一个获取用户需求信息的有效渠道，针对自己企业的用户开展网上调查，收集用户反馈信息，对制订营销策略具有重要的参考价值。然而，许多企业网站往往浪费了这种良好的调查机会。

3. 企业网站的功能和服务

企业网站的功能和服务可以认为是一个过程的两个阶段，网站具有了一定的功能之后才能提供相关的服务，这里我们放在一个部分来讨论。

网站不仅代表着企业的品牌形象，同时也是开展网络营销的根据地，网站建设的水平对网络营销的效果有直接影响。企业需要引起重视的是网站设计水平与企业的品牌形象要相协调，功能尽可能完善。那么，怎样才能建设一个真正有效的网站呢？

要建设一个有效的网站应该对企业网站可以实现的功能有一个全面的认识。建设一个企业网站，既不是为了赶时髦，也不是仅仅为了标榜自己的实力，重要的是在于让网站真正发挥作用，让网站成为有效的网络营销工具和网上销售渠道。一个企业网站可以实现的功能主要表现在以下八个方面：品牌形象、产品和服务展示、信息发布、顾客服务、顾客关系、网上调查、网上联盟、网上销售。

（1）品牌形象。网站的形象代表着企业的品牌形象，人们在网上了解一个企业的主要方式就是访问该公司的网站，网站建设的专业化程度直接影响企业的网络品牌形象，同时也对网站的其他功能产生直接影响。

（2）产品和服务展示。顾客访问网站的主要目的是为了对公司的产品和服务进行深入的了解，企业网站的主要价值也就在于方便地向用户展示产品说明信息，即使一个功能简单的网站至少也要相当于一本可以随时更新的产品宣传资料。

（3）信息发布。网站是一个信息的载体，只要在法律许可的范围内，可以发布一切有利于企业形象、顾客服务以及促进销售的企业新闻、产品信息、各种促销信息、招标信息、合作信息、人员招聘信息等。因此，拥有一个网站就相当于拥有了一个强有力的宣传工具。

（4）顾客服务。通过网站可以为顾客提供各种在线服务和帮助信息，比如说常见问题解答（FAQ）、在线填写寻求帮助的表单、通过聊天实时回答顾客的提问等。

（5）顾客关系。通过网络社区等方式吸引顾客参与，不仅可以开展顾客服务，同时也有助于增进顾客关系。

（6）网上调查。通过网站上的在线调查，可以获得用户的反馈信息。产品调查、消费者行为调查、品牌形象调查等，是企业获得第一手市场资料有效的调查工具。

（7）网上联盟。为了获得更好的网上推广效果，需要与供应商、经销商、客户网站以及其他内容互补或者相关的企业建立合作关系。

（8）网上销售。建立网站及开展网络营销活动的目的之一是为了增加销售，一个功能完善的网站本身可以完成订单确认、网上支付等电子商务功能，即网站本身就是一个销售渠道。

因此，当一个企业在规划自己的网站时，不仅应该明确建站的目的，还要对网站功能需求进行分析，网站的功能也决定了网站的规模和需要投入的资金。现实中的情形是，有的企业并不清楚网站的目的，也不了解需要哪些功能，却往往注重一些实际价值不高的内容，如网页美观性、价格等，结果由于网站功能设计先天不足，既浪费了金钱，又贻误了时机。如果对网站功能有充分的认识，可以少走很多弯路。

6.3 网站建设流程

建立一个网站首先要进行分析策划，其次是域名注册，并把企业的域名注册、域名解析等先期工作完成，最后才开始制作网站。大体上一个企业的网站有以下几个步骤：

（1）网站分析策划。明确网站建设的目的；确定网站服务对象；明确网站需要提供哪些服务，然后做好网站的规划工作。

（2）注册域名。域名的选定最好与企业的名称或产品等相协调，有时为了提高网站的营销作用，甚至可以采用多域名策略。互联网网址（域名）以每天上万个的速度在递增，已越来越成为商务活动不可缺少的工具之一。

（3）网站的服务器及网络的建设。即网站建设所涉及到的硬件是采用虚拟服务器、托管服务器还是独立服务器以及根据企业采用的入网方式，配备相应的网络设施。

（4）确定提供服务的种类及选用合适的服务器软件。互联网最常用的有 Web、Email、Newgroup、FTP、Gopher 等。在选择服务种类时应充分考虑各种服务的信息流量、考虑服务器的处理能力及通信宽带容量。因此，在制作企业的 Web 页面时，要选择合适的数据库后台支持。

（5）测试、评价。

（6）维护、更新。

6.3.1 网站需求分析

一个网站项目的确立是建立在各种各样的需求上面的，这些需求往往来自于客户的实际需求或者是出于公司自身发展的需要。面对网站开发拥有不同知识层面的客户，网站建设的项目负责人对用户需求的理解程度，在很大程度上决定了此类网站开发项目的成败。因此，如何更好地的了解、分析、明确用户的需求，并且能够准确、清晰的以文档形式表达给参与项目开发的每个成员，保证开发过程按照满足用户需求为目的的正确项目开发方向进行，是每个网站开发项目管理者需要面对的问题。

1. 网站开发的需求分析

需求分析活动其实本来就是一个和客户交流，正确引导客户将自己的实际需求用较为适当的技术语言进行表达以明确网站目的的过程。这个过程中也同时包含了对要建立网站的基本功能和模块的确立和策划活动。所以网站建设人员应该包括营销、技术等各方面的人员，客户、开发方的部门经理的参与也是必要的。

2. 完整的需求调查文档记录体系

在整个需求分析的过程中，按照一定的规范编写需求分析的相关文档，不但可以帮助网站开发成员将需求分析结果更加明确化，而且也为以后开发过程中做到了现实文本形式的备忘，并且有助于公司日后的开发维护。

在需求分析中需要编写的文档主要是《网站功能描述书》，它基本上是整个需求分析活动的结果性文档，也是开发工程中的主要参考文档。

3. 用户调查

在需求分析的工程中，往往有很多不明确的用户需求出现，这个时候需要调查用户的实际情况，明确用户需求。一个比较理想的用户调查活动需要用户的充分配合。调查的内容主要如下：

①网站当前以及日后可能出现的功能需求。

②客户对网站的性能要求和可靠性要求。

③确定网站维护的要求。

④网站的实际运行环境。

⑤网站页面总体风格以及美术效果。

⑥主页面和次级页面的数量，是否需要多种语言版本等。

⑦内容管理及录入任务的分配。

⑧各种页面的特殊效果及其数量（JS，FLASH 等）。

⑨网站完成时间及进度。

⑩明确网站完成后的维护责任。

4. 市场调研活动内容

通过市场调研活动，清晰的分析相似网站的性能和运行情况，可以帮助项目负责人更加清楚的构想出自己要开发的网站的大体架构和模样，在总结同类网站优点和缺点的同时项目开发人员可以积众人之长开发出更加优秀的网站。

但是，由于在实际中时间、经费、公司能力有限，市场调研覆盖的范围也有一定的局限性。因此，在调研市场同类网站的时候，应尽可能调研到所有比较出名的和优秀的同类网站，了解同类网站的使用环境与用户的不同点、相同点，同类产品所定义的用户详细需求。市场调研的重点应该放在主要竞争对手的作品或类似网站作品的有关信息上。市场调研可以包括下列内容：

①市场中同类网站作品的确定。

②调研作品的使用范围和访问人群。

③调研产品的功能设计（主要是模块构成，特色功能，性能情况等）。

④简单评价所调研的网站情况。

5. 清晰的需求分析

通过较为详细具体的用户调查和市场调研活动，项目负责人应该对整个需求分析活动进行认真的总结，将前期分析不明确的需求逐一明确清晰化，并得出一份详细清晰的总结性文档——《网站功能描述书》以作为日后项目开发过程中的主要依据。

《网站功能描述书》包含以下内容：

①网站的功能 。

②网站的用户界面。

③网站运行的软硬件环境 。

④网站的系统性能定义 。

⑤网站的系统软件和硬件接口 。

⑥确定网站的维护要求。

⑦确定网站系统空间的租赁要求。

⑧网站页面的总体风格及美工效果。

⑨主页面及次页面的大概数量。

⑩管理及内容录入任务的分配。

⑪各种页面的特殊效果及其数量。

⑫网站的完成时间及进度。

⑬明确网站完成后的维护责任。

当然，读者可以根据自身情况加以借鉴吸收利用。重要的是能够根据本公司的情况，系统规范此类文档并做好保存和收集，相信对公司以后其他网站项目的进行以及公司自身实力的增强都会有很大帮助。

6.3.2 建站方式选择

企业建站的方式归结起来有两种：自行建站和委托建站。自行建站就是由企业自身承担网站建设的任务，这要求企业有雄厚的资金实力和具有较高素质的专门网络技术部门。这种方式的优点是能够很好的符合企业需求，保密性好，维护容易；缺点就是成本较高。委托建站就是其他公司帮助企业完成相关的或部分的网络建设任务。与自行建站相反，委托建站对资金和企业员工的网络技术要求并不是很高，但在需求符合、保密性、可维护性方面都要相对差一些。企业可以根据自身的情况来进行权衡。

6.3.3 建站方案详细设计

1. 建设网站目的及功能定位

企业建立网站，只有把网站做成企业和客户之间的有效纽带，才能真正发挥其作用。企业的网站应该关注于自己特定的客户群，通过多种形式和客户保持着沟通，吸引着自己的用户不断地和企业网站进行交互，从而起到加深客户关系、了解客户需求、提供优质服务、加强广告和展示效果的作用。

（1）网站信息发布系统

网站信息发布系统是将网页上的某些需要经常变动的信息，比如新闻、新产品发布和业界动态等更新信息集中管理，并通过信息的某些共性进行分类，最后系统化、标准化发布到网站上的一种网站应用程序。网站信息通过一个操作简单的界面加入数据库，然后通过已有的网页模板格式与审核流程发布到网站上。它的出现大大减轻了网站更新维护的工作量，通过网络数据库的引用，将网站的更新维护工作简化到只需要录入文字和上传图片，从而使网站的更新速度大大缩短，在一些专门的网上新闻站点，新闻的更新速度已经缩短到五分钟一更新，从而大大加快了信息的传播速度，也吸引了更多的长期用户群，时时保持了网站的活动力和影响力。

（2）产品展示发布系统

产品展示发布系统是将网页上的新产品分类别的系统化、标准化的发布到网站上的一种网站应用程序。前台用户可通过页面浏览查询，后台管理可以管理产品价格、简介、样图等多类信息。前台可将产品分为几大类别，浏览者可按类别、名称、价格等关键字对产品进行搜索查询，查询结果列表显示。后台设置管理员维护界面，可对每个产品信息进行编辑，设定产品图片，可按产品的类别、型号、内容等对产品进行查询、修改、增加、删除，产品类别的动态管理使后台维护界面一旦添加类别、添加产品种类，前台就可以实时显现。

通过网络数据库的引用，可以方便、快捷、高效的更新和维护网站经常需要更新的信息。

留言板提供了一个公共的信息发布平台，特别适用于作为企业内部个人办公助手以及企业与企业之间进行信息交流。在 Internet 上储存留言资料，方便查阅，使得随时随地查询信息的移动办公成为可能。

（3）BBS（论坛系统）

BBS 是网站中信息多、人气旺的地方，好的 BBS 可以吸引相当数量的访问者，同时也担负着网站对外宣传、发布消息、收集客户反馈的重任，是网站、单位内联网必不可少的一部分。

（4）网上购物系统

网上购物系统是在网络上建立一个虚拟的购物商场，避免了挑选商品的烦琐过程，使您的购物过程变得轻松、快捷、方便，很适合现代人快节奏的生活；同时又能有效的控制运营的成本，开辟出了一个新的销售渠道。

网上购物系统可以对会员、非会员同时进行购物管理，实现标准的购物车功能（分为修改、继续购物、清空、结算四个状态），可对购物车在结算之前任意进行查询和修改，购物过程支持网上结算，购买者可依据订单号查询订单状态（已收到订单、已收到货款、已发货、已送达收货人等状态）。在后台设置的管理员维护界面中，管理员可在首页设定打折商品或推荐商品，可设定会员购买折扣，可对订单状态进行跟踪和管理（修改状态、删除订单），可查询当日新增加订单和所有订单。

（5）会员管理

浏览者在线填写注册表格，经系统审核后成为网站会员，页面填加登录验证功能，前台会员可自行维护个人注册信息，可对个人注册信息进行修改和删除，如遗忘密码可在线查询密码，后台设置会员管理界面，管理员可对会员信息进行分类查询（日期、姓名）、删除。网站的内容针对会员进行个性化设置，可针对会员级别显示不同内容，会员可选定针对自己的个性化页面设计，后台管理界面可对会员依据一定规则（例如：性别、年龄段、所在地区、购物累计等）进行分类统计，可设定会员级别，支持会员级别依据规则自动升级。

（6）在线调查

在线调查系统就是在网络上完成对某些问题的调查，并且统计调查的结果。适用于利用 Internet 开展各种调查的用户。

（7）全文检索

数据库全文检索是按照不同条件，如标题、栏目、正文、作者、发布日期等对数据库中的文章进行检索，并可按照一定的排序方式罗列出来。非常适合应用了新闻发布系统的网站。

（8）访问统计报告（计数器）

对网站访问者的情况进行统计，有利于网站建设者掌握网站受欢迎的情况，及时调整网站内容和功能。是否需要计数器可根据实际情况而定。

（9）在线反馈

在线反馈系统用于用户从网上获取各种客户的反馈信息，客户反馈系统几乎是所有网站必备的工具，客户可将意见与信息通过填写简单的表单来传递，填写完毕后可直接递交到邮箱或数据库。

以上这些功能是企业网站作为网络营销综合性工具发挥作用的基础，网络营销功能越完善，对于网络营销效果越有价值，但并不是说一个网站只具有这些功能，企业网站的每一种网络营销功能都可以通过多种技术功能和形式表现出来，因此无论是一般的企业网站、电子商务网站，还是专门提供网上营销服务的网站，都可以具有丰富的功能。尤其是考虑到将功能作为网站推广的策略之一，则更有必要在网站功能方面多下一些功夫，对网站功能的投入实际上也相当于减少后期对网站推广的费用。

2. 网站技术解决方案

网络技术日新月异，细心的读者会发现许多网页文件扩展名不再只是“. htm”，还会有“. php”、“. asp”、“. jsp”等，这些都是采用动态网页技术制作出来的。

早期的动态网页主要采用 CGI 技术，CGI 即 Common Gateway Interface（公用网关接口）。用户可以使用不同的程序编写适合的 CGI 程序，如 Visual Basic、Delphi 或 C/C++等。虽然 CGI 技术已经发展成熟而且功能强大，但由于编程困难、效率低下、修改复杂，所以有逐渐被新技术取代的趋势。

下面介绍几种目前常用的技术：

（1）PHP

PHP 即 Hypertext Preprocessor（超文本预处理器），它是当今 Internet 上最为火热的脚本语言之一，其语法借鉴了 C、Java、PERL 等语言，但只需要很少的编程知识你就能使用 PHP 建立一个真正交互的 Web 站点。

它与 HTML 语言具有非常好的兼容性，使用者可以直接在脚本代码中加入 HTML 标签，或者在 HTML 标签中加入脚本代码从而更好地实现对页面的控制。PHP 提供了标准的数据库接口，数据库连接方便，兼容性强、扩展性强、可以进行面向对象编程。

（2）ASP

ASP 即 Active Server Pages，它是微软公司开发的一种类似 HTML（超文本标识语言）、Script（脚本）与 CGI（公用网关接口）的结合体，它没有提供自己专门的编程语言，而是允许用户使用许多已有的脚本语言编写 ASP 的应用程序。ASP 是在 Web 服务器端运行，运行之后再将运行结果以 HTML 格式传送至客户端的浏览器。因此 ASP 与一般的脚本语言相比，要安全得多。

ASP 的最大的好处是可以包含 HTML 标签，也可以直接存取数据库及使用无限扩充的 ActiveX 控件，因此在程序编制上要比 HTML 方便而且更富有灵活性。通过使用 ASP 的组件和对象技术，用户可以直接使用 ActiveX 控件，调用对象方法和属性，以简单的方式实现强大的交互功能。

但 ASP 技术也非完美无缺，由于它基本上是局限于微软的操作系统平台，主要工作环境是微软的 IIS 应用程序结构，又因 ActiveX 对象具有平台特性，所以 ASP 技术不能很容易的实现在跨平台 Web 服务器上工作。

（3）JSP

JSP 即 Java Server Pages，它是由 Sun Microsystem 公司在 1999 年 6 月推出的新技术，是基于 Java Servlet 以及整个 Java 体系的 Web 开发技术。

JSP 和 ASP 在技术方面有许多相似之处，不过两者来源于不同的技术规范组织，这使得 ASP 一般只应用于 Windows NT/2000 平台，而 JSP 则可以在 85% 以上的服务器上运行，而且基于 JSP 技术的应用程序比基于 ASP 的应用程序易于维护和管理，所以被许多人认为是未来最有发展前途的动态网站技术。

虽然以上 3 种新技术在制作动态网页上各有特色，但目前都已经过时，只是适用于广大个人主页的爱好者及个人制作。对于专业开发者来说，建议尽量使用最新的 asp. net 技术进行网站建设，asp. net 语言大幅度地加快了网站运行速度，asp. net 做的网站在稳定性、速度方面都会大大超过以上几种技术。asp. net 的扩展名是“. aspx”。

3. 网站策划

网站策划是网站建设成败的关键因素之一。网站策划可以使网站思路清晰合理，界面友好，网站营销作用强。其需要注意以下方面：

人性化：通过引导性文字语言、图形语言、个性互动等方式，使网站平台更利于客户浏览，以吸引并留住客户。

方便性：网站操作要简单、易用，内容分布合理，符合客户的行为习惯。

控制性：网站在建立客户行为权限控制方面，必须符合公司业务规则，根据不同的客户类型产生不同的权限。

交互性：建立异步沟通系统（帮助中心、留言板、操作指南等）方便客户与网站之间沟通，建立同步沟通系统（即时聊天、电话反馈等）达到即时双向沟通目标。

界面友好性：适合的界面对于客户点击欲望的提升和印象指数的提升效果明显，网站界面是客户与网站交流的重要载体，在这点上网站策划师需要与网站设计师协作实现。

（1）设计前要有筹划

设计主页也许并不是很困难。但这一工作与编制传统的宣传品一样，需要谨慎处理和筹划。换言之，首先需要确定自己要传达的主要信息，然后仔细斟酌，把所有意思合情合理地组织起来。其次是设计一个页面式样，试用于有代表性的用户。最后是重复修订，务求尽善尽美。

（2）选择内容要有新鲜感

网上会不断有新事物出现，每天都有新花样。如果企业主页从不改变，用户很快会厌倦。因此网页内容的选择要不落俗套，要重点突出一个“新”字，这个原则要求在设计网站内容时不能照抄别人的内容，要结合自身的实际情况创作出一个有新意的甚至独一无二的网站。所以，在设计网页时，要把功夫下在选材上。选材要尽量做到“少”而“精”且又突出“新”，如能坚持及时更新的话，相信这样的网页一定会受到用户的欢迎。

（3）内容相对实用性大

一个网页尽管设计得趣味盎然，引人入胜，但这不是吸引用户的最好理由。要想最大限度地留住用户首要的是要让它有用处。这样做的一个很简单的办法是提供相互参与，让读者做一些事情，如报名获取定期发送的通讯，并用某种方式报答他们的参与，每周抽奖或给予下载一些东西的机会等。

4. 网页设计

（1）网页命名要简洁

一个网站不可能就是由一个网页组成，它会有许多子页面。为了能使这些子页面有效地连接起来，并能给这些子页面起一些有代表性的而且简洁易记的网页名称，因此在给网页命名时，最好使用自己常用的或符合页面内容的小写英文字母，这样既会有助于你以后方便的管理网页，在向搜索引擎提交你的网页时也更容易被别人索引到。

（2）确保页面的导览性好

主页的其中一个很重要的功能就是作为导航工具，指引用户查阅你存储在网址或其他地点的信息。因此在设计主页的时候，应尽量使导览过程变得很轻松。基于清晰明确和速度的考虑，主页上的超级链接内容应只限于几个高级的类别，例如公司、产品、服务等。一般一个A4页面大小的网页用6~8个超级链接比较合适。此外，你还要保证超级链接的层数不要太多，超过4层以上的链接信息将会使人感到厌烦。因此，需要在广度和深度之间求取平衡。如果你的网址上有太多信息，你可能要制作较长的页面或使用更多链接层数，甚至可能要建立多个主页，使每个主页载有不同的信息。如果能够让用户在主页上以关键字或词语查找所需的信息，肯定会受用户欢迎。

（3）善用表格来布局

不要把一个网站的内容像作报告似的一二三四地罗列出来，要注意使用表格把网站内容的层次性和空间性突出显示出来，使人一眼就能看出你的网站重点突出，结构分明。

（4）合理设计视觉效果

不必在页面上填满图像来增加视觉趣味。尽量使用彩色圆点——它们较小并能为列表项增加色彩活力（并能用于彩色列表）。彩色分隔条也能在不扰乱带宽的情况下增强图形感。另外网页设计好后，一定要在不同类型的浏览器和不同分辨率的情况下测试网页，例如许多浏览器使用 640×480 的分辨率，尽管在 800×600 高分辨率下一 些 Web 页面看上去很具吸引力，但在 640×480 的模式下可能会黯然失色。作一点努力，设计一个在不同分辨率和不同类型的浏览器下都能正常显示的网页。

（4）排版时要注意细节

别轻易让文字居中和使用粗体或斜体字符。除了视感混乱之外，很多浏览器不能很好地支持斜体字，也不能补偿由于字母倾斜引起的空白变化。利用短的段落、加点列示、适当的整块引用文字、水平线分节、影像、地图等指引主要连接，使你的页面能吸引人和容易阅读。另外需要提醒的是，不要把重要的内容排版放到网页的结尾，因为读者的视线可能停留在主页上面较多一点，或者有些读者没有耐心往下看那么远。

（6）为图片添加说明文字

给每幅图形加上文字的说明，这样，在图形出现之前就可以看到相关内容，尤其是导航按钮和大图片更应如此。这样一来，当网络速度很慢，不能把图像下载下来时或者用户在使用文本类型的浏览器时，照样能阅读网页的内容，以后用户在访问你的站点时就会有一种亲切的感觉，认为你心细，比较善解人意，时时刻刻为他人着想，相信你的好心会有好报的。

（7）多使用图像缩微图

比如有一张 800×600 像素的1600 万色扫描图，所占空间约为50K。使用 PhotoShop 这一类的图像编辑工具对原图进行重新取样，如高度为 100 像素（为确保浏览器能即时以合适的大小显示图像，高度和宽度很重要。也许为了达到你自己的要求你得进行调整才能找到最适合的大小，但可以从高度除以 4~6 开始），PhotoShop 会自动计算新图像的宽度。保存新图像，它的大小现在应为 8K 或更小。然后在源文件中添加这样一段 HTML 代码：< img src = " http：//www. 5dfly. com/big. jpg" lowsrc = " http：//www. 5dfly. com/small. jpg" width = " 800" height = " 400" >，那么浏览器在解释执行 Lowsrc 命令时，将要求浏览器在真正的画面载入以前先装载低分辨率的图像，这样就会让访问者清楚地知道将会出现什么样的图片。

（8）不宜使用太多的动画

大家都喜欢用 GIF 动画来装饰网页，它的确很吸引人，但我们在选择时，是否能确定必须用 GIF 动画，如果答否，那么就选择静止的图片，因为它的容量要小得多。同样尺寸的 LOGO，GIF 动画的容量有 5K，而静止 LOGO 的只有 3K。虽然只有 2K 之差，但数量多起来，就会影响下载的速度，所以，如果有些不是必须的，就选择最小的。

案例

对于 B2B 电子商务来说，阿里巴巴在这方面已经做得是很出色了，就网页设计布局来说，不论从整体结构、页面的相互关系、页面分割、页面对比、页面和谐哪一个角度去分析，阿里巴巴的网页设计都是专业的也是深入的。

阿里巴巴是全球 B2B 电子商务的著名品牌，是目前全球最大的商务交流社区和网上交易市场。也许是取决于“良好的定位、稳定的结构、优秀的服务”，阿里巴巴如今已成长为全球首家拥有 210 万商人的电子商务网站。成为全球商人网络推广的首选网站。

下面让我们来对阿里巴巴的网页设计布局进行分析：

阿里巴巴中国站（china. alibaba. com）被 google 收录的中文网页数量 2006 年 8 月份数据为 5 320 000，不仅从被收录的网页数量上来说，要远远高于同类网站的平均水平，更重要的是，阿里巴巴的网页质量相对较高，潜在用户更容易通过搜索引擎检索发现发布在阿里巴巴网站的商业信息，从而为用户带来更多的商业机会，阿里巴巴也因此获得更大的网站访问量和更多的用户。

1. 从整体结构看

设计作品的整体效果是至关重要的，在设计中切勿将各组成部分孤立分散，那样会使画面呈现出一种枝蔓纷杂的凌乱效果。点开阿里巴巴的网站，访问者可以很快的查找到自己所要寻找的信息，理由是它的每个页面都有独立的标题，并且网页标题中含有有效的关键词，每个网页还有专门设计的 META 标签，而且图形和文本层叠有序，框架结构明显。从整体上看，网站上的图片不是很多，因为它知道搜索引擎读不出来图片的信息和内容。

2. 从页面的相互关系看

阿里巴巴的各组成部分在内容上的内在联系和表现形式上的相互呼应非常明确，兼顾到了整个页面设计风格的一致性，并且在搜索引擎搜索信息的情况下，阿里巴巴将它的主要业务放在了整个框架的最左边也就是搜索引擎最关注的地方，它抓住了搜索引擎的在搜索信息的特点。实现视觉上和心理上的连贯，使整个页面设计的各个部分极为融洽。

3. 从页面分割的角度看

分割，是指将页面分成若干个小块，小块之间有视觉上的不同，这样可以使观者一目了然。阿里巴巴在这方面就做的也很出色。它在信息量很多时，把关键词列出来，将画面进行了有效的分割，使关注者更清楚地知道关键词的背后就是他所要的信息。所以网页设计中有效的分割可以被视为对于页面内容的一种分类、归纳。

4. 从页面对比的角度看

对比就是通过矛盾和冲突，使设计更加富有生气。对比手法有很多，例如：多与少、曲与直、强与弱、长与短、粗与细、疏与密、虚与实、主与次、黑与白、动与静、美与丑、聚与散等。阿里巴巴在网页设计中无论是颜色、文本信息、文字大小、格式等都无可非议，因为它给人的感觉是很协调很舒服的。

5. 从页面和谐的角度看

和谐是指整个页面符合美的法则，浑然一体。如果一件设计作品仅仅是色彩、形状、线条等的随意混合，那么作品将不仅没有“生命感”，而且也根本无法实现视觉设计的传达功能。和谐不仅要看结构形式，而且要看作品所形成的视觉效果能否与人的视觉感受形成一种沟通，产生心灵上的共鸣。这是设计能否成功的关键。打开阿里巴巴的网页一开始给人有点单一的感觉，因为它的色彩不是很鲜明，但是从整体角度再看就会发现它的颜色和线条的搭配让人的视觉效果和它的网页达到一种想沟通的效果，尤其是它框架两边的空白部分从美学角度可以说明两点：一是显示阿里巴巴企业的卓越，二是显示网页品味的优越感。所以从整体上体现出了网页的格调。

从阿里巴巴能够做到今天这样的成就，可以看出它在每一个方面专业化深入的程度。

6.3.4 网站建设方案实施

首先我们要注册一个或多个域名，当然这也可以在很早之前就进行，因为要防止域名可能会被抢注。

其次是服务器的准备，可以是虚拟空间、主机租用、主机托管、独立服务器。

最后就是美术与程序的设计，在这个过程中美术和程序要相互协调，不断进行测试和沟通，这些又要建立在企业的需求之上，所以设计人员和其他部门也要不断进行协调、沟通，使网站不断得到修正。

6.3.5 网站性能测试

1. 网站功能测试

（1）链接的测试

链接是Web应用系统的一个主要特征，它是在页面之间切换和指导用户去一些不知道地址的页面的主要手段。链接测试可分为三个方面：第一，测试所有链接是否按指示的那样确实链接到了该链接的页面；第二，测试所链接的页面是否存在；第三，保证Web应用系统上没有孤立页面。所谓孤立页面是指没有链接指向该页面，只有知道正确的URL地址才能访问。

链接测试可以自动进行，现在已经有许多工具可以采用。链接测试必须在集成测试阶段完成，也就是说，在整个Web应用系统的所有页面开发完成之后才能进行链接测试。

（2）表单的测试

当用户给Web应用系统管理员提交信息时，就需要使用表单操作，例如用户注册、登陆、信息的提交等。在这种情况下，我们必须测试提交操作的完整性，以检验提交给服务器的信息的正确性，例如：用户填写的出生日期与职业是否恰当，填写的所属省份与所在城市是否匹配等。如果使用了默认值，还需要检验默认值的正确性。如果表单只能接受指定的某些值，则也要进行测试。例如：只能接受某些字符，测试时可以跳过这些字符，看系统是否会报错。

（3）Cookies的测试

Cookies通常用来存储用户信息和用户在某应用系统的操作，当一个用户使用Cookies访问了某一个应用系统时，Web服务器将发送关于用户的信息，把该信息以Cookies的形式存储在客户端的计算机上，这可用来创建动态和自定义页面或者存储登陆等信息。

如果 Web 应用系统使用了 Cookies，就必须检查 Cookies 是否能正常工作。测试的内容可包括 Cookies 是否起作用，是否按预定的时间进行保存，刷新对 Cookies 有什么影响等。

（4）设计语言的测试

Web 设计语言版本的差异可能引起客户端或服务器端严重的问题，例如使用哪种版本的 HTML 等。当在分布式环境中开发时，开发人员都不在一起，这个问题就显得尤为重要。除了 HTML 的版本问题外，不同的脚本语言，如 Java、JavaScript、ActiveX、VBScript 或 Perl 等也要进行验证。

（5）数据库的测试

在 Web 应用技术中，数据库起着重要作用，数据库为 Web 应用系统的管理、运行、查询和实现用户对数据存储的请求等提供空间。在 Web 应用中，最常用的数据库类型是关系型数据库，可以使用 SQL 语言对信息进行处理。

在使用了数据库的 Web 应用系统中，一般情况下，可能会发生两种错误，分别是数据一致性错误和输出错误。数据一致性错误主要是由于用户提交的表单信息不正确造成的，而输出错误主要是由于网络速度或程序设计问题等引起的，针对这两种情况，可以分别进行测试。

2. 网站性能测试

（1）连接速度的测试

用户连接到 Web 应用系统的速度根据上网方式的变化而变化，他们或许是使用电话拨号，或是宽带上网。当下载一个程序时，用户可以等较长的时间，但如果仅仅访问一个页面就不会这样。如果 Web 系统响应时间太长（如超过 5 秒），用户就会因没有耐心等待而离开。

另外，有些页面有超时限制，如果响应速度太慢，用户可能还没来得及浏览内容，就需要重新登陆了。而且，连接速度太慢，还可能引起数据丢失，使用户得不到真实的页面。

（2）负载测试

负载测试是为了测量 Web 系统在某一负载级别上的性能，以保证 Web 系统在需求范围内能正常的工作。负载级别可以是某个时刻同时访问 Web 系统的用户数量，也可以是在线数据处理的数量。例如：Web 应用系统能允许多少个用户同时在线？如果超过了这个数量，会出现什么样的现象？Web应用系统能否处理大量用户对同一个页面的请求？

负载测试应该安排在Web系统发布以后，在实际的网络环境中进行测试。因为一个企业的内部员工，特别是网站建设项目组人员总是有限的，而一个Web系统能同时处理的请求数量将远远超出这个限度，所以，只有放在Internet上，接受负载测试，其结果才可能是正确可信的。

（3）压力测试

进行压力测试是指实际破坏一个Web应用系统来测试系统的反映。压力测试用来测试系统的限制和故障恢复能力，也就是测试Web应用系统会不会崩溃，在什么情况下会崩溃。黑客常常提供错误的数据负载，直至Web应用系统崩溃，接着当系统重新启动时获得存取权。压力测试的范围包括表单、登陆和其他信息传输页面等。

3. 可用性测试

（1）导航测试

导航描述了用户在一个页面内的操作方式，它可以在不同的用户接口控制之间，如按钮、对话框、列表和窗口等，也可以在不同的连接页面之间。通过考虑下面的问题，可以决定一个Web应用系统是否易于导航：导航是否直观，Web系统的主要部分是否可通过主页进行存取，Web系统是否需要站点地图、搜索引擎或其他的导航帮助。

在一个页面上放太多的信息往往会起到与预期相反的效果。Web应用系统的用户趋向于目的驱动，他们常常是很快的扫描一个Web应用系统，看是否有满足自己需要的信息，如果没有，就会很快离开。很少有用户愿意花时间去熟悉Web应用系统的结构，因此，Web应用系统导航帮助要尽可能准确。

导航的另一个重要方面是Web应用系统的页面结构、导航、菜单、连接的风格是否一致。确保用户凭直觉就能够类推出Web应用系统里面是否还有内容，内容在什么地方。

Web应用系统的层次一旦决定，就要着手测试用户导航功能，让最终用户参与这种测试，效果将更加明显。

（2）图形测试

在Web应用系统中，适当的图片和动画应用既能起到广告宣传的作用，又能起到美化页面的功能。一个 Web 应用系统的图形可以包括图片、动画、边框、颜色、字体、背景、按钮等。图形测试的内容有:

①要确保图形有明确的用途，图片或动画不要胡乱地堆放在一起，以免浪费传输时间。Web 应用系统的图片尺寸要尽量地小，并且要能清楚地说明某件事情，一般都会链接到某个具体的页面。

②验证所有页面字体的风格是否一致。

③背景颜色应该与字体颜色和前景颜色相搭配。

④图片的大小和质量也是一个很重要的因素，一般都采用 JPG 或 GIF 两种格式。

(3) 内容测试

内容测试用来检验 Web 应用系统提供信息的正确性、准确性和相关性。信息的正确性是指信息是可靠的还是误传的。比如，在商品价格列表中，错误的价格可能引起财政问题甚至导致法律纠纷。信息的准确性是指是否有语法或拼写错误。这种测试可以通常使用一些文字处理软件来进行，例如，使用 Microsoft Word 的“拼音与语法检查”功能。信息的相关性是指是否在当前页面可以找到与当前浏览信息相关的信息列表或入口，也就是一般 Web 站点中的所谓“相关文章列表”。

(4) 整体界面测试

整体界面是指整个 Web 应用系统的页面结构设计，应该给用户的一个整体感。例如，当用户浏览 Web 应用系统时是否感到舒适，是否凭直觉就知道要找的信息在什么地方，整个 Web 应用系统的设计风格是否一致。

对整体界面的测试过程，其实是一个对最终用户进行调查的过程。一般 Web 应用系统采取在主页上做一个调查问卷的形式，来取得最终用户的反馈信息。

对所有的可用性测试来说，都需要有外部人员（与 Web 应用系统开发没有联系或联系很少的人员）的参与，最好是最终用户的参与。

4. 网站兼容性测试

(1) 平台测试

市场上有许多不同的操作系统类型，最常见的有 Windows、Unix、Macintosh、Linux 等。Web 应用系统的最终用户究竟使用哪一种操作系统，取决于用户系统的配置。这样，就可能会发生兼容性问题，同一个应用可能在某些操作系统下能正常运行，而在另外的操作系统下可能会运行失败。因此，在Web系统发布之前，需要在各种操作系统下对Web系统进行兼容性测试。

（2）浏览器测试

浏览器是Web客户端最核心的构件，来自不同厂商的浏览器对Java、JavaScript、ActiveX、Plug－ins或不同的HTML规格有不同的支持。比如，ActiveX是Microsoft的产品，是为Internet Explorer而设计的，JavaScript是Netscape的产品，Java是Sun的产品等。另外，框架和层次结构风格在不同的浏览器中也会有不同的显示，甚至根本不显示。不同的浏览器对安全性和Java的设置也不一样。

测试浏览器兼容性的一个方法是创建一个兼容性矩阵。在这个矩阵中，测试不同厂商、不同版本的浏览器对某些构件和设置的适应性。

5. 网站安全测试

Web应用系统的安全性测试范围主要有：

（1）现在的Web应用系统基本上是采用先注册，后登陆的方式。因此，必须测试有效和无效的用户名和密码，要注意到是否大小写敏感，可以试多少次的限制，是否可以不登陆而直接浏览某个页面等。

（2）Web应用系统是否有超时限制，也就是说，用户登陆后在一定时间内（例如30分钟）没有点击任何页面，是否需要重新登陆才能正常使用。

（3）为了保证Web应用系统的安全性，日志文件是至关重要的。需要测试相关信息是否写进了日志文件、是否可追踪。

（4）当使用了安全套接字时，还需要测试加密是否正确，检查信息的完整性。

（5）服务器端的脚本常常构成安全漏洞，这些漏洞又常常被黑客利用。所以，还要测试没有经过授权，就能在服务器端放置和编辑脚本的问题。

6.3.6 网站维护

作为企业，建立系统安全管理和系统使用管理制度尤为重要，到目前为止，大多数网站事故不是由于技术的不成熟，而是因为工作人员在意识上没有重视网站维护的重要性造成的。

当然，技术对于网站维护是关键性的。因此，企业应在技术上更加努力。

（1）数据备份。现代企业对数据的依赖性越来越强，一旦发生大规模的信息丢失或泄露会对企业造成致命的打击，所以备份是企业抵御风险的一个必备措施。

（2）网站优化。如果企业已经有网站了，但是网站没有达到想要的效果怎么办？我们应当定期进行网站优化，使我们的网站结构和内容在面向浏览者和搜索引擎时更友好，从而达到方便网站推广和浏览者检索的目的。

（3）网站改造。随着网络技术的发展以及网站服务器环境的改变，企业原有网站可能会出现兼容性、整体视觉、功能实现等方面的缺陷。网站改造将迅速弥补以上不足。

（4）企业信息更新。企业网站应该成为企业的信息发布平台，利用这个已经建立的工具为自身树立良好而持续的互联网形象，从而也提高自身在互联网用户心中的可信度。

（5）产品与服务更新。在企业运营过程中，总会有产品或者服务更新、价格及其他变动的情况出现，将这些信息及时发布于自己的网站上，能创造和掌握更多的互联网商机。

（6）日常数据监控。针对在线交互性的企业网站，我们要定期监控站点论坛、留言板及专题评论等交互区域的信息回馈，删除无用信息。

6.4 企业网站建设的一般原则

1. 企业网站第一原则：目的性

（1）企业建设网站必须有明确合理的建站目的和目标群体。企业网站是面对客户、供应商、消费者还是全部？主要目的是为了介绍企业、宣传某种产品还是为了试验电子商务？如果目的不是唯一的，还应该清楚地列出不同目的的轻重关系。企业建设网站包括类型的选择、内容功能的规划、界面设计等各个方面都受到目的性的直接影响，因此目的性是一切原则的基础。

（2）建站的目的应该是经过成熟考虑的，包含几大要素：目的应该是定义明确的，应该清楚主要希望谁来浏览，具体要做哪些内容，提供怎样的服务，达到什么样的效果。

在充分考虑了目的和目标群体的特点以后，再来选择建设网站的类型，并相应安排适当的信息内容和功能服务。在信息内容和功能服务的安排上，还应该避免大而全的十全大补丸式、贫乏空洞的八股文式以及选材偏离主题的常见错误。

2. 企业网站第二原则：专业性

信息内容应该充分展现企业的专业性特征。

（1）对外介绍企业自身，最主要的目的是向外界介绍企业的业务范围、性质和实力，从而创造更多的商机。主要包括：

①应该完整无误的表述企业的业务范围（产品、服务）及主次关系。

②应该完整的介绍企业的地址、性质、联系方式等。

③尽可能提供企业的年度报表，这将有助于浏览者了解企业的经营状况、方针和实力。

④如果是上市企业，提供企业的股票市值或者提供连接到专门财经网站的链接将有助于浏览者了解企业的实力。

（2）提供行业内的信息服务，这些信息服务应具备以下特性：

①全面性：对所在行业的相关知识、信息的涵盖范围应该尽量全面，尽管内容本身不必做得百分百全面。

②专业性：所提供的信息应该是专业的、有说服力的。

③时效性：所提供的信息不能是过时的、失效的，这才能保证信息是有用的。

④独创性：具有原创性、独创性的内容更能引起重视和得到认可，有助于提升浏览者对企业本身的印象。

⑤所提供的信息是容易检索的。如果企业的客户、潜在客户是包含不同语系的，还应该提供相应的语言版本，至少应该提供通用的英语版本。

3. 企业网站第三原则：实用性

网站提供的功能和服务应该是切合浏览者实际需求的且符合企业特点的。网站提供的功能和服务必须保证质量，主要包括：

（1）每个服务必须有定义清晰的流程，每个步骤需要什么条件、产生什么结果、由谁来操作、如何实现等都应该是清晰无误的。

（2）实现功能服务的程序必须是正确的、纠错的、能够及时响应的。

（3）需要人工操作的功能服务应该设有常备人员和相应责权制度。

（4）用户操作的每一个步骤完成后应该被提示当前处于什么状态。

（5）服务成功提交以后的响应时间通常不应超过整个服务周期的10%。

(6) 当功能较多的时候应清楚定义相互之间的轻重关系，并在界面上和服务响应上加以体现。

4. 企业网站第四原则：易操作性

界面设计的核心是让用户容易操作，主要包括：

(1) 层次性：条理清晰的结构表现为网站板块划分的合理性，板块的划分应有充分的依据并且是让用户容易理解的；不同板块的内容应尽量做到没有交叉和重复，共性较多的内容应尽量划分到同一板块内；在最表层尽量减少划分的板块数量，通常控制在4~6个比较合适。划分后的结构层次不宜过深，通常不超过3层为佳。在安排层次的时候要充分考虑用户的操作，比较常用的信息内容、功能服务应该尽量放到更浅的层次以减少用户点击次数。信息内容的获取和功能服务的过程都应该尽量将所需要进行的步骤控制在3~5步以内，不得不需要更多步骤的时候应该有明确的提示。

(2) 一致性：页面整体设计风格的一致性体现在整体页面的布局和用图用色风格的前后一致。功能一致性体现在完成同样的功能应该尽量使用相同的元素。元素风格一致性体现在界面元素的美观风格、摆放位置在同一个界面和不同界面之间都应该是一致的。

(3) 精简性：每个界面的调出时间应该在可以接受范围之内（3秒以内），当必须耗用较长的时间时应该有明确提示并最好有进度显示。当不同的方式能够达到相同或近似的效果时，总是应该选取令客户访问或使用更简单快捷的方式。主要界面尽量不超过浏览器高度的2倍，大量信息内容尽量不超过浏览器高度的5倍，如果超过，应该使用页内定位或者进行分页。命名应该是简洁的、定义清晰的、易理解且不易混淆的；对于目标群体而言，尽量不使用较为生僻的词语，如果必须要，则应给出容易理解的解释。

在建设网站的易操作性时还应注意以下方面：

①具有明确的导航条和网站地图提供的快速导航操作。

②错误或者无效的链接是界面设计的大忌之一。

③重要的信息应该放在突出的位置上，常用的功能则应该放到容易操作的位置上。

④针对目标群体的需要应充分考虑浏览器兼容性、字体兼容性和插件流行程度等。

⑤对于专业的术语、复杂的操作等应有直接而容易理解的帮助。

⑥简单有效的个性化有助于增强界面的易操作性。

⑦在风格允许的情况下，可以适当增强交互操作的趣味性和吸引力。

5. 企业网站第五原则：艺术性

网页创作本身已经成了一种独特的艺术。网页创作从某种意义上来说可以被称为“eye ball work”，即要达到吸引眼球的目的，再结合界面设计的相关原理，就形成了一种独特的艺术，这使得企业网站的页面设计应该满足：

（1）遵循基本的图形设计原则，符合基本美学原理和排版原则。

（2）对于主要和次要对象的处理符合排版原理。

（3）全站的设计作为一个整体，应该具有整体的一致性。

（4）整体的视觉效果特点鲜明。主要包括：页面版式结构；用色；线条和构图；配图的精细、美观程度；元素风格；整体的气氛表达；字体的选用等。

整体设计应该很好的体现企业 CI。整体风格同企业形象相符合，适于目标对象的特点。

6. 企业网站第六原则：性能

网站正常的访问性能，访问速度，取决于服务器接入方式和接入带宽、摆放地点、硬件性能和页面数据量、网络拥塞程度等诸多方面的因素。如果目标群体不止本地，则还应考虑地理因素造成的性能下降。可容纳的最大同时请求数，取决于服务器性能、程序消耗资源和网络拥塞程度等因素。

企业网站的性能主要包括：

（1）稳定性：平均无错的运行时间。

（2）程序性能：响应请求并运行得出结果的平均时间。

（3）错误的检测和拦截。

（4）安全性：关键数据的保护，如用户数据。

（5）功能服务的正常提供。

（6）网站的防攻击能力。

（7）对异常灾害的恢复能力 。

7. 企业网站第七原则：常维护更新

网站的最大特点是它总是不断更新、变化的。网站的不断更新是其具有生命力的源泉之一。对于基本信息型网站，更新的重要性最为明显，通常为基本信息型网站信息更新的重要性大于多媒体广告型网站，多媒体广告型网站信息更新的重要性大于电子商务型网站。网站更新指标包括：

（1）信息维护的频度。

（2）信息更新的数量和质量。

（3）改版频度 。

（4）影响维护的一个重要元素是网站界面和功能开发所选用的技术。

8. 企业网站第八原则：发挥作用

网站必须被访问和使用才有价值。再好的网站，如果没有人访问和使用也是毫无价值的。域名的设计是企业网站的重要元素，域名应该尽量容易理解和记忆，并且尽量简短；当难以简短的时候，宁愿放弃无意义或者难以理解的字符数字组合而选用稍长一点的域名。另外，还应注意以下几点：

（1）域名设计应该充分考虑目标群体的特点，比如，如果要做到国际化，域名包含汉语拼音显然是不可取的。

（2）域名应该尽量有意义并反映网站实质作用，一定要做到没有歧义。

（3）企业网站应该出现在企业常备的名片、目录、信封里。

（4）企业网站应该出现在企业的各种广告里。

（5）登陆搜索引擎是一种行之有效的推广方法，在常用大型搜索引擎登录，设计更准确和全面的关键词，可以增加被正确检索的机会。

（6）与同类或者相关类型企业网站结为联盟或者结成伙伴关系，也有利于网站有针对性的推广。

（7）结合企业本身的宣传推广活动和促销活动加强网站上的宣传和利用。

（8）企业网站可以针对其目标群体特点采用一些其他的推广方法，如座谈会等。作用比较突出的甚至包含品牌形象的网站也可以采用单独广告投入的方式进行宣传，如网上银行、网上酒店等。

9. 企业网站第九原则：反教条

原则是为目的服务而不应成为教条。任何原则都是因目的而制定的，如果所采用的方法确实能够更好的达到目的，那就不必受原则本身的约束。每一项指标在不同的网站都有不同的重要性，根据实际情况可降低其重要程度甚至舍弃；同样，对达到目的更具意义的指标可以相应提高。多媒体广告型网站是一个特别的类型，因为广告思维本身常常是打破常规的，因此对于多媒体广告型网站有些原则并不实用，但是这种类型的网站仍应遵循目的性、性能需求、维护需求和发挥作用性原则。

本章小结

本章对企业网站进行了定位、分析和建设流程的介绍，较为系统的介绍了网站建设所涉及到的问题，但是网络是一个飞速发展的事物，我们必须不断关注它最新的发展，学习它，使用它。但有一些内容是不变的，即企业网站建设一定要以自身业务为导向，以客户为核心，不做浪费时间和精力的事情。从一开始就要明确自身网站建设的目的，绝不要为了建设而建设。

还有，本章的目的是引导读者的思路，更多的时候是在想要做什么，至于具体是怎样操作的只做了简要的阐述。对于想要深入了解该领域的读者，请继续阅读更多专业的书籍和资料。

第7章　网络营销的常用方法

企业的网络营销需要通过各种相应的网络营销方法来实现，因此探讨网络营销的方法是网络营销的主要组成部分。常用的网络营销方法包括企业网站营销、搜索引擎营销、许可Email营销、病毒性营销、Blog营销、网络论坛营销以及网络广告和网上市场调查等。本章将介绍这些网络营销常用方法及一般效果。

7.1　企业网站营销方法

企业网站是企业实现网络营销的基础，也是网络营销的重要工具，没有专业化的企业网站作为依托，网络营销的方法和效果就会受到很大的限制，因此以网络营销为导向的企业网站的建设是网络营销策略的基本任务。企业网站在网络营销中起到了信息发布、信息沟通、提供交互性服务功能、市场调研、在线交易等作用，同时也是展示企业文化和品牌形象的窗口。企业想要通过自身网站来挖掘潜在顾客，实现销售的增加，那么企业网站营销就要兼顾为网络营销服务和营销网站自身两个方面。这一节将会介绍企业网站营销的方法和具体案例。

7.1.1　网络直销

网络直销就是指企业通过网站直接接触客户，客户可以利用企业网站提供的在线订货系统直接向企业下订单，企业在明确客户的需求后迅速做出回应，并向客户直接发货，甚至可以做到“按需定制”。这种营销模式由于消除了中间环节，减少了不必要的成本和时间，同时还降低了库存，因此是一种效果比较好的网络营销方法。其中，戴尔公司是利用企业网站进行网络直销取得成功的经典范例。

相对于传统的营销模式，尤其是线下渠道分销，网络直销模式具有其他销售模式所无法比拟的优势。根据网络直销的定义，我们可以总结出，网络直销相对于传统的线下渠道分销具备以下这些优点：

(1) 直接面对客户，减少中间环节。网络直销与传统的渠道分销最本质的不同在于，网络直销是企业与客户一对一、面对面的销售模式，企业通过其完善的在线定购系统，有效并明确地了解客户的需求，并将产品直接销售给客户。这种营销模式绕开了传统渠道分销中的各级分销商，从而有效地节省了庞大的中间成本和时间，加快了产品的销售和更新周期，并且避免了渠道控制的不确定性，为企业带来强大的竞争力。

(2) 根据客户个体需求，提供个性化服务。网络直销的另一个特点在于，它可以为客户提供差异化的个性服务，可以完全按照客户的实际需求为客户提供相应的产品和服务，使每个客户都可以得到对自己而言性价比最高的产品和服务，提高客户的满意度，从而提高客户的忠诚度。这样既避免了传统渠道分销中产品的无差异性，同时也吸引了客户的注意力并激起了客户的购买欲望。

(3) 能够提供相对较低的价格，吸引更多潜在客户。由于网络直销相对于传统渠道分销可以节约大量的成本，那么企业就可以在相等的条件下为客户提供相对其他竞争者更为低廉的价格，为产品带来强大的价格优势，吸引更多的消费者和潜在客户。

虽然网络直销具有强大的优势，但是，需要了解的是，在中国这个特殊的大环境中，网络直销同样也具有一些局限性和劣势：

(1) 无法触及到许多通讯不发达的地区。在中国这个特殊的大环境下，许多不发达地区完全不具备直销所需要的条件。现在迅速增长的乡镇消费市场以及这一市场对直销的诸多限制，为直销带来了一定的困难和劣势。

(2) 地域的扩展造成直销成本的增加。在直销模式中，客户代表扮演着一个比较重要的角色。但是，有时客户代表在销售任务的压力下，会将大订单拆分为众多的小订单；有时也会为了帮助客户争取较低的价格而将小订单合并到大订单之中。这样，随着地域的扩展，直销的管理成本、物流成本、营销成本也都会增加。

企业如何利用网站进行网络直销？企业如果想要进行网络直销，就需要建立其完善的直销系统，主要包括以下几个方面：

(1) 企业网站要建立起完善的订货系统。网络直销的精髓在于一对一的面向客户的直接销售，因此，高效、完善的订货系统是网络直销成功的基础。企业网站应该为每一位客户提供专业的、便捷的、个性化的订单服务，以保障能够最准确地了解客户的需求，为客户提供满意的服务。同时，有能力的企业，还可以开通一些辅助订货系统，如免费订货热线等，以丰富消费者的订货渠道，方便客户多渠道订购产品，从而吸引更多的顾客。

（2）企业网站要建立起完善的在线支付系统。客户订购完需要的产品后，就需要企业的网站能够为客户提供快捷、安全、有效的支付方式，因此就需要企业建立起一套完善的在线支付系统，为消费者提供便利。企业在建立在线支付系统的时候，应注意为客户提供尽量多的支付方式，并且提供尽量完善的银行卡在线支付。目前，国内有些知名企业网站的网上商城只能提供极少数银行卡的在线支付，这样会在很大程度上影响消费者的购买行为，甚至让本已“煮熟的鸭子”飞走。

（3）企业要建立起完善的物流配送系统。物流是当前电子商务面临的主要瓶颈之一，当客户的购买行为结束后，企业就应该考虑如何尽量快速地把产品送到消费者的手中。这就需要企业建立起完善的物流配送系统，无论是企业自建物流，还是委托第三方物流公司，企业都应该尽力保障货物配送的快速、高效。

（4）企业要建立起完善的在线售后服务系统。网络直销由于没有下级分销商，因此当消费者买到的产品出现问题时，会主要通过在线的方式来解决困难，这就需要企业建立其完善的在线售后服务系统，委任专门的技术人员 24 小时在线解决问题或通过电话服务帮助客户解决问题。良好的售后服务是建立起良好客户关系的基础，能够增强客户的品牌忠诚度，为企业节省挖掘潜在客户的成本。

（5）企业要建立起良好的信誉。网络直销最重要的就是要建立起良好的信誉，要为客户提供标准化的产品和服务，并要保障产品的质量。

网络直销最为典型的范例就是戴尔公司的网络直销模式，戴尔公司依靠其成功的直销模式，在短短的二十年时间内就成长为全球一流的计算机生产商。

案例　　戴尔公司成功的直销模式

戴尔公司于1984 年由迈克尔·戴尔创立，总部设在得克萨斯州奥斯汀，是全球领先的IT产品及服务提供商，其业务包括帮助客户建立自己的信息技术及互联网基础架构。受益于独特的直接经营模式，戴尔在全球的产品销量高于任何一家计算机厂商，并因此在财富500强中名列第25位。

戴尔的成功受益于它独特的直接经营模式，即直销模式。戴尔的理念非常简单：按照客户要求制造计算机，并向客户直接发货，使公司能够最有效和明确了解客户需求，继而迅速做出回应。这个直接的商业模式消除了中间商，这样就减少了不必要的成本和时间，让戴尔公司更好地理解客户的需要。戴尔公司为客户提供电话定购一对一咨询服务，帮助用户明确用途，选择最适合机型，并为客户设立详细档案，价格完全公开化，客户购买可通过网站或免费电话下单，产品直接出厂，质量能够得到完全保证。戴尔公司的"客户中心"拥有精通多种语言的技术支持工程师，通过电话解决客户技术问题成功率达75%以上，为直销的快捷与便利提供了有力保障。这种直接模式允许戴尔公司能以富有竞争性的价位，为每一位消费者定制并提供具有丰富配置的强大系统。通过平均四天一次的库存更新，戴尔公司能够把最新相关技术带给消费者，而且远远快于那些运转缓慢、采取分销模式的公司。

戴尔公司从设计、开发、生产、营销、维修和支持一系列从笔记本电脑到工作站的个人计算机系统，每一个部分都是根据客户的个别要求量身订制的。戴尔的直销是一对一、点对点的销售模式，也就是倾听客户最直接的需求，并利用业界标准的电脑配件产品与全方位的服务直接为客户提供个性化的服务，避免第三方的干预。网上订单处理既加快了速度，又加强了数据处理的准确性，为公司下一步的采购和生产做好铺垫。虽然戴尔还同时提供电话订购，但其产品通过电话订购的价格比通过公司网站订购的价格高出很多，从而促使消费者通过其网站购买戴尔的产品。

正是这种成功的直销模式和理念，使戴尔公司在短短的二十年时间内成长为全世界最大的计算机供应商，造就了戴尔公司的成功。

7.1.2 网站促销

在网络营销活动的整体策划中，网上促销是其中极为重要的一项内容。网上促销是指以Internet为媒介向虚拟市场传递有关产品的服务信息，引发需求，引起消费者购买欲望和购买行为的各种活动，以辅助和促进消费者对商品或服务的购买和使用。

1. 网上促销的目的

(1) 增加产品的销售;

(2) 新上市的产品的促销;

(3) 换季或即将淘汰的产品的处理;

(4) 滞销产品或瑕疵产品的处理;

(5) 吸引更多客户，提高客户的品牌忠诚度。

2. 网上促销的特点

与传统促销方式相比，网络促销在时间和空间观念上、在信息传播模式上以及在顾客参与程度上都发生了较大的变化。因此，网络营销人员需要深刻理解网络促销的特性，制订有效的网络促销策略。网络促销具有以下特点:

(1) 时间和空间的无限性。互联网的出现消除了时间和空间对传统促销方式的限制，消费者可以在任意的时间和地点在网上购买自己需要的商品。因此，商家就要不分时间和空间地开展网上促销活动，抢占先机。时间和空间的拓展要求企业在开展网络营销的同时还要调整自己的促销策略和具体实施方案。

(2) 信息传播方式的虚拟性。多媒体信息处理技术使得商家和消费者不需要面对面的打交道，买卖双方通过一种双向的、快捷的、虚拟的信息传播方式，就能完全表达双方的意愿，这也使消费者的选择更为理性。

(3) 竞争的无界性。由于互联网消除了地域的限制，消费者在互联网上可以掌握到全球所有商家的产品信息，包括产品的属性、价格等因素，消费者可以在进行多方面的对比后选择自己认为最具有性价比的产品。这就要求商家要采取更为有效的促销方式来保证自己的竞争力，以争取到更多的顾客。

(4) 促销方式的多样性。由于互联网技术以及多媒体技术的快速发展，网上促销的方式也越来越多样化，商家需要针对自己的目标消费群，采取他们更容易接受、更为喜爱的促销方式。

3. 网上促销常用策略

(1) 广告促销。广告促销也就是网络广告，即利用网站上发布的各种网络广告，使消费者注意到商家进行的各种促销活动，并进一步引导消费者购买企业的产品。常用于广告促销的网络广告形式主要是旗帜广告和弹出式广告等。

（2）折价促销。折价亦称打折、折扣，是指企业对标价或成交价款实行降低部分价格或减少部分收款的促销方法，折价促销是目前网络营销活动中最常用的一种促销方式。由于网络营销相对于传统的销售模式可以节约大量的成本，如铺面租金、税收等，使得网络营销相对于传统销售最大的优势在于可以提供更为低廉的价格，这也是网上购物吸引消费者的主要原因之一。因此，折价促销对商家来说是必不可少的，即提供给消费者相对于线下购买更为低廉的价格来吸引消费者。目前大部分网上销售商品都有不同程度的价格折扣，如淘宝、易趣、卓越等网上商店都有不同程度的折价商品。

折价券是直接价格打折的一种变化形式，有些商品因在网上直接销售有一定的困难性，便结合传统营销方式，可从网上下载、打印折价券或直接填写优惠表单，到指定地点购买商品时便可享受一定优惠，如 KFC 和麦当劳的电子优惠券，为广大消费者提供了便利的同时也宣传了公司的网站。

网上还有一种变相折价促销，指在不提高或稍微增加价格的前提下，提高产品或服务的品质、数量，较大幅度地增加产品或服务的附加值，让消费者感到物有所值。由于网上直接价格折扣容易造成降低了产品品质的怀疑，利用增加商品附加值的促销方法会更容易获得消费者的信任。

折价促销虽然可以帮助企业提高产品的销售量，但是不当的折价促销也会给企业带来一些负面的影响和效果，企业在进行折价促销时应该注意四个不宜：

①不宜盲目折价。盲目折价，可能造成虚假需求。在一定时期内，消费需求是理性的、周期性的，是量入为出的。而“打折风”却可能导致消费者购买行为紊乱，产生“置后”和“提前”购买行为，结果买了许多过些时候才用得上或者根本就用不上的商品。这种虚假需求往往给企业一个错觉：本产品有销路，市场潜力大，可以尽量生产。而一旦投资扩大生产规模后，这才发现消费需求并非如此，吃亏的最终还是企业。打折造成的“虚假繁荣”，极不利于产品结构的调整。

②不宜频繁折价。频繁折价，必然会折掉形象特色。根据边际效应原理：如一个人饿了，吃第一个馒头时感觉最香，吃第二个时感觉一般，吃第三个时会觉得不是滋味，吃第四个时会产生厌恶感。随着折价活动次数的增加，对顾客的吸引力会逐渐缩小。为增大诱惑力，就需要不断加大打折幅

度，并经常性采取降价策略，结果企业或是亏本赚吆喝或是搞假折价，顾客或是产生“商品贵”的印象，或是与处理劣质品联想在一起，最终折掉的是产品形象。即使低价能买到市场占有率，但买不到顾客的忠诚，因为他们可以随时转向另一个价格更低的竞争对手。

③不宜竞相折价。竞相折价，最终会引发效益滑坡。企业此起彼伏地使用削价的手段来增加顾客流量和购买人数，会使顾客产生等待再削价时再来购买的心理。顾客这种观望和等待态度，会迫使企业一步步地延长削价的时间，增加削价的幅度，从而降低利润率。

④不宜虚假折价。虚假折价，会导致市场鱼目混珠。在折价风潮中，有些企业钻了我国法律不太健全、监督机制不太完善的空子，发布虚假打折的广告，如商品本来原价，谎称折价；仅有个别商品折价，谎称全部商品折价；老商品折价，谎称新上市的商品折价让利；一种商品九折，谎称全部五~九折。这就是不公平竞争的表现形式。

折价促销是一把双刃剑，尽管效果立竿见影，但其代价也是十分昂贵的，企业必须慎重对待，方可用其所长，避其所短。企业在实施打折促销时，不仅需要明确每次打折的行动目标，精心选择最佳时机和确定具体方式，而且需要严格遵守法规法纪，加强对打折商品的操作管理，并在事前认真做好效果预测，事后做好效果评估和经验总结，为今后类似活动提供良好借鉴。

（3）“免费”促销。在互联网中，“免费（free）”一词被使用的频率最高。而免费促销主要分为两种，一种就是上面提过的变相折价促销，消费者以原有价格或略高的商品价格购买一样商品的同时，可以“免费”得到商家提供的附加产品或服务。例如，在戴尔的免费促销活动中，消费者在特定的时间段内，在戴尔的网站购买指定型号的产品，就可以享受戴尔提供的免费升级 CPU 的服务。另一种是网站的免费资源促销，所谓免费资源促销就是通过为访问者无偿提供访问者感兴趣的各类资源，吸引访问者访问，提高站点流量，并从中获取收益。目前的门户网站大都是使用免费资源促销，即为客户“免费”提供他们需要的信息服务，提高网站流量，从而为网站带来高额的广告收入。

企业网站采取免费资源促销要注意以下问题，首先要明确提供免费资源的目的是什么，其次要考虑提供什么样的免费资源。作为企业网站，提供免费资源一般是为了提高网站流量，从而将点击率转化为销售额的增加，因此，企业就应该提供一些本行业的专业知识和动态信息，并且有针对性地提供一些目标消费群所感兴趣的资源，来吸引潜在客户。

（4）网上赠品促销。赠品促销是指消费者在购买特定种类的商品时可以得到商家额外提供的赠品。一般情况下，在新产品推出试用、产品更新、对抗竞争品牌、开辟新市场情况下利用赠品促销可以达到比较好的促销效果。赠品是刺激顾客购买较有效的直接方法，相比没赠品的商家，消费者多数愿意选择有赠品的商家，而且有受欢迎的赠品时，消费者还会向自己的朋友介绍，这对商家的销售会有一定的提升。

赠品促销有很多优点，可以提升品牌和网站的知名度，鼓励人们经常访问网站以获得更多的优惠信息，还可以根据消费者索取获赠的热情程度而总结分析营销效果和产品本身的反应情况等。

企业在选择赠品时要注意：不要选择次品、劣质品作为赠品，这样做只会适得其反；明确促销目的，选择适当的能够吸引消费者的产品或服务；注意时间和时机，注意赠品的时间性，如冬季不宜赠送只在夏季才能用的物品；赠品要在能接受的预算内，不可过度赠送赠品而造成营销困境，一般赠品成本约为购买金额的2%～4%。

企业在具体运作赠品促销时，应特别注意促销技巧，巧妙的促销技巧可以帮助企业取得良好的销售效果和声誉，反之，如果促销技巧不当的话，会给企业的信誉造成严重的损害，造成适得其反的效果。企业在运作赠品促销时应注意以下促销要点：

①先声夺人：广告信息准确发布。在施行赠品促销之前，广告宣传的工作便是头等大事了，如果把赠品促销活动比作是一场战争的话，那么，未雨绸缪的广告宣传就是“逢山开路，遇水架桥”的先锋部队。广告宣传的策划必须符合本次赠品促销的目标消费群体的地域、人口分布、购买习惯、兴趣偏好等特征。有的放矢的把促销地点、方式方法、促销原因、赠品推荐等讯息发布出去。

②引人入胜：突出赠品的独特卖点。送赠品的目的是通过赠品吸引消费者购买企业的产品。因此，为了吸引顾客，必须要给你的赠品取一个响亮的“大号”，叫起来既要响亮还要朗朗上口，最重要的是还得与产品的独特卖点挂钩。如宝洁在策划海飞丝洗发水赠品时，对于要送出的赠品中的一本薄

荷海飞丝洗发指导手册时，就为其命名为“清凉海飞丝至酷洗发”秘笈。

给赠品取名字时，必须首先摸清楚促销的目标消费群体喜欢什么，对什么敏感，最近有那些热点使他们关注，然后将这些元素与售卖产品本身的核心利益相结合，作为成品的独特卖点。

③理性为先：凸显促销赠品价值。在通过赠品吸引消费者前来光顾促销和到卖场购买的策划中，商品本身为消费者提供的利益已经不再是唯一的诱惑点了。在激烈的市场竞争下，同规格、同功效品质相近的同类产品挤在一起时，消费者有很大的选择空间。这时，凸显你的赠品价值就显得非常有必要了。如某公司在一次赠卡促销的宣传中这样说到，不要小看了这张优惠卡，当你开始使用后，它就会为你节省购买50元商品的现金。

④情感助阵：适当渲染赠品价值。当赠品价值比较廉价或者普通时，就需要对产品进行适当的炒作宣传。比如，宝洁公司某产品在促销时，促销的赠品只有两样东西，一个是价格不贵的相架，另一个是一把正反两面印有夏季如何有效防止紫外线照射及保护皮肤的护理小方法的太阳型纸扇。在宣传时把小纸扇放在主要的位置宣传：“只要购买其中的任何一款产品，你就将获赠缤纷夏日防止紫外线护理秘籍太阳扇一把，保护您娇嫩的皮肤！同时我们还将给您意外的惊喜，您还能获得温馨无限的‘浓情相架’一个，它可以随意折叠随身携带，使您随时捕获精彩时刻。”

炒作价值和夸大价值不同。夸大价值是直白的告诉你这件赠品价值多少钱，过分的夸大令人难以信任。而适当的炒作赠品价值则需要从赠品的使用利益与情感利益等方面进行炒作。

⑤强化概念：赠品是附加值的体现。在进行赠品促销时，一些企业往往把概念颠倒了过来，或者说概念没有完全弄清楚。企业在宣传口径上常常这样说到：只要您购买了多少价值的产品你就能获得什么样的赠品。这样往往给到消费者一种他支付的价值里面包括了赠品价值的概念。假设换一种口径来宣传：我们这次促销的价格在同类产品里是很优惠的了，而且，为了感谢您的光顾，我们公司还将免费赠送礼品。后一种说法更能打动消费者，因为强调了“免费”这两个字，本来意思没有差别的两种说法，在感觉上效果却是天壤之别。

⑥欲擒故纵：设置悬念造成紧张感。在依靠赠品促销的活动中这种手法是很重要的。比如，企业会在广告中告知消费者“本活动自今日起截至××

月××日，赠品数量有限，时间有限。”以此达到催促消费者实施购买的目的。所以，在经过对赠品和活动本身的宣传后，在赠品对目标消费群体具有了一定吸引力后，采用限量赠送的方法时，会对消费者造成更大的吸引力，使想要购买的用户趋之若鹜。

（5）网上抽奖促销。抽奖促销是网上应用较广泛的促销形式之一，是大部分网站乐意采用的促销方式。抽奖促销是以一个人或数人获得超出参加活动成本的奖品为手段进行商品或服务的促销，网上抽奖活动主要附加于调查、产品销售、扩大用户群、庆典、推广某项活动等。消费者通过填写问卷、注册、购买产品或参加网上活动等方式获得抽奖机会。例如，图7－1为爱普生的一次抽奖促销活动，凡是在活动时间内购买爱普生指定型号产品的消费者，就可以登陆爱普生官方网站进行注册，并且可以参加爱普生的“乐透发发发”抽奖活动，就有可能得到一只价值5 000元的24k的黄金猪摆件或888元的现金大奖。

图7－1 爱普生（EPSON）的抽奖促销

开展网上抽奖促销活动时应注意：奖品要有诱惑力，可考虑用大额超值的产品吸引人们参加；活动参加方式要简单化，因为目前上网费偏高，网络速度不够快，以及浏览者兴趣不同；网上抽奖活动要策划得有趣味性和容易参加，太过复杂和难度太大的活动较难吸引顾客；抽奖结果要保证公正公平性，由于网络的虚拟性和参加者的广泛地域性，对抽奖结果的真实性要有一定的保证，应该请公证人员进行全程公证，并及时通过 Email、公告等形式向参加者通告活动进度和结果。

企业开展抽奖促销活动要注意以下几点：

①选择合适的活动主题。好的活动主题的选择是促销活动成功的基础，活动的主题应根据企业想要促销的产品特性，以及该产品目标消费群的特点进行选择。

②选择合适的活动时间。活动的时间同样也要根据产品的特点和消费人群来选择。例如，好记星的活动一般是选择在考试时间和开学时间，牢牢把握住了消费者消费心理。

③确定活动的目的。企业应根据自身的发展状况和长期战略，来确定活动的目的是以品牌宣传为主，还是以销售产品为主。一般情况下，大公司主要以宣传品牌为主，老产品也是这样，而中小型企业和刚上市的产品主要是以提升销量为主。

④奖项的设置要根据目标消费群来量身定做。企业在进行奖项设置时，首先要了解目标消费群喜欢什么，对什么感兴趣，其次根据消费者的兴趣来设置奖项。例如，一次针对时尚年轻人的产品促销，就可以把奖项设置为明星演唱会的门票，这样就会对消费者有很大的吸引力。

（6）网上积分促销。积分促销在网络上的应用比起传统营销方式要简单并易操作。网上积分活动很容易通过编程和数据库等来实现，并且结果可信度很高，操作起来相对较为简便。积分促销一般应设置价值较高的奖品，消费者可通过多次购买或多次参加某项活动来增加积分，并可以根据自己的积分获得相应的奖品。积分促销可以增加上网者访问网站和参加某项活动的次数，可以增加上网者对网站的忠诚度，可以提升活动的知名度等。

（7）网上联合促销。联合进行的促销活动称为联合促销，联合促销的产品或服务可以起到一定的优势互补、互相提升自身价值等效应。如果应用得当，联合促销可起到相当好的促销效果，如汽车生产商可以和润滑油公司进行联合促销。

联合促销无论是在成本费用、促销效果，还是企业知名度等方面，都可以为企业带来优势：

①联合促销的成本费用由各方分摊，不但降低了各方促销的投资，而且

可能收到更好的效果。如全日美实业（上海）有限公司、北京汇联食品有限公司、美国雅培制药有限公司等婴幼儿产品企业曾联合举办了免费爱心大礼包赠送活动。包中有“嘘嘘乐”免洗尿裤4片，“汇力多”婴儿苹果泥1瓶，“雅培”奶粉试用装1包，“五月花”面巾纸试用装1包。这种多家企业联合起来派送的样品包，费用由几家公司分摊，花钱少而效果好。

②联合促销有时能获得单独促销无法获得的效果。武汉市中南商业大楼的布匹销售专柜，曾专门请了几名技术高超的裁缝在其旁边开设“店中店”，此举吸引了很多消费者前去买布，因为可以就近请好裁缝为自己量体裁衣。有的消费者干脆请裁缝做自己买布的参谋，不但布匹销售增加了不少，裁缝店生意也非常火暴，这种联合促销达到了单独促销无法达到的效果。

③名牌商品的联合促销，可以借对方产品的知名度为自己增加新的消费群。摩托罗拉曾与桑塔纳联手合作，购买汽车的用户都可获得摩托罗拉DSP车载免提通话系统及手机1部。上海汽车工业销售总公司华北分销中心总经理丁吉庆说，“上汽”与摩托罗拉公司的这种捆绑合作，目的在于通过不同产业间名牌产品的组合，以品牌的震撼力激活各自的市场。

④弱势品牌如果能与强势品牌联合促销，可借对方的知名度提高自己的形象，带动弱势品牌的销售。要做到这一点，弱势品牌在合作中通常要付出更高的代价。现实中，有的厂家把自己滞销品牌的折价券，放进畅销品牌的包装中或包装上，发送给消费者。还有的洋超市在收银机的账单纸带反面，印上另一家生意萧条的电影院购买电影票的折价券，不但促销了电影票，对超市的销售也有一定好处。

但是，联合促销也有自己的缺点：

①联合各方所承担的费用难以商定，利益冲突较难摆平，相互关系较难处理。

②促销活动的时间、地点、内容和方式较难统一，各方都希望选取对自己最有利的促销时间、地点、内容和方式。

③促销活动开始后，各方为了把顾客吸引到自己周围，或提高自己产品的销量，有可能互相拆台，使合作伙伴成为竞争对手。

④在联合促销活动中，要突出本企业或本企业产品的特色，有一定难度。

企业在联合促销活动时还应注意以下这些事项：

①签订完善的联合促销协议书或合同书，是联合促销成功最基本的前提。

②联合促销成败的关键是选准合作对象。如果有一方的产品不能被消费者接受，就会影响其他各方产品的销售；只要有一方企业形象或品牌形象不佳，就会影响其他各方的企业形象或品牌形象；促销中如果有一方玩“猫腻”，就会破坏整体促销效果。

③联合促销比较适合促销价位较低的商品。像可口可乐与大家宝薯片的“绝妙搭配好滋味”促销活动，风靡了2000年整个夏季。对于商品房、轿车等高档商品，人们的购买行为极其谨慎，简单的捆绑销售效果一般不理想。

④联合促销中很难做到利害关系完全均等，能否调节好各方合作关系，也是决定成败的一个关键。

7.1.3 互动式营销

互动式营销是指利用网站的互动性，与用户进行互动交流，了解客户的需求，及时得到客户的反馈，从而为客户提供优质的服务，并且使用户参与到产品的设计、开发、生产、销售的整个流程，提高用户的品牌忠诚度，为企业带来经济利益。亚马逊书店的互动式营销就是其中的经典范例。

1. 互动式营销的特点

(1) 通过互动了解客户需求。互动式营销通过与客户在线的互动，与客户之间的交流更为频繁和深刻，能够最直接地了解到客户的需求，从而为顾客提供最适合他们的、最贴近他们需要的产品和服务，这样就可以为企业吸引到更多的顾客，提高产品的销量，从而增加企业的收益，为企业带来丰厚的利润。

(2) 及时得到客户的信息反馈。由于网站工作人员及时和客户进行在线的沟通和交流，可以最快速、最及时地得到客户对产品和服务的信息反馈，从而保证企业能够及时为客户提供相应的咨询和服务，并及时了解客户对产品的满意程度以及对产品的意见和建议等，企业可以根据从客户那里得到的反馈及时进行战略调整。一方面，可以提高客户对企业品牌的忠诚度；另一方面，在现在市场经济分秒必争的竞争压力下，可以不断地提高企业在市场中的竞争力，确保自己的竞争优势。

(3) 使客户对产品产生责任感。由于互动式营销是企业在聆听了客户的需求以及意见、建议后，为客户提供的满足他们需求的、根据他们要求的产品和服务，因此，客户会对这样的产品产生一定的责任感，就会感觉自己也是产品的设计者，从而会对产品产生更浓厚的兴趣以及更特殊的感情。客户可能不仅自己会购买该产品，同时也会推荐自己亲近的人购买，这样也就免费为企业挖掘了一部分潜在客户。

2. 互动式营销的方法

（1）利用企业网站论坛。企业在进行互动式营销时，首先要利用网站论坛与客户进行交流，在论坛开辟用户专区，用户可以在论坛提出自己的问题，发表自己的意见和建议，这样企业可以及时得到用户的反馈，供企业决策使用。但需要注意的是，企业应该安排专职的论坛维护人员，能够及时地对用户的问题作出回应。

（2）利用即时通信工具。对于互动式营销来说，免费的即时通讯工具无疑是网络营销的好帮手。以腾讯 QQ 来讲，企业可以建立自己的 QQ 群，然后安排专职的在线服务人员，即时地跟用户沟通交流，以得到最快的信息反馈。

（3）利用电话服务热线。热线电话永远是企业不可或缺的营销工具，企业应开通专门的服务热线，安排专职的电话接线员 24 小时为用户服务。

案例　　亚马逊的互动式营销

亚马逊是目前全世界最大的 B2C 网站，也是全世界最大的网上书店，为了发挥网络媒体的特长，更好地拉近与消费者的距离，该公司采用了互动式的营销方法，起到了很好的促销作用。

1. 开辟讨论区，展开互动

为了与传统书商竞争，亚马逊长年在网站上开辟读者讨论区，鼓励消费者（读者）在讨论区上就任何一书发表自己的评论、意见，参与讨论。

另外，为了进一步发挥网络的优势，亚马逊还经常邀请一些书的作者、出版商上网与读者、网民展开“面对面的对话”交流。此举不但大大调动了公众参与的积极性，使得网站访问流量大增，而且使得传统图书零售商所搞的那些作者现场签名售书活动相形见绌，因为后者在所涉及人群和范围等方面根本无法与前者抗衡。

同时，公司、出版商、作者可以通过这种互动式的交流，了解公众兴趣，为“生产”下一步更加适销对路的“产品”奠定基础。

2. 创建“互动式小说”平台

创建“互动式小说”平台是亚马逊又一极好的互动式营销举措。亚马逊曾邀请两度普利策奖（被称为新闻和纪实报告创作方面的诺贝尔奖）得主 John Updike 为小说《谋杀造就了杂志》撰写开头，并发布于网站上，由网民来自由续写。

由于小说开头惊心动魄，一下子调起了所有公众的胃口。人们都急于想知道下文，纷纷猜测故事的结局，上网看的人和参与续写的人都十分活跃。

另外，亚马逊还宣布每天在续写者中评选出一名优秀作者，奖励1 000美元，这样，所有上网参加者都有机会获得1 000 美元的大奖。由于策划得当、宣传有力，参加者人潮汹涌，仅 44 天就有 40 万人踊跃投稿，大获成功。

最后，全书由 John Updike 定稿，在亚马逊网站上正式发行。结果极大地调动了公众参与和创作的热情，同时也获得了极好的销售效果。

7.1.4 会员制营销

会员制营销又称“俱乐部营销”，是指企业以某项利益或服务为主题将用户组成一个俱乐部形式的团体，通过提供适合会员需要的服务，开展宣传、销售、促销等活动，培养企业的忠诚顾客，以此获得经营利益。

会员制营销主要是将有特定需求的客户群体凝聚为一个集体的形式，因此，其主要具有俱乐部所具有的一些特有功能。

1. 会员制营销功能

（1）社交功能。社交是俱乐部营销中一个很重要的功能，社交功能可以促进俱乐部会员之间的相互交流和往来，会员可以通过俱乐部结识和自己有同样需求或兴趣的朋友，可以通过俱乐部得到一些相关的帮助。例如，中国移动全球通的俱乐部成员主要是一些商务人士和政府官员，会员就可以通过俱乐部扩张自己的人脉，从中受益。

（2）娱乐功能。俱乐部成员的另一个重要活动内容就是娱乐，企业根据俱乐部成员的特点以及兴趣爱好组织一些相关的娱乐活动，增进俱乐部会员对企业的了解和感情，提高顾客忠诚度。

（3）心理功能。成功的俱乐部能够起到满足安全、地位、社交需求的作用。例如，能够成为 VISA 的会员对很多人来说是一种身份的象征，能够提高会员的自信以及尊贵感。

（4）力量功能。一个人一旦成为某一俱乐部的成员，就可能树立更强的信心，感受到集体力量的强大。

2. 会员制营销特征

（1）会员制。采用俱乐部营销的企业，一般来说都实行会员制的管理体制，其营销对象主要是加入本俱乐部的会员。

（2）资格限制。一般来说，各种各样的俱乐部都有自己独特的服务内容，其服务有一定的共性，往往会对加入俱乐部的人员施加一定的限制条件。

（3）自愿性。是否加入俱乐部，完全建立在自愿的基础上，而非外界强迫。

（4）契约性。会员和俱乐部之间以及会员之间的关系，都是建立在一定的契约基础上。

（5）目的性。它有一定的共同目的，如社交、娱乐、科学、政治、社会活动等。

（6）结构性。俱乐部成员之间以及与俱乐部组织者之间往往存在着一种相互渗透、相互支持的结构性关系。他们之间不仅有交易关系，更有伙伴关系、心理关系、情感关系作为坚实基础，而这种关系是竞争对手无法轻易染指的。

3. 会员制营销在新业务发展中的作用

（1）种子效应。将使用新业务频率高的用户吸纳为会员，通过会员的种子作用，由点到面地增强用户对新业务的理解。

（2）借力。把会员作为一种宣传和发展新业务的资源，引导他们开辟新的业务发展途径。这能在激烈的市场竞争环境中，使公司节约开辟渠道等核心资源的成本。

（3）造势。通过会员制营造一种文化氛围，增强新业务的可持续发展性。

4. 基于 CRM（客户关系管理）的会员制营销模式设计

CRM 告诉我们，在顾客导向时代该如何制定以客户为中心的营销策略，如何从需求中挖掘客户价值，如何提升客户满意度、获得客户忠诚，并实现产值和利润的转换。会员制营销是CRM思想的一个重要营销实践策略之一。

（1）会员制俱乐部的战略定位。通过对现代营销变革的认识，了解俱乐部的设计意义，从而明确俱乐部的核心价值点及与产品营销的区别。同时，通过对成功俱乐部的分析，强化和立体展现俱乐部的定位和营销特点，以此进行定位分析。

（2）俱乐部的核心价值选择和系统功能设计。通过对俱乐部的核心价值认识及中心产品的设计，强化俱乐部的平台设计及操作能力。

（3）增值服务的价值选择和服务设计。通过对增值服务与基本服务的区别分析和对增值服务的选择、设计认识，系统掌握增值服务的规划、选择及操作。

（4）塑造领先的、差异化的俱乐部。具体包括俱乐部的营销核心、客户细分和活动选择、细分的方法和操作、活动的系统设计和实施规划等。

（5）塑造卓越的俱乐部。具体包括卓越思维和卓越塑造、俱乐部营销的系统化建设、俱乐部营销的专业化建设、俱乐部营销的客户化建设等。

7.1.5 交换链接

企业网站要做好营销工作，首先网站需要把自身营销出去。而交换链接就是一种简单可行的网站推广方式。交换链接又称友情链接、互惠链接、互换链接，是具有一定互补性的网站之间的简单合作形式，即分别在自己的网站上放置对方网站的名称或LOGO，并设置对方网站的超级链接，使用户可以从合作网站中发现自己的网站，从而达到相互推广的目的。我们在浏览网站时可以发现，许多网站上都含有其他网站的链接，这对于大多数中小网站而言是一种简单、有效的网站推广方法。

1. 交换链接的作用

交换链接的作用主要表现在几个方面：通过链接相互推广获得更多的访问量、增加用户浏览时的印象、增加网站在搜索引擎排名中的优势、通过合作网站的推荐增加访问者的可信度、获得合作伙伴的认可、为用户提供更多服务内容等。

一般而言，交换链接的网站在规模上比较接近，内容上有一定的相关性和互补性。交换链接需要经过网站双方的认可，才可以彼此将对方的网站列为合作对象。

2. 建立交换链接的一般方法

建立交换链接的过程，就是向同行和相关网站推广自己网站的过程。建立交换链接的首要任务是寻找那些比较“理想”的对象以进行合作。这就需要：

（1）分析潜在的合作对象。合作网站的用户应该对你的网站内容有兴趣或需求特征以及自己网站的用户是否对合作网站感兴趣。

（2）向目标网站发出合作邀请。注意信件的主题，信件的内容要礼貌，先简单介绍一下自己的网站。

（3）交换链接的实施。得到合作网站的确认后，应尽快为对方做好链接。

3. 建立交换链接的常见问题

（1）网站链接数量没有确定的标准。不同的网站，适合链接的网站数量有较大的差别，专业性强的网站，内容相关或互补的网站数量或许比较少，那么交换链接的网站数量就相应少些；大众型的网站可以选择的链接对象要广泛得多，那么交换链接的网站数量就相应会多些。

（2）不同的网站 LOGO 的风格及下载速度。交换链接有图片和文字链接两种主要方式。在做网站链接时，尽量不要在网站首页放过多的图片链接。

（3）回访友情链接伙伴的网站。常对友情链接网站的有效性进行检查。

（4）不要链接无关的网站。这对网络营销没什么效果甚至会有负面影响。

（5）网站链接效果的分析和管理。可以通过网站在主要搜索引擎中排名的变化情况、与主要竞争对手网站链接状况的对比、来自链接网站的访问量等方面来评价网站链接效果。

7.2 搜索引擎营销方法

搜索引擎营销（Search Engine Marketing，SEM）是网络营销很重要的一种方法，也是企业网站推广的首选方法。搜索引擎营销是指根据网络用户使用搜索引擎的方式，利用用户检索信息的机会将营销信息传递给目标用户，即企业利用这种被检索的机会实现信息传递的目的。

7.2.1 搜索引擎营销的背景知识

1. 搜索引擎营销的定义

搜索引擎是目前使用最多最普遍的互联网服务之一，它能够帮助用户快速、有效地检索到所需要的信息或服务。所谓搜索引擎营销，就是通过用户使用搜索引擎，利用被用户检索的机会，以达到尽可能地将营销信息迅速传递给目标用户的目的。用户检索时使用的关键词能够反映出用户对某种产品或服务的关注，而这种关注正是企业运用搜索引擎营销挖掘潜在客户的根本原因。搜索引擎营销是整个网络营销战略的重要组成部分，而且已经成为企业网站推广和企业进行网络营销的首选方法。

2. 使用搜索引擎营销的原因

根据中国互联网信息中心（CNNIC）2007 年 1 月发布的《第 19 次中国互联网络发展状况统计报告》，截至 2006 年 12 月 31 日，我国的网民人数共有13 700万，其中有 51. 5% 的网民把搜索引擎作为经常使用的网络服务之一，仅次于电子邮件和新闻浏览，也就是说，搜索引擎已经成为大多数网民获取信息和服务的主要途径，同时也是网民发现新网站的第一工具。由此可以看出，搜索引擎对于网络营销的重要性，以及搜索引擎市场巨大的商业价值和开发潜力。

资料

上海边锋泵业制造有限公司是一家冷门行业的小企业，怎么样才能让全国各地甚至国外的客户知道他们的存在呢？

几年前，他们采用传统的市场营销方式，招了很多业务员，分散到各地去找客户，印刷精美的宣传材料，毫无目标地发往各地，期待客户能看到自己的存在。人力、物力消耗了不少，可是全国有多少目标客户的存在，又有多少人是对自己的产品感兴趣的，这些都是未知数。

于是，上海边锋泵业制造有限公司加入了搜索引擎营销的行列，每天收到的报价请求从原来的 20 多个上升到了 100 多个。通过搜索引擎营销，公司轻轻松松就把营业额提高了很多，现在每年销售达到 3 000 多万元，而且现有的客户里有 60% ~70% 都是搜索引擎带来的。

3. 搜索引擎营销的任务

搜索引擎营销作为企业开展网络营销的基本方法，具有以下几项任务：

（1）构造适合于搜索引擎检索的信息源。信息源被搜索引擎收录是搜索引擎营销的基础，也是网站建设之所以成为网络营销基础的原因，企业网站中的各种信息是搜索引擎检索的基础。由于用户通过检索之后还要来到信息源获取更多的信息，因此这个信息源的构建不能只是站在搜索引擎友好的角度，还应该包含用户友好，这就是我们在建立网络营销导向的企业网站中所强调的：网站优化不仅仅是搜索引擎优化，而是包含三个方面：即对用户、对搜索引擎、对网站管理维护的优化。

（2）创造网站/网页被搜索引擎收录的机会。网站建设完成并发布到互联网上并不意味着自然就达到了搜索引擎营销的目的，无论网站设计多么精美，如果不能被搜索引擎收录，用户便无法通过搜索引擎发现这些网站中的信息，当然就不能实现网络营销信息传递的目的。因此，让尽可能多的网页被搜索引擎收录是网络营销的基本任务之一，也是搜索引擎营销的基本步骤。

（3）让网站信息出现在搜索结果中靠前位置。网站/网页仅仅被搜索引擎收录还不够，还需要让企业信息出现在搜索结果中靠前的位置，这就是搜索引擎优化所期望的结果，因为搜索引擎收录的信息通常都很多，当用户输入某个关键词进行检索时会反馈大量的结果，如果企业信息出现的位置靠后，被用户发现的机会就大为降低，搜索引擎营销的效果也就无法保证。

（4）以搜索结果中有限的信息获得用户关注。通过对搜索引擎检索结果的观察可以发现，并非所有的检索结果都含有丰富的信息，用户通常并不能点击浏览检索结果中的所有信息，因此需要对搜索结果进行判断，从中筛选一些相关性最强，最能引起用户关注的信息进行点击，使用户进入相应网页之后获得更为完整的信息。要做到这一点，需要对每个搜索引擎收集信息的方式进行针对性的研究。

（5）为用户获取信息提供方便。用户通过点击搜索结果而进入网站/网页，是搜索引擎营销产生效果的基本表现形式，用户的进一步行为决定了搜索引擎营销是否可以最终获得收益。在网站上，用户可能为了了解某个产品的详细介绍，成为注册用户。在此阶段，搜索引擎营销将与网站信息发布、顾客服务、网站流量统计分析、在线销售等其他网络营销工作密切相关，在为用户获取信息提供方便的同时，与用户建立密切的关系，使其成为潜在顾客，或者直接购买产品。

4. 搜索引擎营销的特点

与其他网络营销方法相比较，搜索引擎营销具有自身的一些特点，充分地了解这些特点可以更有效地利用搜索引擎开展网络营销。

（1）搜索引擎营销方法与企业网站密不可分。企业网站推广是搜索引擎营销的主要目的之一，因此，专业的企业网站的建立是企业有效地开展搜索引擎营销的主要依托，企业网站的专业性以及搜索引擎的友好性会对搜索引擎营销的效果产生直接的影响。

（2）搜索引擎营销是一种用户主导的网络营销。使用搜索引擎检索信息的行为是由用户主动发生的，用户检索什么信息或服务也完全是根据自己的需要和意愿决定的，而且用户在搜索结果中选择那些信息也是有自己的偏好和判断，并不受其他因素的影响，因此，搜索引擎营销是由用户所主导的，营销活动本身对用户的影响被减少到了最低的限度。

（3）搜索引擎营销可以实现较高程度的定位。网络营销的主要特点之一是可以对用户行为进行准确分析并实现高程度定位，尤其是在搜索结果页面的关键词广告，完全可以实现与用户所检索的关键词高度相关，从而提高营销信息被关注的程度，最终达到网络营销效果的目的。

（4）搜索引擎营销的效果主要表现为营销网站访问量的增加。以企业网站推广为目的的搜索引擎营销的主要任务是提高网站的访问量，至于访问量的增加最终是否能转化为收益的增加，还取决于其他一些因素，这是搜索引擎营销活动所无法决定的。

（5）搜索引擎营销需要适应网络服务环境的发展变化。搜索引擎营销是在具体的网络环境下对搜索引擎的具体应用，因此对搜索引擎的工作原理和服务模式等网络环境的依赖性较高。当搜索引擎的检索方式和服务模式改变时，搜索引擎营销也应该做出相应的改变，搜索引擎营销应保持与网络营销服务环境的协调一致。

7.2.2 搜索引擎的基本类型和工作原理

不同类型的搜索引擎收录原理和排名方法是不同的，因此，为了更好地利用搜索引擎进行网络营销，就应该对搜索引擎的主要类型及其工作原理有一定的了解，以针对不同的搜索引擎的特点采取不同的搜索引擎营销策略。

搜索引擎按其工作方式主要可分为三种，分别是全文搜索引擎（Full Text Search Engine）、目录索引类搜索引擎（Search Index/Directory）和元搜索引擎（Meta Search Engine）。

1. 全文搜索引擎

全文搜索引擎是真正意义上的搜索引擎，是通过从互联网上提取的各个网站的信息（以网页文字为主）而建立的数据库，检索与用户查询条件匹配的相关记录，然后按一定的排列顺序将结果返回给用户，因此他们是真正的搜索引擎。国外具有代表性的有Google、AltaVista、Inktomi等，国内著名的有百度（Baidu）等。

从搜索结果来源的角度，全文搜索引擎又可细分为两种，一种是拥有自己的检索程序（Indexer），俗称"蜘蛛"（Spider）程序或"机器人"（Robot）程序，并自建网页数据库，搜索结果直接从自身的数据库中调用，如上面提到的几家引擎；另一种则是租用其他引擎的数据库，并按自定的格式排列搜索结果，如Lycos引擎。

全文搜索引擎的优点是信息量大、更新及时、毋须人工干预；缺点是返回信息过多，有很多无关信息，用户必须从结果中进行筛选。

2. 目录索引类搜索引擎

目录索引虽然有搜索功能，但在严格意义上算不上是真正的搜索引擎，它是以人工方式或半自动方式搜集信息，由编辑员查看信息之后，人工形成信息摘要，并将信息置于事先确定的分类框架中，提供按目录分类的网站链接列表。用户完全可以不用进行关键词（Keywords）查询，仅靠分类目录也可找到需要的信息。该类搜索引擎因为加入了人的智能，所以信息准确，导航质量高，缺点是需要人工介入，维护量大，信息量少，信息更新不及时。目录索引中最具代表性的莫过于大名鼎鼎的Yahoo（雅虎）。其他著名的还有Open Directory Project、LookSmart、About等。国内的搜狐搜狗（Sogou）、新浪爱问（Iask）等搜索引擎也都属于这一类。

3. 元搜索引擎

元搜索引擎在接受用户查询请求时，可同时在其他多个引擎上进行搜索，并将结果返回给用户。这类搜索引擎没有自己的数据，而是将用户的查询请求同时向多个搜索引擎递交，将返回的结果进行重复排除、重新排序等处理后，作为自己的结果返回给用户。这类搜索引擎的优点是返回结果的信息量更大、更全；缺点是不能够充分使用所使用搜索引擎的功能，用户需要做更多的筛选。著名的元搜索引擎有InfoSpace、Dogpile、Vivisimo等，中文元搜索引擎中具代表性的有搜星搜索引擎。

搜索引擎除以上三种主要类型外，还有以下几种形式：

（1）集合式搜索引擎。HotBot在2002年底推出的搜索引擎就属于集合式搜索引擎。该引擎类似 META 搜索引擎，但区别在于不是同时调用多个引擎进行搜索，而是由用户从提供的 4 个引擎当中选择，因此叫它“集合式”搜索引擎。

（2）门户搜索引擎。如 AOL Search、MSN Search 等虽然提供搜索服务，但自身既没有分类目录也没有网页数据库，其搜索结果完全来自其他引擎。

（3）免费链接列表。这类网站一般只简单地滚动排列链接条目，少部分有简单的分类目录，不过规模比起 Yahoo 等目录索引要小得多。

以上对搜索引擎基本类型和工作原理的介绍，可以帮助企业在进行搜索引擎优化时，针对不同搜索引擎收录网站的原理，对企业网站进行优化，从而尽量多的被搜索引擎收录，并尽量得到较好的排名。

7.2.3 搜索引擎营销的方法

在了解搜索引擎营销的概念、特点以及搜索引擎的基本类型和工作原理后，那么企业如何有效地利用搜索引擎开展网络营销活动，如何让用户在茫茫网海中找到或注意到自己的企业网站呢？这就要联系到搜索引擎营销的具体内容和基本方法。

搜索引擎营销的基本方法有共五种：搜索引擎登录与排名、搜索引擎优化、竞价排名、关键词广告和网络实名。这里我们将会详细介绍这五种搜索引擎营销基本方法的原理与运用。

1. 搜索引擎登录与排名

所谓登录搜索引擎，是指企业出于扩大宣传的目的，将自己的网站提交到搜索引擎，让相关的产品和服务信息进入到搜索引擎数据库，以增加与潜在客户通过互联网建立联系的机会。

搜索引擎是人们发现新网站的主要手段，所以，当企业的网站建成并正式发布之后，首要的推广任务就是向各大搜索引擎登记。如果企业还需要开展国际业务，即网站的潜在客户不仅限于国内，除了向国内主要的搜索引擎登记之外，还要向国外的搜索引擎登记。目前虽然有可以自动向多个搜索引擎登记的辅助软件，但是如果想获得良好的营销效果，那么对于主要的搜索引擎，一定要采取人工注册的方式，以便有的放矢，提高注册质量。

在搜索引擎登录过程中，企业网站的提交确实比较简单、方便。在进入搜索引擎的网站登录页面后，根据搜索引擎登录页面的提示一步一步地填写所需的内容即可（见图 7－2）。需要说明的是，由于目前主要的搜索引擎大都采取免费登录，因此服务相对付费登录来说不是很完善，在网站提交时也只需提交网站的首页地址（URL）和网站说明等简单的信息，之后搜索引擎会利用“蜘蛛”程序自动收录网站的网页。而且，为了最大限度的提高营销效果，企业应尽量在主要的搜索引擎登录、注册，尤其是在一些比较强势的与自己企业相关的行业注册搜索引擎，以提高用户在有针对性地搜索相关行业信息时被用户检索到的机会。

企业网站在被搜索引擎收录以后，还应不时地追踪企业网站在搜索引擎中的排名变化，若网站排名下降幅度较大，企业应考虑重新注册，并仔细分析原因，有针对性地对搜索引擎进行优化和维护。

在追踪搜索引擎排名的同时，网站还应该通过对网站访问量的统计分析，来不时地监测网站登录的效果，并及时地作出相适应的对策，从而来维持网站访问量的稳定，并在稳定中逐步提高访问量。

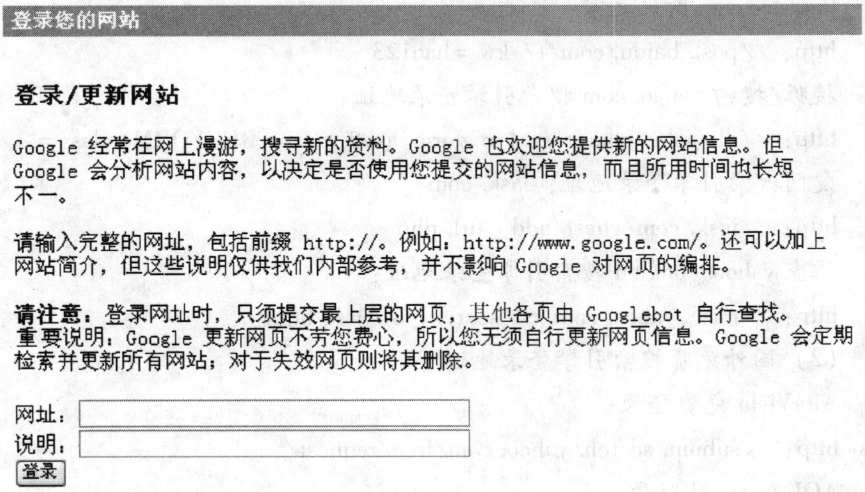

登录您的网站

登录/更新网站

Google 经常在网上漫游，搜寻新的资料。Google 也欢迎您提供新的网站信息。但 Google 会分析网站内容，以决定是否使用您提交的网站信息，而且所用时间也长短不一。

请输入完整的网址，包括前缀 http://。例如：http://www.google.com/。还可以加上网站简介，但这些说明仅供我们内部参考，并不影响 Google 对网页的编排。

请注意：登录网址时，只须提交最上层的网页，其他各页由 Googlebot 自行查找。
重要说明：Google 更新网页不劳您费心，所以您无须自行更新网页信息。Google 会定期检索并更新所有网站；对于失效网页则将其删除。

网址：
说明：
登录

图7－2　搜索引擎的网站登录页面

此外，还有一些影响企业网站被收录的不利因素也需要在网站进行设计和建设时就要注意到：

（1）网站所在服务器不稳定，可能会被搜索引擎暂时性去除；稳定之后，问题会得到解决。

（2）网页内容中有不符合国家法律和法规规定的地方。

（3）网站的网页不符合用户的搜索体验。

（4）网页做了很多针对搜索引擎而非用户的处理，使用户从搜索结果中看到的内容与页面实际内容不同，或者使网页在搜索结果中获得了不恰当的排名，从而使用户产生受欺骗的感觉。

（5）网页是复制于互联网上的高度重复性的内容。

资料

（1）国内免费搜索引擎登录地址

Google 中文 google. com 搜索引擎登录地址：

http：//www. google. com/intl/zh - CN/add_ url. html

百度 Baidu. com 搜索引擎登录地址：

http：//www. baidu. com/search/url_ submit. html

hao123. com 网址之家：

http：//post. baidu. com/f？ kw = hao123

搜狐/搜狗 Sougo. com 搜索引擎登录地址：

http：//db. sohu. com/regurl/regform. asp？ Step = REGFORM&class =

爱问搜索引擎登录地址：iask. com

http：//iask. com/guest/add_ url. php

雅虎 yahoo. com. cn 搜索引擎登录地址：

http：//misc. yahoo. com. cn/search_ submit. html

（2）国外免费搜索引擎登录地址

AltaVista 免费登录：

http：//submit. search. yahoo. com/free/request/

AOL NetFind 登录：

https：//adwords. google. com/select/

Ask Jeeves 登录：

http：//sitesubmit. ask. com/

Google 免费登录：

http：//www. google. com/addurl. html

2. 搜索引擎优化

搜索引擎优化（Search Engine Optimization，SEO）是对网站结构、网页

文字语言和站点间互动外交策略等进行合理规划部署来发掘网站的最大潜力而使其在搜索引擎中具有较强的自然排名竞争优势，从而对促进企业在线销售和强化网络品牌起到作用。正确地掌握网站的搜索引擎优化技术，可以大大提高企业网站被“蜘蛛”程序捕捉到的可能性以及在检索结果中获得较好排名的机会，因此，搜索引擎优化是搜索引擎营销方法中不可或缺的重要内容。

搜索引擎优化的目的是提高企业网站的搜索引擎友好性，从而提高网站被搜索引擎收录的机会，并提高其在搜索引擎检索结果中的排名，进而方便搜索引擎检索信息并对用户返回具有足够吸引力的检索信息。通过这个目的来引导用户点击企业网站，提高网站的访问量，然后进一步将访问量的增加转化为销售的增加，从而达到网络营销的最终目的。

根据搜索引擎营销公司 iProspect 的研究发现，超过 80% 的网络用户使用搜索引擎检索信息时，不会浏览第三页以后的搜索结果。也就是说，如果企业网站在搜索结果的排名位于第三页以后，就意味着会有大约 80% 的用户不会注意到您的网站，那么搜索引擎营销也就几乎无效果可言。这项研究证实了搜索结果前三页的重要性，同时也证实了搜索引擎优化对于企业网站的重要性。

为了提高网站的搜索引擎友好性并在检索结果中获得良好的排名，企业网站需要进行搜索引擎优化。

下面以网站建设与搜索引擎的关系为例，作简要的探讨。

（1）网站的扁平化规划。如果你不是大型门户网站，就可以选择网站的扁平化设计。大型门户网站的人气高，在搜索引擎优化中这一策略并不是不起作用。大型门户网站如果也采用这一策略的话，会对网站的发展起到积极的推进作用，让浏览者了解并且找到网站深层的内容。

（2）网站的静态化设计。静态网站是相对于需要数据库和计算机程序支持的动态网站而言的，静态网站的站点信息都保存在 html 文件里。与动态网站相比而言，静态网站内容相对稳定，更容易被搜索引擎检索。

（3）标题的关键词优化。标题（Page Title）包含关键词，标题关键词不必过度罗列。

（4）标签设计的贴切化。围绕关键词进行标签设计，添加描述性 meta description 标签、meta keywords 关键词。有目的的、重要的关键词，要注意符合语法规则。柯达就是对Web网页中的IMG标签、标题、META Tag等都进行了改进。比如，在IMG标签中，在显示图像文件内容的Alt属性中，设置了柯达的公司名称，将其改为显示图像内容的记述。

(5) 图片的关键词优化。图片的替代关键词也不能忽略，其另外一方面的作用是，当图片不能显示的时候，可以给访问者一个替代的解释语句。

(6) 网站导航的清晰化。网站导航要易于搜索引擎的爬行程序进行索引收录，所以最好能制作清楚有效的网站地图。

(7) 引出链接的人气化。创建有人气化的、有意义的引出链接，提高链接广泛度。如果一个网站的Page Rank达到4~6的话，说明这个网站已经获得了不错的访问量；如果到了7以上，说明不管是网站的质量还是知名度都非常优秀了。

(8) 关键词密度适度化。控制关键词密度，杜绝大量堆砌关键词的行为。一般说来，2%~8%就比较好了。

(9) 页面容量的合理化。注意不要让页面容量过大，合理的页面容量会提高网页的显示速度，增加对搜索引擎程序的友好程度。

搜索引擎优化的内容还包括其他很多方面，但是搜索引擎优化的宗旨就是搜索引擎喜欢的。当然，搜索引擎程序的排名规则也会变化，这需要不断观察、研究，从而从容适应各种变化。

搜索引擎优化主要是针对技术方面的一些优化以及在进行搜索引擎登录时应注意的要点。因此，在搜索引擎优化的时候，还应该考虑到各项技术对搜索引擎的影响。

3. 竞价排名

竞价排名是一种按效果付费的网络推广方式，由百度在国内率先推出，现在已被大多数搜索引擎所使用。企业在购买该项服务后，通过注册一定数量的关键词，其推广信息就会率先出现在网民相应的搜索结果中。当消费者寻找企业注册的关键词信息时，排在前面的企业就会优先被找到，然后搜索引擎会按照给企业带去的潜在客户访问数收费。这种方式一般按照用户点击的效果付费，企业可以竞价搜索引擎里的排位。

竞价排名与搜索引擎收费登录有类似的地方，但本质上很不一样。说它们类似，是因为它们都借助搜索引擎这个平台来进行推广；说本质不同，是因为竞价排名不是按照排名的时间长短收费，而是按照为客户网站带去的实际访问量收费。

在传统营销模式中，针对性不强、营销效果难以评估一直是困扰企业推广的两大难题。一方面，企业想把自己企业的信息及时、准确地传递给目标消费群，但通过传统营销手段，看到企业信息的人群未必是企业的目标消费群，而真正需要此类信息的人也未必能及时得到该信息；另一方面，如果进行广告投入，企业知道自己的投入有一半是浪费了，但却找不到浪费的一半花在了哪里。

竞价排名网络营销服务的推出，使传统营销两大难题得到了最佳的解决方案。作为网络营销主流，竞价排名的最大特点便是按效果付费，针对性强，效果容易评估。企业在选择竞价排名服务后，通过注册一定数量的关键词，其推广信息就会率先出现在网民相应的搜索结果中。每吸引一个潜在的客户访问，企业只需要为此支付几毛钱的费用。凭借强大的资源平台，企业可以把要传达的信息及时、准确地传递到想要获取该信息的潜在客户搜索结果中，真正做到“不浪费每一个机会”；而且，企业还可以随时进入后台调控自己某一时段的花费，做到“不浪费每一分投入”。

概括起来，竞价排名有四大特点：

第一个特点：覆盖面广。竞价排名通常是联合了众多知名网站，共同提供服务。例如，国内的百度搜索竞价排名服务，联盟包括了中国所有的主流门户网站，只要投入极少的资金，用户的网站就会占据中国所有大流量网站的搜索结果前列黄金位置。这些网站不仅包括雅虎、搜狐、网易、新浪、腾讯等人们可以想象得到的所有大牌网站，也包括上海热线、21cn 等地方强势网络媒体。只要在百度的竞价排名投入很少的一部分预付金，就可以在 500 多家网站的搜索结果里排在前列。这些网站的网络用户流量占到了中国所有网民流量的 95%，无论哪里的用户都可以轻松看到排名结果，广泛的受众保证了这种营销方式的效果。

第二个特点：专业的服务。竞价排名的服务模式是让用户注册属于自己的产品关键字（即产品或服务的具体名称），当网民通过搜索引擎寻找相应产品信息时，该网站将出现在搜索结果的醒目位置，成为客户首选。这是真正的点对点广告投放，不浪费一分钱的广告费，让商品找到买家，让买家找到自己想买的产品，针对性极强。举个例子：人们想买手机的时候，他会通过搜索引擎查找相关品牌的资料，排在前面的网站推广的产品就会有很好的销售机会。竞价排名就是解决这个问题的，用户想买的东西正是广告要卖的东西，这不仅极大的降低了厂商的推广成本，也让人们能很方便的购物。

第三个特点：全面、周到。很多企业都提供多种产品或服务，即使是同一种产品，也往往有多种名称，竞价排名不限制用户注册的"产品关键字"数量，通过注册大量"产品关键字"，企业的每一种产品都有机会被潜在客户发现，从而最大限度地得到潜在客户的访问，获得最好的推广效果。

第四个特点：付费方式灵活。竞价排名按照为客户带来的访问量付费，任何参加竞价排名的用户都可以灵活的控制自己的成本预算，随时按照自己的监测效果来调整竞价产品关键字的价格。先进的成本控制措施，使得用户的每一分钱都会物有所值，真正为用户带来良好的效益。

在2005年5月《赛迪评测报告》对全国18个城市企业的调查结果显示，在中国经济发达地区，94.78%的企业了解网络营销，50.14%的企业认可竞价排名这项网络服务。竞价排名这种按效果付费的创新模式已经成为网络营销的主流。

根据用户的实际使用效果来看，竞价排名是真正能够帮助企业带来新客户，帮助企业提高销售额的最有效的网络推广服务。它极其适合于希望自己的产品走向更大范围市场的中小企业用户。这种低成本、有效而灵活的营销方式会得到越来越广泛的应用。

但是，特别需要注意的是，企业在设置竞价排名关键词时，不仅要重视品牌名称，还应该特别重视通用产品名。在ComScore对网上购物者的搜索引擎使用行为调查中发现，用户在最终购买的10周前就会开始通过搜索引擎搜索产品信息，在检索所采用的关键词方面，超过70%的用户把通用产品名作为主要关键词，其次才是产品的品牌名称，而将"品牌+产品名"作为关键词进行检索的比例最低。例如，在分析联想的搜索引擎营销过程中，发现将"PC"或"笔记本"作为关键词进行搜索时，检索结果前三页中几乎没有联想的产品，相反，其竞争对手戴尔在这方面做得很好。

4. 关键词广告

关键词广告，是付费搜索引擎营销的一种形式，也可称为搜索引擎广告、付费搜索引擎关键词广告等，自2002年之后是网络广告中市场增长最快的网络广告模式。

关键词广告的基本形式是：当用户利用某一关键词进行检索，在检索结果页面会出现与该关键词相关的广告内容。由于关键词广告具有较高的定位，其效果比一般网络广告形式要好，因而获得快速发展。

不同的搜索引擎对关键词广告信息的处理方式不同，有的将付费关键词检索结果出现在搜索结果列表最前面（如常见的降价排名广告），也有出现在搜索结果页面的专用位置（如 Google 的关键词广告 AdWords 出现在搜索结果页面的右方，而左侧仍然是免费的自然搜索结果）。Google 的关键词广告称为 AdWords，2003 年中期开通了中文关键词广告业务，广告用户可以自助投放关键词广告，整个过程完全电子商务化，用户的后台操作和关键词广告管理高度智能化。

5. 网络实名

网络实名是新一代的网络访问技术，是继 IP、域名之后的第三代互联网访问方式。它帮助客户用现实世界中企业、产品、商标等的名字，通过浏览器、搜索引擎、各地信息港等各种途径都能简单快速地找到企业、产品信息，无须使用复杂的域名、网址，也不必在搜索引擎成千上万的结果中反复查找，是最先进、最快捷、最方便的网络访问方式。例如，如果您要访问《人民日报》的网站，以前必须在地址栏输入网址 http：//www. people. com. cn，而现在使用网络实名，只需输入“人民日报”即可直达该网站，用人们熟知的名字就可以很快找到所需目标。

（1）网络实名和域名的区别

①域名只是一堆充满技术符号的英文串，与企业、产品、商标等名称无法直观对应，难以记忆；而网络实名让客户直接用现实世界中企业、产品、商标等名字，这样不仅能很容易找到企业、产品信息，而且无须记忆和学习。

②域名必须精确输入，即使错一个字符就会找不到企业网站，难以使用；而网络实名使用自然，输入中文或拼音，都能快速找到企业网站而且无须担心拼写错误。

③域名只能在浏览器地址栏中使用，而网络实名则可以在浏览器、各大搜索引擎及各地信息港中使用。

（2）网络实名的功能

①代替网址，在地址栏输入网络实名便可准确直达企业网站。

②在中国各大门户网站的搜索引擎中脱颖而出。

③中国电信各地近200家信息港、热线网站都采用了实名技术，在搜索框中查找企业、产品时，拥有实名的企业将会被方便地找到。

(3) 网络实名的分类

网络实名分为两大类：企业实名（又称标准实名）和行业实名（又称网络王牌)。企业实名就是企业、产品、品牌、网站的名称或简称。行业实名是指行业、产品（或服务）类别的统称、通用词汇、常用词，以及地名、风景名胜名称和国家名称。

(4) 网络实名的使用方法

①在浏览器地址栏中，无需输入 http：//www. …. com 等复杂难记的域名、网址，只需输入现实世界中企业、产品、商标的名字（即实名）即可直达企业网站、找到产品信息。

②在各大搜索引擎中输入企业、产品等名称查找时，网络实名会出现在搜索结果的最前列显著位置。

③在中国电信各地近200家信息港皆可使用。

④在地址栏输入拼音、拼音字头都可找到相关网站。

⑤智能查询保证客户想怎么输入就怎么输入，不论错字、多字、少字、字序颠倒，都能找到企业网站。网络实名以人工智能技术为基础，除了在地址栏输入实名关键字可找到相关网站外，输入拼音、南方音、同音字也可找到相关网站。

(5) 网络实名的价值

①带来客户和商业机会。网络实名是中国使用量最大、覆盖面最广的客户寻找企业的网络访问方式，可为企业带来富有商业价值的客户。只有让企业网站被客户迅速找到，网站才可能真正发挥作用。

②降低营销推广成本。无需注册各种后缀组合的域名，节省注册费；无需花费巨资宣传域名，节约宣传成本。

③建立网上招牌，倍增无形资产。网络实名保护品牌资源，让原品牌的网下影响力顺利转化为网上影响力，使企业、产品在搜索结果中显著、突出，从而树立行业领先的形象。

7.2.4 针对不同搜索引擎的营销策略

1. 针对百度的搜索引擎营销策略

百度对企业用户提供的搜索引擎营销服务主要是“百度竞价排名”，百度竞价排名是百度在国内首创的一种按效果付费的网络推广方式，企业用少量的投入就可以给其带来大量潜在客户，有效提升企业销售额。每天有超过1亿人次在百度查找信息，企业在百度注册与产品相关的关键词后，就会被主动查找这些产品的潜在客户找到，其流程见图7－3。竞价排名按照给企业带来的潜在客户访问数量计费，企业可以灵活控制网络推广投入，获得最大回报。

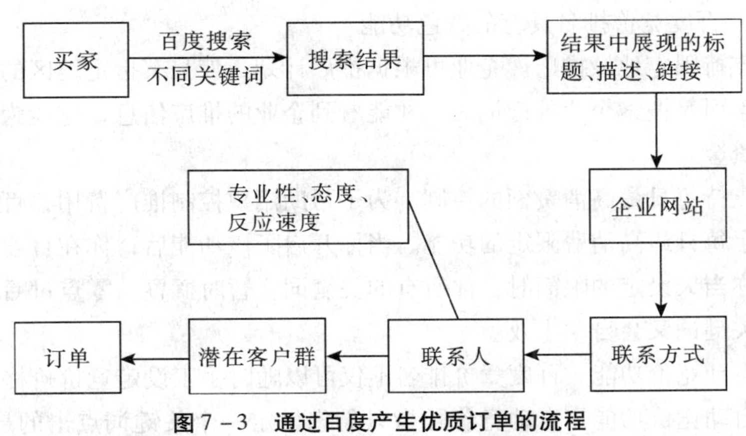

图7－3　通过百度产生优质订单的流程

（1）百度竞价排名的优势

百度作为全球最大的中文搜索引擎和竞价排名的首创者，它提供的竞价排名具有五大独特的优势：

①全球最大中文网络营销平台，覆盖面广。百度是全球最大中文搜索引擎、全球最大中文网站，它覆盖了95%的中国网民，每天有超过1亿次的搜索，是非常具有价值的企业推广平台。

②真正按效果付费，获得新客户平均成本低。百度竞价排名是按照给企业带来的潜在客户访问数量计费，没有客户访问则不计费，它为企业提供详尽、真实的关键词访问报告，企业可随时登录查看关键词在任何一天的计费情况，企业可根据自身需求，灵活控制推广力度和资金投入，充分利用每一分钱。

③针对性极强。对企业产品真正感兴趣的潜在客户能通过有针对性的“产品关键词”直接访问到企业的相关页面，更容易达成交易，帮助企业获得大量业务咨询电话、传真、邮件，让客户主动找到企业。

④推广关键词不限。企业可以同时免费注册多个关键词，数量不限，让

企业的每一种产品和服务都有机会被潜在客户发现，以获得最好的推广效果。

⑤全程技术保障。关键词审核、网站发布时间不超过两天，拥有超大规模的服务中心和完善的服务理念，提供专业的售前售后咨询服务，随时解答客户疑问，确保客户利益，以先进的技术保障快捷的沟通，为企业提供更高效的增值服务。

（2）百度竞价排名具有的特色功能

①支持限定地域推广。企业可根据推广计划，使只有指定地区的用户在百度搜索引擎搜索企业关键词时，才能看到企业的推广信息，这能为企业节省推广资金。

②支持每日最高消费额的控制。为了帮助用户控制推广费用，百度为用户开设了每日最高消费限定的功能。当你开启了该功能后，你在百度的消费额达到你当天设定的限额时，你所有的关键词将暂时搁置。零点过后这些被搁置的关键词又会自动生效。

③自动竞价功能。百度竞价排名不仅可以随时手工设定竞价价格，而且还设有自动竞价功能。自动竞价是指只需您设定一个关键词点击的最高价，这个最高价即是您为这个关键词出的最大点击价格，也就是说，您的关键词实际点击价一定不会超过这个最高价。

④账务续费提醒。可以在竞价排名系统中设定账户续费提醒功能，当企业的账户余额小于某个金额时，就会自动发邮件提醒您，保证竞价排名服务不中断。

⑤关键词分组管理。企业可根据自己的产品分类，建立不同的推广关键词组，分开管理关键词。

⑥关键词排名提醒。当企业购买的关键词排名下降时，可以在竞价排名系统中设定自动发邮件提醒，随时监控推广效果。

⑦防止恶意点击。在访问统计时百度竞价排名系统有数十个参数来判断一个访问是否真实、有效，如果有人不断访问同一条结果进入企业的网站，则无论有多少次访问都会只计算一次，以防止恶意访问或程序自动访问，最大限度地保证了访问统计的科学性和合理性。

（3）企业进行百度竞价排名的方法

①登陆百度竞价排名（http：//jingjia. baidu. com），注册百度竞价排名

账户。

②缴费开户，在服务人员帮助下选择关键词。

③提交关键词，审核通过，排名生效。

④根据推广情况随时调整关键词，达到最佳效果。

2. 针对Google的搜索引擎营销策略

Google对企业用户提供的搜索引擎营销服务主要是“Google AdWords”，即关键词广告，这是一种快速简单的广告方式，针对性强，按广告点击或展示次数计费。AdWords广告不仅随搜索结果一起显示在Google上（如图7-4），还可以展示在规模不断扩大的Google联网中的搜索网站和内容网站上，包括AOL、EarthLink、HowStuffWorks和Blogger等。

图7-4 Google AdWords

（1）Google AdWords具有的广告优势

①目标区域。现在企业可以面向在Google上进行搜索的用户投放广告。即使已经出现在了Google搜索结果中，AdWords仍可以帮助企业在Google及其强大的广告联网中吸引新的受众。

②更好的控制。企业可以修改广告和调整预算，直到满意为止。还可以展示多种广告格式，甚至将广告定位到特定语言和地理位置。

③可测量的值。既没有最低费用限制，也没有最低时间要求。在企业选择每次点击费用选项后，仅当用户点击了广告后才会向企业收取费用。这意味着企业所花费的每一分钱的预算都会带来新的潜在客户。

（2）企业使用Google AdWords的方法

①选择目标客户。首先命名新广告组，然后选择想要定位的目标语言和目标位置。所有与企业选择的主要语言（一种或多种）相同的用户均可看

到企业投放的广告。其次选择国家/地区或区域定位，语言的选择和国家/地区的选择将决定广告的受众群。例如，如果将目标语言设为法语，目标国家/地区设为法国和西班牙，则以上两个国家中将其语言首选项设为法语的用户将可看到企业的广告。

②制作广告。输入广告文字并选择会触发这些广告的关键字。

③定价。选择要使用的币种，设置每次点击费用（CPC）和每日预算。每日支出金额完全由企业来定，而且无需设定最低预算。

④注册。通过提供电子邮件地址并设定密码即可创建 AdWords 账户。如果企业准备启动广告，请登录新账户并提交自己的结算信息。

3. 针对雅虎的搜索引擎营销策略

Yahoo 对企业用户提供的搜索引擎营销服务主要有竞价排名和雅虎百业窗。Yahoo 竞价排名服务和百度的竞价排名服务基本相同，主要是按效果付费；雅虎百业窗产品是整合搜索资源，为广大中小企业提供的搜索营销服务，其具有多平台展示特点，全面覆盖中国互联网用户，日均数千万人次的展示机会和向数万家站点提供线索的服务。雅虎百业窗中的排名出现在雅虎搜索结果页的右侧，同 Google AdWords 类似，属于关键词广告（如图 7－5）。

（1）雅虎百业窗服务

雅虎百业窗（http：//windows. cn. yahoo. com）包括两种服务：滚动排名服务和固定排名服务。

图 7－5　Yahoo 百业窗

①滚动排名服务主要包括以下内容：顾客在搜索引擎、地址栏输入产品名称（关键词）时，企业的网站就会出现在搜索结果页前 4 页；当前面固定排名还未售出时，企业的网站排位自动靠前，甚至能排进前 3 名；企业的网

站在滚动排名服务区循环滚动，雅虎搜索结果页每天滚动5位，地址栏搜索结果页每天滚动1位，保证每周至少有一天出现在首页。

②固定排名服务主要包括以下内容：固定排名出现在搜索结果首页的客户指定的位置。当前面位置没有售出的时候，排名位置自动往前移。当然当前面位置出售后，又会自动往回移。

（2）企业购买雅虎百业窗服务的途径

①提交注册申请。选择要注册的产品，按照提示填写真实有效的资料。选择雅虎列出的当地授权营销服务中心，为您提供方便的本地服务。

②支付服务费。选择最方便的方式支付服务费，并将汇款底单传真给收款人，在汇款底单传真上写明您的订单号、用户名、产品名、联系人、电话（注：多人申请同一个产品时，款到者先得）。

③确认信息，开通产品服务。雅虎确认付款后，审核您提交产品名称与网站内容是否相符、网站链接是否正常等，如有问题会以邮件通知您。如确认无误，其会在一个工作日后为您开通服务，并以Email方式通知您。

资料　　　　　　　　国内主流搜索引擎地址

百度：www. baidu. com

Google：www. google. com

雅虎：www. yahoo. com. cn

新浪爱问：www. iask. com

搜狐搜狗：www. sogou. com

7.3　许可Email营销方法

Email营销是一种广泛使用的网络营销方式，也是主要的客户服务手段之一。Email营销就是指以电子邮件为传递工具，将企业的营销信息通过电子邮件传递给相应的目标用户，从而达到网络营销的目的。

7.3.1　Email的定义和特点

1. Email的定义

Email（Electronic Mail），即电子邮件，是指用户在互联网中通过电子通讯系统进行书写、发送和接收的信件。它是Internet上最早使用的信息传递方式，它提供了一种在全球范围内快捷高效地传递信息和利用信息的手段。

常见的电子邮件协议有以下几种：SMTP（简单邮件传输协议）、POP3（邮局协议）、IMAP（Internet 邮件访问协议）。这几种协议都是由 TCP/IP 协议定义的。

SMTP（Simple Mail Transfer Protocol）：SMTP 主要负责底层的邮件系统如何将邮件从一台机器传至另外一台机器。

POP（Post Office Protocol）：目前的版本为 POP3，POP3 是把邮件从电子邮箱中传输到本地计算机的协议。

IMAP（Internet Message Access Protocol）：目前的版本为 IMAP4，是 POP3 的一种替代协议，它提供了邮件检索和邮件处理的新功能，这样用户可以完全不必下载邮件正文就可以看到邮件的标题摘要，从邮件客户端软件就可以对服务器上的邮件和文件夹目录等进行操作。IMAP 协议增强了电子邮件的灵活性，同时也减少了垃圾邮件对本地系统的直接危害，相对节省了用户察看电子邮件的时间。除此之外，IMAP 协议可以记忆用户在脱机状态下对邮件的操作（例如移动邮件、删除邮件等），在下一次打开网络连接的时候会自动执行。

2. Email 的特点

（1）广泛的互连性。由于互联网无可比拟的广泛互连性，电子邮件已覆盖了世界 179 个国家和地区，以传播简单的文本信息这种普遍而又可靠的方式把互联网上的每一位用户紧密联系在一起，是真正无国界的邮政系统。

（2）快速高效、信息反馈快。邮寄传统的信件时，需要比较麻烦的步骤，而且要寄到收信人处需要较长的时间，要等到收信人的回复更是需要一个漫长的过程。Email 克服了传统信件的这些缺点，只需写好邮件并填写正确的邮箱地址，收信人就可以即时收到邮件，并马上做出回复。同时电子邮件还可以同时发给多人，方便快捷。

（3）经济实惠。Email 相对传统信件的另一优点就在于其成本的低廉，甚至可以说是零成本，发信者需要的只是相对手写信件更少的时间，并不需要金钱上的投入。

7.3.2 Email 营销背景知识

1. Email 营销的概念

所谓 Email 营销，就是指根据 Email 高效、快捷、受众范围广、成本低廉的特点，以 Email 为网络营销工具，利用 Email 向目标用户传递有价值的企业营销信息的一种网络营销方法。

2. Email 营销的起源

在 Email 普遍应用之前，新闻组（Newsgroup）是人们进行信息交流的主要方式，实际上这也是 Email 诞生的摇篮。1994 年 4 月 12 日，两位从事移民签证咨询服务的律师 Laurence Canter 和 Martha Siegel 夫妇，把一封“绿卡抽奖”的广告信发到了他们可以发现的每个新闻组，当时引起了轩然大波，被视为“邮件炸弹”，这就是著名的“律师事件”。

1994 年，Internet. com 公司的创始人 Robert Rasich 在《未经许可的电子邮件》一篇论文中提到，通过因特网成功将信息以低廉的费用传送给数千万消费者的方法称为“用户付费的促销”，因为用户接收和自己无关的电子邮件要花费较长的上网时间和上网费用，而邮件的发送者不需要支付太多的费用。

因此，一般认为，Email 营销诞生于 1994 年。

3. Email 营销的市场分析

根据中国互联网络信息中心（CNNIC）发布的《第 19 次中国互联网络发展状况统计报告》显示，截至 2006 年 12 月，在我国的 13 700 万网民中，有约 56. 1% 的网民把电子邮件作为经常使用的网络服务，排名第一，电子邮件从而成为网络用户最常使用的网络服务，也是拥有用户最多的网络服务。

根据艾瑞市场咨询公司（iResearch）发布的《2005 年中国电子邮箱报告》显示，截至 2005 年 12 月，全球的电子邮箱数量已经从 2001 年的 6. 7 亿增加到 12. 4 亿；中国网民中使用电子邮箱的用户总数已经接近9 000万，较 2004 年增长了 22%；而中国的电子邮箱总数量已经接近 2. 7 亿，较 2004 年增长了 29%，并预计到 2010 年中国的电子邮箱总数量会接近 5 亿（如图 7－6）。

从上面的数据可以看出，Email 市场已经成为最大的网络服务市场，并拥有巨大的用户群体，为网络营销提供了广泛的受众基础，因此，Email 营销市场具有巨大的市场潜力和开发价值。

4. Email 营销的类型

（1）根据用户许可与否分类，Email 营销可以分为许可 Email 营销（Permission Email Marketing，PEM）和未经许可的 Email（垃圾邮件）营销（Unsolicited Commercial Email，UCE）。

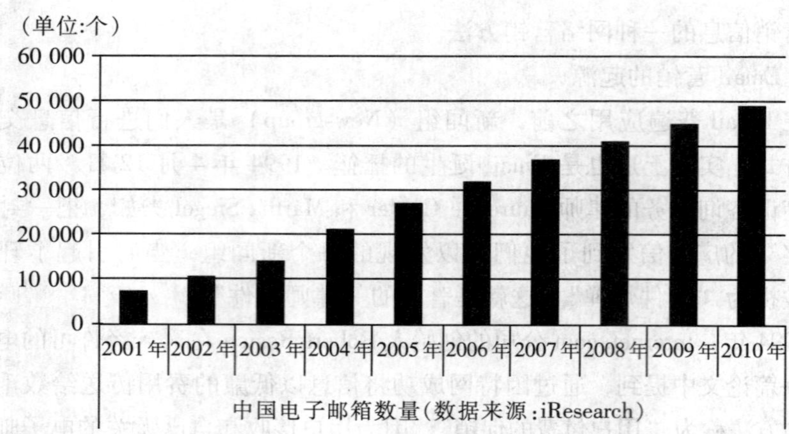

图 7－6 2001－2010 年中国电子邮箱数量

（2）根据 Email 地址的所有权分类，Email 营销可以分为内部 Email 营销（内部列表）和外部 Email 营销（外部列表）。内部列表也就是通常所说的邮件列表，是利用网站的注册用户资料开展 Email 营销的方式，常见的形式如新闻邮件、会员通讯、电子刊物等。外部列表特指企业自行向潜在用户直接发送推广信息，或者通过专业服务商开展的 Email 营销活动，外部列表营销也简称“Email 营销”，因为这种营销活动可以不涉及到邮件列表的概念即可完成。

（3）根据营销时间分类，Email 营销可以分为临时 Email 营销和长期 Email 营销。临时 Email 营销是指不定期的产品促销、市场调查、节假日问候和新产品通知等，主要通过利用外部列表进行。长期 Email 营销主要表现为新闻邮件、电子杂志、顾客服务等各种形式的邮件列表，这种列表的作用要比临时 Email 营销更持久，其作用更多地表现在顾客关系、顾客服务和企业品牌等方面。临时 Email 营销相对长期 Email 营销来说，要简单得多。长期 Email 营销是企业网络营销中的重要组成部分，是网络营销活动自始至终都不可或缺的内容。

（4）根据 Email 营销的功能分类，Email 营销可以分为顾客关系 Email 营销、顾客服务 Email 营销、在线调查 Email 营销、产品促销 Email 营销。

5. Email 营销的特点

（1）受众范围广。随着国际互联网的迅猛发展，全球 Email 用户已有数亿，我国的 Email 用户也有将近 9 000 万之多，面对如此巨大的用户群，作为现代广告宣传手段的Email营销正日益受到人们的重视。只要拥有足够多的Email地址，就可以在很短的时间内向数千万目标用户发布广告信息，营销范围可以是中国全境乃至全球。

（2）便捷、高效。在科技高速发展的今天，使用一些专业的邮件群发邮件，单机可实现每天数百万封的发信速度，同时发送邮件的操作过程也比较简单，大多数企业进行Email营销时也比较快捷、高效。

（3）成本低廉。Email营销是一种低成本的营销方式，所有的费用支出就是上网费，成本比传统广告形式要低的多。

（4）应用范围广。广告的内容不受限制，适合各行各业。因为广告的载体就是电子邮件，所以具有信息量大、保存期长的特点。具有长期的宣传效果，而且收藏和传阅非常简单方便。

（5）针对性强、反馈率高。电子邮件本身具有定向性，你可以针对某一特定的人群发送特定的广告邮件，也根据需要按行业或地域等进行分类，然后针对目标客户进行广告邮件群发，使宣传一步到位，这样可使营销目标明确，效果非常好。

7.3.3 许可Email营销

Email营销由于其独具的高效、快捷、成本低等特点，受到了大多数企业的喜爱和认可。越来越多的公司开始采用Email营销模式，因为电子邮件营销还可以带来许多看得见的好处——因特网使营销人员可以立即与成千上万的潜在的和现有的顾客取得联系。如果公司对于电子邮件的使用恰到好处，它不仅能够建立起与客户的联系，而且还可以获得超额利润，并且，其所花的费用仅仅是直接邮寄所花费用的一小部分。

在艾瑞市场咨询公司发布的《2004年中国企业网络营销研究报告》中显示，Email营销以80%的支持率成为企业最能接受的网络营销服务方式，但是在对“企业对网络营销活动的满意程度”的调查中，Email营销则处于倒数第三。

Email营销的高接受率和低满意度形成了巨大的反差，因此，企业在进行Email营销时需要注意一些因素。为了达到一个较高的“点击通过”率，或者为了让电子邮件的接受者们尽快做出答复，营销人员必须遵循电子邮件营销的一个基本规则：征得消费者的同意。一个在网络上进行直接营销的先驱者——扬扬迪尼（Yoyodyne）公司（已经被雅虎收购）总裁塞思·戈丁

(Seth Godin) 提出了以征得客户允许为基础的营销模式 (Permission - based Marketing)。戈丁认为，消费者厌烦了那些他们不想要的营销信息，而通过利用因特网的人机对话功能，可以让消费者决定他们需要得到什么样的电子邮件，而使用征得消费者允许为基础的营销将使企业得到好处。戈丁把“以征得消费者许可为基础的营销”比作约会，如果公司在与消费者的第一次接触中就表现得很好，这就会增进消费者对公司的信任并促使他们接受公司以后所提供的各种服务。这也就是我们现在所说的许可 Email 营销。

一些消费者对收到大量的垃圾邮件感到愤怒，他们总是把它们删除到垃圾箱里。这些愤怒的消费者甚至可能会在网上进行反击，他们只需很快地发一份电子邮件给他的朋友们，或者给该公司服务名单上的所有人，或者给其他 Web 站点上的用户，或者是建立他们自己的 Web 站点来反对该公司，这样一个愤怒的消费者几乎可以立即让那个冒犯的公司名誉扫地。因为这个原因，有效地利用许可 Email 营销的公司不仅可以让愿意“进来”的用户“进来”，而且每一次当他们要“出去”时，也让他们“出去”。也就是说，当企业使用 Email 在推广其产品或服务的时候，事先要征得顾客的“许可”。在得到用户的许可之后，才能通过 Email 向用户传递企业的产品或服务信息，同时，当用户需要退订某些信息服务的时候，企业应该迅速地为用户退订该信息，并且不经用户许可不再发送 Email 给用户。

征求同意和为他们提供“出去”机会，仅仅是设计一个成功的电子邮件营销活动的一个方面，你必须还要能够提供一些有价值的信息，足以吸引用户的注意和信息回馈。同时，还应该注意以下一些规则：

(1) 给顾客一个必须做出答复的理由。一个好的 Email 营销策略应该使网上冲浪者有强烈的欲望去阅读这些电子邮件中附带的营销信息。比如，可以利用一些电子邮件形式上的小游戏或者一些奖励措施，来促使用户仔细阅读这些信息，并积极踊跃地做出答复。

(2) 要使电子邮件的内容个性化。企业应该根据顾客过去的购买情况或合作情况，将其发送的电子邮件的内容个性化。同时，顾客也更乐于接受个性化的信息。网上书店亚马逊 (amazon. com) 的站点通过顾客的购物历史记录向那些愿意接受建议的顾客发送电子邮件并提出一些建议，从而赢得了许多忠诚的客户；IBM 公司的“聚焦于你的新闻文摘”站点将有选择的信息直接发送到顾客的电子邮件信箱中，那些同意接收新闻信件的顾客可以从一个有兴趣的话题概况清单中选择他们所要的内容。

（3）为顾客提供一些他们从传统邮件中得不到的东西。传统的邮寄需要花费大量的时间去准备、实施。而电子邮件营销的实施则要快得多，因为它们能够提供一些对时间敏感的信息。例如，淘宝网（taobao.com）的邮件中会向用户提供一些拍卖还剩最后一分钟的商品信息，以及一些限时限量的折扣商品信息。

（4）珍惜最后一次机会。当用户选择要取消定制的电子邮件服务时，再进行最后一次的努力，从而给用户最后一次的选择，即再发一封邮件用以确认用户是否确定要退出。联合利华的“家庭护理系列”就是这样一个简单的例子：新的会员收到一份声明说：“我们非常激动地获知您订阅了我们的快递信息，您可以随时任意更改您的参数设定。”刚退出的会员也同样会收到一封邮件：“您收到这个邮件是因为您之前同意联合利华给您发送特定的信息，我们希望您能喜欢所收到的快递信息，您可以随时任意更改您的参数设定。”这种关系的简单确认，可能会极大地获得消费者的拥护。

7.3.4 邮件列表的获取

1. 邮件列表的定义

邮件列表（Mailing List）是Internet上的一种重要工具，是指以Email为媒介，用于各种群体之间的信息交流和信息发布。邮件列表具有传播范围广的特点，可以向Internet上数十万个用户迅速传递消息，传递的方式可以是主持人发言、自由讨论和授权发言人发言等方式。

根据Email地址的所有权分类，Email营销可以分为内部列表营销和外部列表营销。内部列表是指网站通过自己建立的一些渠道，以用户资源注册资料的方式而取得邮件列表；外部列表则是从专业的邮件服务商那里获取的邮件列表。

2. 获取邮件列表的方法

根据《Email营销》一书的介绍，网站在进行Email营销时，可以通过以下的方法获取邮件列表：

（1）充分利用网站的推广功能。网站本身就是很好的宣传阵地，可以利用自己的网站为邮件列表进行推广，在很多情况下，仅仅靠在网站首页放置一个订阅框还远远不够，因为订阅框的位置对于用户的影响也很大，如果出现在不显眼的位置，被读者看到的可能性就很小，更不要说加入列表了。

因此，除了在首页设置订阅框外，还有必要在网站主要页面都设置一个邮件列表订阅框，同时给出必要的订阅说明，这样可以增加用户对邮件列表的印象。如果可能，最好再设置一个专门的邮件列表页面，其中包含样刊或者已发送的内容链接、法律条款、服务承诺等，让用户不仅对于邮件感兴趣，并且有信心加入。

（2）合理挖掘现有用户的资源。在向用户提供其他信息服务时，不要忘记介绍最近推出的邮件列表服务。

（3）提供部分奖励措施。比如，可以发布信息，某些在线优惠券只通过邮件列表发送，某些研究报告或者重要资料也需要加入邮件列表才能获得。

（4）可以向朋友、同行推荐。如果对邮件列表内容有足够的信心，可以邀请朋友和同行订阅，获得业内人士的认可也是一份邮件列表发挥其价值的表现之一。

（5）其他网站或邮件列表的推荐。正如一本新书需要有人写一个书评一样，一份新的电子杂志如果能够得到相关内容的网站或者其他电子杂志的推荐，对增加新用户会有一定的帮助。

（6）为邮件列表提供多订阅渠道。如果采用第三方提供的电子发行平台，且该平台有各种电子刊物的分类目录，那么不要忘记将自己的邮件列表加入到合适的分类中去，这样，除了在自己网站为用户提供订阅机会之外，用户还可以在电子发行服务商网站上发现你的邮件列表，以增加潜在用户了解的机会。

（7）请求邮件列表服务商的推荐。如果采用第三方的专业发行平台，可以取得发行商的支持，以便在主要页面进行重点推广，因为在一个邮件列表发行平台上，通常有数以千计的各种邮件列表，网站的访问者不仅是各个邮件列表的经营者，也有大量读者，这些资源都可以充分利用。比如，可以利用发行商的邮件列表资源以及其他具有互补内容的邮件列表互为推广等。

获取用户资源是 Email 营销中最为基础的工作内容，也是一项长期工作，但在实际工作中往往被忽视，以至于一些邮件列表建立很久，加入的用户数量仍然很少，Email 营销的优势也难以发挥出来，一些网站的 Email 营销甚至会因此半途而废。可见，在获取邮件列表用户资源过程中应利用各种有效的方法和技巧，这样才能真正做到专业的 Email 营销。

7.4 其他网络营销方法

网络营销还经常用到网络广告、网上市场调查、病毒性营销等其他一些方法。网络广告是网络营销中经常用到的营销方法，主要营销价值表现在建立和推广企业品牌形象、产品促销等方面，涉及内容很广泛，在第八章将有详细介绍。网上市场调查将在第九章介绍。以下介绍另外几种网络营销的方法。在进行网络营销过程中，往往会同时用到几种方法以获得更好的网络营销效果。

7.4.1 病毒性营销

1. 病毒性营销的定义

所谓“病毒性营销”，是指通过用户的口碑宣传网络，信息像病毒一样传播和扩散，利用快速复制的方式传向无数受众。也就是说，通过提供有价值的产品或服务，“让大家告诉大家”，通过别人为你宣传来实现“营销”的作用。病毒性营销已经成为网络营销最为独特的手段，被越来越多的商家和网站成功利用。

病毒性营销是基于营销理念的重大变革。比如说，同样是做广告，对用户而言，电视广告是建立在“以打扰为基础的推销方式”，它不管用户的感受如何，也不管用户愿不愿看，在电视连续剧看得津津有味的时候，突然插进来一大段广告。病毒性营销理念则恰巧相反，是建立在“以允许为基础的推销方式”。它像病毒一样在不知不觉中侵入你的肌体，让你对它产生好感。这时，你的购物潜意识被激活，产生要购买这种产品的欲望。它们能够找到一个途径，利用一眼看去似乎全然不搭界的路径接近自己的载体，从而牢牢依附在载体身上。

一个成功的例子是Hotmail公司。在它开办的一年半时间里，Hotmail公司已经为它开设的由免费广告支持的电子邮件服务征集到近1 000万个客户。它的诀窍是，人们每次给朋友发电子邮件时，邮件末都有一条附注邀请他们订购免费收到电子邮件的服务。Hotmail公司的电子邮件网址之所以能每天增加多达10万个新用户，是因为每个使用者都在给它做一种用不着怀疑其可靠性的广告：当你发出一个电子邮件的时候，你的签名就包含了你对已经使用过的这种服务的评价，以及表明你愿意与这个网址保持联系。Hotmail 公司通过病毒性营销带来的高速成长，获得了巨大的经济效益。1997 年 12 月，微软公司以首期付款达 4 亿多美元的天价买下了这家公司。

2. 病毒性营销的特点

病毒性营销是通过利用公众的积极性和人际网络，让营销信息的传播方式类似病毒一样传播和扩散，营销信息被快速复制传向数以万计、数以百万计的受众。它存在一些区别于其他营销方式的特点。

(1) 有吸引力的“病原体”。天下没有免费的午餐，任何信息的传播都要为渠道的使用付费。之所以说病毒性营销成本很低，主要是指它利用了目标消费者的参与热情，但渠道使用的推广成本是依然存在的，只不过目标消费者受商家的信息刺激自愿参与到后续的传播过程中，原本应由商家承担的广告成本转嫁到了目标消费者身上，因此对于商家而言，病毒性营销的成本很低。

目标消费者为什么自愿提供传播渠道？原因在于第一传播者传递给目标群的信息不是赤裸裸的广告信息，而是经过加工的、具有很大吸引力的产品和品牌信息，而正是这一披在广告信息外面的漂亮外衣，突破了消费者的戒备心理，促使其完成从纯粹受众到积极传播者的变化。

网络上盛极一时的“流氓兔”证明了“信息伪装”在病毒性营销中的重要性。韩国动画新秀金在仁为儿童教育节目设计了一个新的卡通兔，这只兔子相貌猥琐、行为龌龊、思想简单、诡计多端、爱耍流氓、只占便宜不吃亏，然而正是这个充满缺点、活该被欺负的弱者成了反偶像明星，它挑战已有的价值观念，反映了大众渴望摆脱现实、逃脱制度限制所付出的努力与遭受的挫折。流氓兔的 Flash 出现在各 BBS 论坛、Flash 站点和门户网站，私下里网民们还通过聊天工具、电子邮件进行传播。如今这个网络虚拟明星衍生出的商品已经达到 1 000 多种，成了病毒性营销的经典案例。

(2) 几何倍数的传播速度。大众媒体发布广告的营销方式是“一点对多点”的辐射状传播，实际上无法确定广告信息是否真正到达了目标受众。病毒性营销是自发性的、扩张性的信息推广，它并非均衡的、同时的、无分别的传给社会上每一个人，而是通过类似于人际传播和群体传播的渠道，产品和品牌信息被消费者传递给那些与他们有着某种联系的个体。例如，目标受众读到一则有趣的 Flash，他的第一反应或许就是将这则 Flash 转发给好友、同事，无数个参与的“转发大军”就构成了成几何倍数传播的主力。

（3）高效率的接收。大众媒体投放广告有一些难以克服的缺陷，如信息干扰强烈、接收环境复杂、受众戒备抵触心理严重。以电视广告为例，同一时段的电视有各种各样的广告同时投放，其中不乏同类产品“撞车”现象，大大减少了受众的接受效率。而对于那些可爱的“病毒”，是受众从熟悉的人那里获得或是主动搜索而来的，在接受过程中自然会有积极的心态；接收渠道也比较私人化，如手机短信、电子邮件、封闭论坛等（存在几个人同时阅读的情况，这样反而扩大了传播效果）。以上方面的优势，使得病毒性营销尽可能地克服了信息传播中的噪音影响，增强了传播的效果。

（4）更新速度快。网络产品有自己独特的生命周期，一般都是来的快去的也快，病毒性营销的传播过程通常是呈S形曲线的，即在开始时很慢，当其扩大至受众的一半时速度加快，而接近最大饱和点时又慢下来。针对病毒性营销传播力的衰减，一定要在受众对信息产生免疫力之前，尽可能地将传播力转化为购买力，方可达到最佳的营销效果。

3. 病毒性营销的应用

病毒营销在国外已经有了大范围的应用，除了前面提到的Google和Hotmail，它还用“Just do it！”捧红了耐克，用“吃垮必胜客”为必胜客锦上添花，这些都是病毒营销的成功应用。而在中国，虽然网络广告是越来越多，越来越受重视，但除了腾讯公司运用病毒性营销较为成功以外，而且还没有比较成功的案例。在使用病毒性营销时应当注意以下几点：

（1）要制造好的“病毒”按钮。“病毒”按钮是启动消费者转化为传播者的入口，是用来触发受众的某种情绪，使之转化为自愿传播者，是营销成功的关键。可以设计以下按钮：爱情按钮，如戴比尔斯的广告语“钻石恒久远，一颗永流传”，被公众广泛的口头传播；娱乐按钮，如Flash、游戏以及喜剧小品的娱乐元素；价值按钮，为受众提供一些折扣券、代金券、资料情报等，将传播转化为现实的购买力；语言按钮，可能没有实际的语意，却能够为不同国家、地区、民族、文化的消费者认可与接受的发音词或形体动作，比如百威啤酒创造的“Wanuo”；符号按钮，如奥运会的北京印、腾讯的小企鹅、Intel好电脑的标志等。

（2）制造出的信息一定要是成品。提供给消费者的必须是不需要他们进行再加工的信息成品，如编辑好的短信、制作好的Flash等。最好的效果就是人们一看就会喜欢，马上就能下载或者转发。

(3) 找准易感人群。第一批接受者必须是最有可能的产品使用者，因为需要依靠他们进行后续的传播活动。腾讯在QQ品牌推广时，就非常注重对低免疫力人群的寻找和锁定。据腾讯公关总经理杨益介绍，腾讯QQ的用户平均年龄为20.6岁，他们追逐时尚，对新潮流、新趋势、新事物的感觉非常敏锐。这些特点，注定了他们是低免疫力人群，他们对腾讯QQ"病毒"没有任何抵御能力，能很快接受并且适应腾讯提供的有别于ICQ的中文界面，即通讯工具，并且还会积极地将这一"病毒"通过鼠标和口头语言向其他人传播。

(4) 适时的进行"病毒"更新。"病毒"更新速度快，病毒性营销的传播力就会衰减，要吸引公众继续参与传播就要及时更新"病毒"，不断植入新的"病毒按钮"。例如，歌曲《大学生自习室》的Flash已经出现了20多种不同的版本。

4. 一个有效的病毒性营销战略包含的要素

(1) 提供有价值的产品和服务。企业要向用户提供有价值的产品和服务，首先要能吸引用户，引起注意。多数病毒性营销是靠提供有价值的免费产品或服务来引起注意。这种方法并不能马上获利，但可以获得大量潜在用户，进而获得用户对其他产品或服务的需求以达到企业获利。

(2) 具有简单易行的信息传递方式。由于互联网的特点，信息的传播非常简单、方便且廉价，这使得网上病毒性营销能很好地发挥作用。

(3) 信息传递范围很容易从小向很大范围传递。要让信息在用户之间快速不断的扩散，企业需要考虑信息传递的方式必须有利于从小到大迅速改变。

(4) 利用公众的积极性和行为。巧妙的病毒性营销策略可以激发公众的积极性。

(5) 利用现有的通讯网络。把信息置于人们现有的通信网络之中，才能迅速地传播、扩散出去。

(6) 利用别人的资源。要善于利用别人的资源来传播自己的信息。

案例　　**Gmail成功的推广方式**

Gmail是Google开发的电子邮箱，Google采用病毒性营销方法来推广

Gmail，取得了巨大的成功。与其他网站的邮箱不同，Gmail 采用了推荐注册的方式，并不接受公开的注册。也就是说，并不是你想拥有 Gmail 就能拥有。Google 在自己的官方网站上宣布说，有三种途径可以得到 Gmail 账户：由2004 年3 月21 日开始，如果你是 Google 员工或亲友，那么可以使用，人数控制在1 000 人左右；由4 月25 日开始，在 Google 旗下的 blogger. com 的活跃使用者会受到邀请，参与测试；最后一种方法是 Gmail 使用者会不定期受到 Google 给予的邀请权，可邀请其他人使用 Gmail。

正是这种独特的邀请方式，Gmail 被赋予了更多的象征意义，比如拥有 Gmail 可以证明：你是一个互联网活跃分子，对新鲜事物充满渴求；你的英语有一点基础，体现出文化层次；你有一定的渠道（关系），并不是每个人都可以获得 Gmail。Google 不必费力自己宣传，就赢得了业内外包括媒体在内的热烈关注和讨论。

在 eBay 上的 Gmail 拍卖条目有上千条之多，价格从 1 个账号 1 美分到 10 个账号 30 美元不等。引用 Google 员工之间流传的一条经典语录：“不一定每个人都使用 Gmail，但每个人都为得到一个 Gmail 账户而疯狂。”

Google 独特的市场策划也是病毒性营销的经典演绎。病毒性营销描述的是一种信息传递战略，包括任何刺激个体将营销信息向他人传递、为信息的爆炸和影响的指数级增长创造潜力的方式。这种战略像病毒一样，利用快速复制的方式将信息传向数以千计、数以百万计的受众。

邀请的方式是病毒性营销的典型特征，它还有一个好处，邀请方有一个挑选接受方的过程，对应的接受方也有一个认真考虑的过程，这样 Google 就把甄选用户的权利下放到用户手上，事实上减少了 Gmail 无用注册的情况。

7.4.2 博客营销

博客营销的概念可以说并没有严格的定义，简单来说，就是利用博客这种网络应用形式开展网络营销。博客（Blog）的全名应该是 Web log，中文意思是“网络日志”，后来缩写为 Blog，而博客（Blogger）就是写 Blog 的人。从应用上讲，博客是一个新型的个人互联网出版工具，是网站应用的一种新方式，是一个信息的发布、知识交流的传播平台。从理解上讲，博客是一种表达个人思想、网络链接、内容按照时间顺序排列，并且不断更新的出版方式。

博客近年来风靡互联网，被认为是继 BBS、Email、OICQ 之后的第四种网络交流方式。总的来说，Blog 就是以网络作为载体，迅速便捷地发布自己的心得，及时轻松地与他人进行交流，再集丰富多彩的个性化展示于一体的综合性平台。

博客这种网络日记的内容通常是公开的，自己可以发表自己的网络日记，也可以阅读别人的网络日记，因此可以理解为一种个人思想、观点、知识等在互联网上的共享。由此可见，博客具有知识性、自主性、共享性等基本特征，正是博客的这种性质决定了博客营销是一种基于个人知识资源（包括思想、体验等）的网络信息传递形式。因此，开展博客营销的基础问题是对某个领域知识的掌握、学习和有效利用，并通过对知识的传播达到营销信息传递的目的。博客内容发布在博客网站上，这些网站拥有大量的用户群体，有价值的博客内容会吸引大量潜在用户浏览，从而达到向潜在用户传递营销信息的目的。

根据中国互联网络信息中心发布的《2006 中国搜索引擎市场调研报告》显示，目前我国的博客作者数量约 1 748 万人，活跃博客作者数量约 770 万人，博客空间数量约 3 375 万个，有效博客空间数量约 985 万个，而博客读者的数量约 7 556 万人（如图 7－7）。根据这些数据，可以看到博客庞大的读者群为企业开展博客营销提供了潜力巨大的消费市场，同时也可以看出博客营销的必要性和前景。

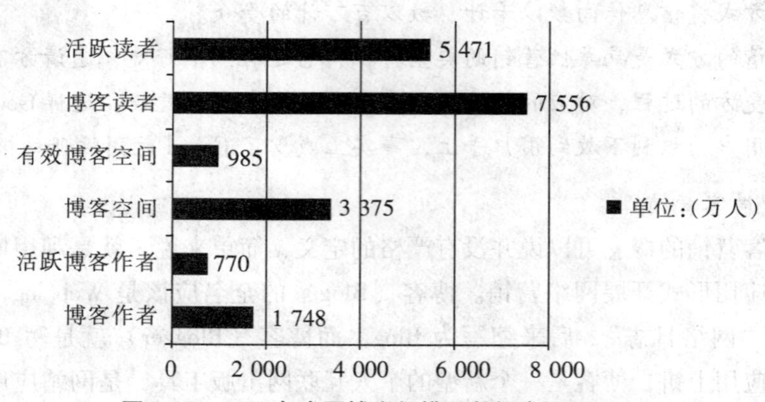

图 7－7　2006 年中国博客规模（数据来源 CNNIC）

1. 博客的主要特征

（1）知识共享性。不同的博客内容有很大的不同，各种形式的网络资源都应有尽有。在博客的传播过程中，信息可以自由、活跃地流动和被共享，从而使众多的知识得到整合，不断形成新的知识共同体，在这个知识共同体之上，又有包含众多动态文本的更大的知识共同体。

（2）组织自主性。博客具有独特的分类方式以及给予用户的分类权限，从而具有较强的组织自主性。在博客中，具有共同目标的个人或群组可以自行对文章进行分类、整理，所以博客中的所有内容主题分类鲜明，不会受其他无关信息的干扰，针对性较强。

（3）记录有效性。用户可以将发言保留在自己的博客中，同时它使用资源描述框架标准来组织信息，这样用户可以通过博客的互联，对这些信息进行筛选。由于其主题分明，因而无关信息相对较少，使得其具有较强的记录有效性。

（4）易用性。博客简单易用，使用者不需要懂得图形处理、网页制作、网页发布等相关技术，只要具备上网条件即可使用博客来发布自己的信息。而且目前国内的博客大部分都是免费使用的，用户只需要在博客网站免费注册，就可以开通博客服务。

2. 博客营销的主要作用

博客营销实质上是一种信息发布方式，企业利用自己的博客来发布最新的企业动态、产品信息以及促销信息，借助博客强大的共享性，来吸引更多的客户群体，带来良好的营销效果。

（1）丰富企业站点信息内容。一般的企业在作站点规划时无非有这么些栏目，如公司简介、产品/服务介绍、联系我们等，这些信息内容比较固定，让访问者感觉不太柔性。而 Blog 营销中，企业网络信息的操作权将不会集中在网络管理员一个人手中，所有的公司成员都可以通过 Blog 发布自己的工作经历和感受。

（2）企业与客户之间建立信任。客户难免会对企业有所抱怨，有时候确实是由于一些操作上的客观原因造成的，那么企业管理层或员工可以在 Blog 上发表图片和文字信息记录自己为客户服务操作的真实过程，要给客户传递一个重要信息：我们企业对服务质量从未敢怠慢，客户就是我们的上帝。在企业 Blog 上，管理层可以发布一些公司未来发展的规划战略部署，员工也可以记录自己对公司企业文化的体验和感受，让这些积极的因素来感染客户，获取客户的信任。

（3）提供有价值的文字链接。这是针对搜索引擎优化（SEO）专业人士而言的。由于Blog互动面较广，公司所有的员工和管理人员都可以参与，所以Blog里的信息原创度和新鲜度很强，而这一点恰好迎合了搜索引擎的口味。基于这点，SEO执行人员就可以很好的利用Blog平台来协助企业站点部署关键词策略。

3. 博客营销的应用

（1）在有限的几个用户量大的博客网站建立企业博客，如新浪博客、博客网等。企业在建立自己的博客时，应当注意不要选择过多的网站建立博客，那样只会让自己的博客内容滥而不精，反而会弄巧成拙，招致访问者的厌恶，有损企业的形象。

（2）在博客中用适当的篇幅介绍企业的概况。营销人员应当注意不要用过长的篇幅来介绍企业，只需把主要的关键信息介绍清楚即可。

（3）在博客中发表一些专业的文章。博客营销的精髓在于通过博客发布特定目标群体所感兴趣的信息来吸引潜在客户，因此，要通过发表一些大众感兴趣的专业问题的文章来增加访问量。

（4）在博客中发表一些企业的产品信息。博客营销的最终目的是将访问量的增加转化为销售量的增加，因此，更重要的就是在博客中发布一些企业的产品信息，供消费者进行参考，吸引消费者购买。

（5）创意标题。标题是成功经营博客的一大关键。好的标题可以让搜索引擎找到你并为你带进更多的流量。有魅力、好的标题可以吸引读者阅读你的内容，换得更多的链接。每篇博客帖子的主题都应该吸引读者想阅读全文。

（6）时常更新。时常更新不仅对博客有利，也是成功的必备条件。更新博客主要是基于两项因素：增加搜索引擎的偏好度及读者喜欢新鲜内容。搜索引擎喜欢新的内容，网站越常更新，搜索引擎便越常造访，如此可以让你的博客经常被列入搜索的结果中。一旦让搜索引擎信赖不断更新的内容，便能提高博客在搜索结果中的排名。

（7）大量链接。链接又称为“博客圈的通货”，大部分博客写手放置链接是基于两种理由：对该项主题感兴趣及喜欢他们所链接的博客。链接本身是有价值的，所以设定链接可以向读者与使用者显示你感兴趣的事物。你所链接的博客越棒，读者及其他博客写手就越重视你和你的博客。

（8）在其他博客留言。建立利益同盟是企业或个人成功经营博客的关键。对大部分企业而言，这个问题中混杂着现有的博客写手、新资源、业界有影响力的人士，以及员工、合作伙伴、供货商及顾客等。在你的利益同盟中留言，是让这些博客写手及他们的读者了解你，并使他们对你的博客感兴趣。大家最常发现新博客的一种方式就是通过共同的链接，如果可以参与其间便能获得更多的流量，就能与其他博客写手及他们的读者建立关系。

案例　　SONY成功的博客营销

索尼（中国）推出新款索尼Cyber－Shot DSC－F828数码相机，打算卖给高端玩家。但这些行家多少年一直运用传统的光学相机进行摄影，他们是一群执著的专业人士，拥有着足够的知识、权威和自信的判断力。他们对摄影有着自己的主见，很难用其他方式影响。摆在实力传播面前的问题是：如何找到并影响这群人。实力传播是索尼的媒介方案提供者。最传统的方式是：到摄影杂志上去刊登广告，因为那里聚集的作者和读者是真正的行家或发烧友。但如何影响这群人，从而促使其改变多年的专业摄影习惯？他们认为应该找到这群慢热的人（实力传播对摄影器材消费者的看法）中喜欢尝试新鲜事物的人。并且尝试了一种新型的营销武器——博客。目前技术痴迷者、发烧友以及部分先觉大众组成了博客的主体和浏览者。这些由博客凝聚起来的人，在他们看来，具有动人的几点特质：喜欢尝试新鲜事物、具有意见领袖的基本特质。最重要的是，虽然传统人口统计学意义上的年龄、性别、职业等，使他们可能不具备一致性，但他们明显拥有共同的兴趣，这正是与消费者进行有效沟通的良好基础。因此，如果基于博客进行说服，可能更容易达到效果，而且这群人的意见领袖特质，会让他们把使用索尼这款相机的感受快速地传达出去。进入他们视野的是：摄影的专业博客门户以及一些喜欢玩新的博客网站，他们选择的传播方式并不新鲜，进入这个网络园地，你会看到产品的图像、品牌的LOGO这样的硬广告，形成一个视觉场。然后，版主会不时发些介绍性文章。SONY成功的Blog营销使得许多的摄影爱好者争先访问这个充满吸引力的Blog，并对SONY的新产品产生浓厚的兴趣，使刚上市的相机被抢购一空。

本章小结

本章对网络营销常用的几种方法：搜索引擎营销、邮件营销、网站推广、病毒性营销、博克营销等进行了介绍，当然，要取得好的网络营销效果，是用一种方法还是几种方法并用，这需要从实际需要出发。

第8章 网络广告

8.1 网络广告发展概况

8.1.1 网络广告的产生和发展

广告是企业宣传自我形象和营销活动的重要组成部分。传统的广告业从诞生到现在已经有一百多年的历史了，其发布媒体有很多，包括电视、广播、报纸、路牌、灯箱、交通工具、包装物、电话黄页和产品目录等，其中，报纸、广播、电视是公认的三大传统广告媒体。通过这三大媒体发布的广告是主要的传统媒体广告。

随着互联网这一新型信息传播媒体的产生和普及，传统广告将逐步过渡到互联网上。以互联网为媒体发布和传播的商业广告称为网络广告，由于互联网在信息传输上具有得天独厚的优势，网络广告将具有广阔的发展前景。第一则网络广告出现在美国，1994 年 10 月 27 日是网络广告史上的里程碑，美国著名的 Hotwired 杂志推出了网络版的 Hotwired（www. Hotwired. com）在其网页上，出现了包括 AT&T 在内的 14 则广告的图像和信息，这宣告了网络广告的诞生。Internet 的媒体特性，促成了网络广告的诞生和发展，而且使其一开始就成为广告业的奇葩。根据 IAB（Internet Advertising Bureau）的统计，1997 年的网络广告收入达到 9. 06 亿美元，在 1998 年网络广告的收入就翻番增长到 19. 6 亿美元，并一举超过户外广告收入，占到当年总广告收入的 4%。

我国最早的网络广告是 1997 年 3 月 Chinabyte 推出的一幅横幅广告，取得较好的广告效果。广告商也认识到了在线广告的明朗前景，于是在线广告也逐渐在我国的网站中出现。网络广告的形式已被越来越多的企业接受和采纳。1998 年，我国的在线广告初具规模，当年营业额比前一年增加了 60%，达到 4 800 万元，而 1999 年又是 1998 年的 3 倍。1999 年新浪网拿到了 IBM 30 万美元的广告订单，成为一个标志性事件。2000 年我国在线广告营业收入为 3.5 亿元，2001 年为 4.6 亿元，增幅达 32%，2002 年上半年在线广告收入为 2.26 亿元，比前一年同期增加了 3 200 万元。美林集团的一份报告也指出，2003 年中国网络广告额占企业营销总支出的比例为到 5%，2003 年中国网络广告市场份额达到 45 亿元，从 2002 年以后中国网络广告业呈现出了跳跃式发展。2005 年，中国网络广告销售收入增长为 45%，到 2010 年，中国网络广告市场规模预计将达 20 亿美元。

目前以宽带社区为代表的宽带网络发展获得了越来越多的支持，一旦网速和带宽问题得到了解决，在线广告将解决自身存在的若干问题，尤其是在线广告的互动优势将得到进一步体现。

8.1.2 网络广告的定义

网络广告是伴随互联网而产生的新型广告模式，根据美国著名传媒研究者霍金斯下的定义，网络广告即电子广告，指通过电子信息服务传播给消费者的广告。中国广告商情网则把网络广告定义为在互联网上传播、发布的广告。它的广告形式、收费模式、广告特点等方面与传统广告形式有很大的差异。借鉴广告的一般定义，网络广告是确定的广告主以付费方式运用互联网媒体对公众进行劝说的一种信息传播活动。

网络广告是传统广告的电子化和网络化，是传统广告在互联网上的延伸和发展，它包括了传统广告的全部构成要素，即广告主、广告媒体、广告受众、广告信息和广告费用。

广告主是指发布网络广告的企业、单位和个人，广告主可以自行发布或委托他人代为发布。广告媒体，网络广告的广告媒体即互联网。广告受众是指广告信息的接受者，网络广告的受众就是网民，即经常上网活动的人们。2006 年 7 月 19 日，中国互联网络信息中心（CNNIC）发布了第十八次“中国互联网络发展状况统计报告”，报告显示，截至 2006 年 6 月 30 日，我国网民人数达到 1.23 亿人，网站总数约为 78.84 万个。广告信息，即网络广告所传达的具体的企业、产品、劳务信息。借助于多媒体技术，网络广告的表现形式多种多样，且图文声像并茂，其背后的信息量更是惊人，非传统广告可比。商业广告都要付费，在网上发布广告同样需要资金投入。在目前的状况下，国内网站广告收费相对较高，因我国网民比例还不是很高，加上网民上网费用相对较贵，一般人上网多以有目的地搜集信息为主，较少会主动点击查看广告，这是企业在网上做广告时应考虑的问题。

8.1.3 网络广告的特点

广告是一种有目的、有计划地通过媒体进行的有偿信息传播活动，由于网络广告的产生是基于互联网这一新兴的、具有划时代意义的传播媒体，因此网络媒体有着不同于一般大众媒体的各种特点。从传播学角度来看，网络媒体具有的即时互动性使网络广告的主要传播方式发生了根本性的变化，如变传统广告传播信息有时滞的单向流动为即时双向沟通，放弃了传统广告沟通中“推”的模式，而采取“推”、“拉”结合的方式等。网络广告的特点可归纳如下。

1. 互动性与感官性

由于互联网信息是双向互动传播的，因此用户可以自由获取他们认为有用的信息，厂商也可以随时得到消费者的反馈信息。从营销传播的角度观察，网络上的互动式广告有两个基本的特点：一是适应个人需要而发布信息，二是广告受众可自由选择信息。网络广告的载体基本上是多媒体、超文本格式文件，只要用户对某产品感兴趣，仅需轻按鼠标就能进一步了解更多、更为详细、生动的信息，从而使消费者能亲身“体验”产品、服务与品牌。若将虚拟现实技术应用到网络广告中，让顾客身临其境般感受商品或服务，并能在网上预订、交易与结算，将大大增强网络广告的实效。因此，可以说网络广告是一种交互式的与受众进行双向沟通的“活”广告。

2. 广泛性

由于互联网信息传播具有全天候、全地域的特点，因此基于互联网传播的网络广告自然不受时空的限制。只要具备浏览互联网的条件，任何人在任何时间、任何地点都可以阅读网络广告信息，这是传统媒介所无法比拟的。因此网络广告的广泛性主要体现在两个方面：其一，互联网覆盖范围广泛。通过互联网来发行的网络广告不受时间、地域的限制，可以迅速传播至互联网所覆盖的所有国家和地区的所有目标受众。其二，网络广告信息容量大。广告主可以把自己的公司及所有产品和服务，包括产品的性能、价格、外观、型号等一切有必要向受众说明的详细信息做成网页放在自己的网站里，然后通过一个小小的广告链接访问到。

3. 实时性和灵活性

互联网本身反应就很迅速，依托互联网为媒体的网络广告更是自不待言。在互联网上做广告，可以及时按照需要更改广告内容，经营决策的变化也能及时实施和推广。另外，网络广告制作周期比起传统广告而言更短，这也是它的一大优势。网络广告的灵活性首先体现为其表现形式多种多样，从电子邮件到互动游戏无所不包，而且新的广告形式还会层出不穷。其次，网络广告具有文字、图像、表格、声音、动画、三维空间、虚拟视觉等多种功能，可根据创意需要进行任意组合，直至实现完美的视听效果。最重要的是网络广告能够方便地修改、更新内容，适应随时变化的市场环境和顾客要求，而成本却不会大幅上升。

4. 非强迫性

众所周知，报纸广告、杂志广告、电视广告、广播广告、户外广告等都具有强迫性，都是要千方百计吸引你的视觉和听觉，强行灌输到你的脑中。而网络广告则属于按需广告，具有报纸分类广告的性质却不需要你彻底浏览，它可以让你自由查询，将你要找的资讯集中呈现给你，这样就节省了你的时间，避免了无效的被动灌输，并能使你的注意力集中。

5. 受众可控性

利用传统媒体做广告，很难准确知道有多少人接收到了广告信息。以报纸为例，虽然报纸的读者是可以统计的，但是刊登在报纸上的广告有多少人阅读过却只能估计推测而不能精确统计。至于电视、广播和路牌等广告的受众人数就更难估计。而在 Internet 上可通过权威公正的第三方监测和统计系统精确统计出每个客户的广告被多少个用户看过，以及这些用户查阅的时间分布和地域分布，从而有助于客户正确评估广告效果，审定广告投放策略。

6. 经济性

新兴媒体收费低于传统媒体。网络广告是目前国内外向型企业进行国际营销最直接、最有效同时也是费用最低的一种广告形式，若能直接利用网络广告进行产品销售，则可大大节约成本，相对而言，网络广告的发布费用较传统广告要低，但是却能获得同等的广告效应。网络广告的有效千人印象成本远远低于传统广告媒体。

8.1.4 网络广告的类型与发布

1. 网络广告的主要类型

（1）旗帜型广告。旗帜广告是以 GIF，JPG 等格式建立的图像文件，位于网站顶部或底部的长方形广告条。旗帜广告的主流尺寸为 468 ×60mm，用于表现广告的内容，同时还可使用 Java 等语言使其产生交互性。

（2）主页型广告。企业将要发布的信息内容分门别类做成主页，放置在网络服务商的站点或企业自己的站点上，从而让用户通过主页型广告全面了解企业及企业的产品和服务。

（3）电子邮件广告。电子邮件是网民经常使用的因特网工具。虽然只有不到 30% 的网民每天上网浏览信息，但却有超过 70% 的网民每天使用电子邮件，对企业管理人员尤其如此。电子邮件广告具有针对性强、费用低廉的特点，且广告内容不受限制。特别是针对性强的特点，它可以针对具体某一个人发送特定的广告，这为其他网上广告方式所不及。

电子邮件广告一般采用文本格式或 html 格式。通常采用的是文本格式，即把一段广告性的文字放置在新闻邮件或经许可的 Email 中间，也可以设置一个 URL，链接到广告主公司主页或提供产品或服务的特定页面。

（4）赞助式广告。一般来说赞助广告分为三种形式：活动赞助、栏目赞助及节目赞助。通常广告主要根据产品的特点，对网站某个频道或者专题进行冠名或特约报道式的商业合作。在传统的网络广告之外，可将网站的内容品牌与广告主的企业、产品形象有机结合，给予广告主更多的选择。

（5）插播式广告。插播式广告是在一个网站的两个网页出现的空间中插入的网页广告，像电视节目中出现在两集影片中间的广告一样。插播广告有不同的出现方式，有的出现在浏览器主窗口，有的新开一个小窗口，有的可以创建多个广告，也有一些是尺寸比较小的、可以快速下载内容的广告。无论采用那种显示形式，插播式广告的效果往往比一般的 BANNER 效果要好。广告主很喜欢这种广告形式，因为它们肯定会被浏览者看到。只要网络带宽足够，广告主完全可以使用全屏动画的插播式广告。这样，屏幕上就没有什么能与广告主的信息“竞争”了。

（6）电子杂志广告。由于电子杂志是由网民根据兴趣与需要主动订阅的，同垃圾邮件有本质区别，所以此类广告更能准确有效地面向潜在客户。在这类专业杂志上面投放广告，不仅费用低廉，而且效果也非常显著，能够将企业的产品和服务等广告信息在 Internet 上得到迅速推广传播。

（7）链接广告。文本链接广告是一种对浏览者干扰最少，但却较有效果的网络广告形式。整个网络广告界都在寻找新的宽带广告形式，而有时候，最小带宽、最简单的广告形式效果却最好。链接广告可以在页面显著位置上，以纯文字形式直接发布快捷的广告信息。其技术优势是：表现方式比较平和、具有亲和力，能紧紧吸引用户的浏览意识，而又在不经意中被广泛地接受 。

2. 网络广告的发布

（1）网络广告的发布方式。传统广告发布主要是通过广告代理商来实现的，即由广告主委托广告公司实施广告计划，广告媒介通过广告公司来承揽广告业务。广告公司同时作为广告客户的代理人和广告媒体的代理人提供双向的服务。而在网络上发布广告对广告主来说有更大的自主权，既可以自行发布又可以通过广告代理商发布。目前网络广告发布的方式主要有以下三种：

①广告主自建网站发布。广告主自建网站发布是指广告主不借助广告代理商，而是自己制作，自己建立网站，自行发布广告信息。广告主对自己的广告可以有更多的控制权，能根据自身实际，调整广告策略，从而达到更好的宣传效果，而且也可以节省成本。例如，1999 年 2 月宝洁公司为新产品 PERTPLUS 建立了专门的网站 www. pertplus. com，在网上进行推广。在短短两个月中，有335 000人访问该网站，有83 000人索取试用装，有59 000人愿意接受相关邮件，有54 000人愿意参加调查，广告印象为 4. 5 亿人，平均访问率 0. 84%。

②专业网络广告商代理发布。专业网络广告商代理发布是指仿效传统广告的制作发布方式，由专业的广告公司作为中介机构参与到网络广告业务中。广告公司能利用其在广告领域的丰富经验，以及自身强大的实力，充当广告主和广告发表媒体的中介。传统的广告代理商顺应潮流，招聘专门人才成立网络广告服务部门（或直接投资成立新兴网络广告公司），或与网络服务商合作，使广告专业人才与网络技术人员优势互补，共同代理此类业务。广东省广告公司成立了大网媒介有限公司，专门代理客户有关网络广告的业务。美国最大的网络广告公司 DOUBLI CLICK 成立于 1996 年，仅 1998 年 12 月就为 570 个站点的 6 400 个页面传送了 53 亿的广告次数。

③广告主和网络服务商联合。广告主和网络服务商联合是指广告主为了扩大其广告的影响力，直接寻求一些比较有影响的网络服务商作为合作伙伴，网络服务商成立自己的网络广告部门，为广告主办理广告业务，执行广告计划，甚至参与离线市场促销活动。例如，百事可乐和雅虎共同宣布了一

项在线和离线联合促销计划。根据协议，百事可乐将在15亿瓶饮料瓶上印雅虎标志，并在全美5万家商店公开销售。同时，雅虎将新开一专门网站pepsistuff. com以促销百事产品。所有百事饮料瓶盖上都印有代码，以使消费者可以通过网络兑奖并得到优惠。

（2）网络广告的发布途径。网络广告除了在发布方式上与传统广告不同外，其在发布途径上也有自己的特点，主要有以下形式：

①主页形式。建立自己的主页，对大公司来说是一种必然的趋势。这不但是一种企业形象的树立，也是宣传产品的良好工具。实际上，在Internet上做广告，归根到底要设立公司自己的主页。其他的网络广告形式，无论是黄页、工业名录、免费的Internet服务广告，还是网上报纸、新闻组等，都是提供了一种快速链接至公司主页的形式，所以说，在Internet上做广告，建立公司的Web主页是最根本的。主页形式也是公司在Internet进行广告宣传的主要形式。按照今后的发展趋势，一个公司的主页地址也会像公司的地址、名称、标志、电话、传真一样，是独有的，是公司的标识，它也将成为公司的无形资产。

②专类销售网。这是一种专类产品直接在Internet上进行销售的方式。现在有越来越多的这样的网络出现，著名的如Automobile Buyer’s Network、AutoBytel等。以Autlmobile Buyer’s Network为例，消费者只要在一张表中填上自己所需汽车的类型、价位、制造者、型号等信息，然后轻轻按一下Search（搜索）键，计算机屏幕上就可以马上出现完全满足你所需要的汽车的各种细节，当然还包括何处可以购买到此种汽车的信息。另外，消费者考虑购买汽车时，很有可能首先通过此类网络先进行查询，所以，对于汽车代理商和销售商来说，这是种很有效的Internet广告方式。汽车商只要在网上注册，那么他所销售的汽车细节就进入了网络的数据库中，也就有可能被消费者查询到。与汽车销售网类似，其他类别产品的代理商和销售商也可以连入相应的销售网络，从而无需付出太大的成本就可以将公司的产品及时地呈现在世界各地的用户面前。

③免费的Internet服务。在Internet上有许多免费的服务，如国外的有http：//bigfoot. com、http：//www. hotmail. com，国内的有http：//www. 163. com、http：//www. telebrid. com. cn、http：//www. 263. net等都提供免费的Email服务，很多用户都喜欢使用。由于Internet上广告内容繁多，即使公司建有自己的

Web 页面，但是需要用户主动通过大量的搜索查询工作，才能看到广告的内容。而这些免费的 Internet 服务就不同，它能帮助公司将广告主动送至使用该免费 Email 服务，同时又想查询此方面内容的用户手中。具体说来此种方式有以下特点：第一，主动性强。所有的使用者都可以按照自己的喜好和兴趣选择订阅一些免费信息，一旦你选择订阅了有关的信息，就可以定期地收到所订阅的信息。当然，其中包含着广告的内容。不过用户既可以随时增加订阅，也可以随时修改或停止订阅信息内容。第二，统计性好。每一个用户在第一次使用免费 Email 时，必须要详细填写一张用户档案（Member Profile）。这就使得提供免费 Email 的服务商能详细地知道使用者的具体情况，若有公司利用免费 Email 做广告，免费 Email 服务商就会每月给你一份调查报告，告诉你在这个月中有多少用户看了你的广告，又有多少用户进一步了解了广告的内容（即按了广告的图标）。在每月报告中，免费 Email 服务商还会提供对你的产品或服务感兴趣的用户的具体情况的统计资料。第三，针对性强。随着免费 Email 会员的进一步增加，广告主还可以根据使用者的特性（地域、年龄、性别、家庭收入、职业、受教育水平、兴趣爱好、婚姻状况等），有针对性地发布自己的广告。

④黄页形式。在 Internet 上有一些专门的用以查询检索服务的网络服务商的站点，如 Yahoo、Infoseek、Excite 等。这些站点就如同电话黄页一样，按类别划分以便于用户进行站点的查询。在其页面上，都会留出一定的位置给企业做广告。比如在 Excite 上，你在 search 一栏中填入关键字 auto mobile，Excite 页面的中上部就会出现某汽车公司的广告图标。在这些页面上做广告的好处是：第一，针对性好。在查询的过程中都是以关键字区分的，所以广告的针对性较好。第二，醒目。由于处于页面的明显处，较易为正在查询相关问题的用户所注意，从而容易成为用户浏览的首选。

⑤企业名录。一些 Internet 服务提供者（ISP）或政府机构会将一些企业信息融入他们的主页中。只要用户感兴趣，就可以直接通过链接，进入相应行业代理商（或者配件商）的主页上。

⑥网上报纸或杂志。在 Internet 日益发展的今天，新闻界也不甘落后，一些世界著名的报纸和杂志，如美国的《华尔街日报》、《商业周刊》，国内的如《人民日报》、《文汇报》、《中国日报》等，纷纷将触角伸向了 Internet，在 Internet 上建立自己的 Web 主页。而更有一些新兴的报纸与杂志，干

脆脱离了传统的“纸”的媒体，完完全全地成为了一种“网上报纸或杂志”，而且反响非常好，每天访问的人数都在不断上升。可以预计，随着计算机的普及与网络的发展，网上报纸与杂志将如同今天的报纸与杂志一般，成为人们必不可少的生活伴侣。对于注重广告宣传的公司，在这些网上杂志或报纸上做广告也是一个较好的传播渠道。

⑦ 新闻组。新闻组也是一种常见的 Internet 服务，它与公告牌相似。人人都可以订阅它，并成为新闻组的一员。成员可以在其上阅读大量的公告，也可以发表自己的公告，或者回复他人的公告。新闻组是一种很好的讨论与分享信息的方式。对于一个公司来说，选择在与本公司产品相关的新闻组上发表自己的公告将是一种非常有效的、传播自己信息的渠道。参加某一新闻组的人们有着共同兴趣，或关心特定主题，利用新闻组可有效地推广你的网站。

⑧ 友情链接。建立友情链接要本着平等的原则，平等有着广泛的含义，网站的访问量、在搜索引擎中的排名位置、相互之间信息的补充程度、链接的位置、链接的具体形式（图像还是文本方式，是否在专门的 resource 网页，或单独介绍你的网站）等，这些都是在建立友情链接时需考虑的事情。

⑨ 使用电子邮件和电子邮件列表发布广告。传统的邮寄广告是广告主把印制或书写的信息，包括商品目录、货物说明书、商品价目表、展销会请柬、征订单、明信片、招贴画、传单等，直接通过邮政系统寄达选定对象的一种传播方式。电子邮件广告是广告主将广告信息以 Email 的方式发送给有关的网上用户。Internet 还有一种可供使用的资源，就是电子邮件列表。电子邮件列表非常流行，如果要使用电子邮件列表的话，可以有两种选择：一种是建立自己的邮件列表服务器。若你的公司在一个有 5 000 名客户所在的地区新建了一个办事处，现在想把这个消息发送给这些客户，你就可以使用电子邮件列表向自己的电子邮件列表服务器发送一个消息，服务器就会把这一消息和该地区 5 000 名客户的电子邮件地址混合在一起并发出 5 000 个地址相互独立的电子邮件消息，这样不仅比邮局投递快捷省力，而且无须邮票。另一种方式是租借其他公司的电子邮件列表，这种列表是最常用的商业广告列表，他们可以使你发送的电子邮件相当于传统广告中的直接邮寄广告。

⑩利用网上 IP 电话和网上传真发布广告。网上 IP 电话就是 Internet 电

话，其传输方式主要是借助网络服务器或电脑软件将语音信号转换为数字信号在因特网上传输。由于IP电话运营商能够拨叫的区域范围有所不同，因此企业可以根据本单位的业务覆盖范围决定选择使用哪一家电话网。网络传真是通过互联网络使传真件发送到普通传真机上或对方的Email信箱中的服务，这种服务的开通为Internet用户提供了便捷的通讯方式，而且传真通讯费用可降至普通传真的70%左右。利用这两种形式进行广告都能节省广告成本。

8.1.5 网络广告的成本计算

当前的网络广告有以下几种常见的成本计算方式：

（1）千人印象成本（Cost Per Mille，CPM）。千人印象成本是指网络广告所产生1 000个广告印象的成本，通常以广告所在页面的曝光次数为依据。它的计算公式很简单：CPM = 总成本/广告曝光次数 ×1 000。

（2）每点击成本（Cost Per Click，CPC）。所谓每点击成本就是点击某网络广告1次广告主所付出的成本。其计算公式为：CPC = 总成本/广告点击次数。

（3）每行动成本（Cost Per Action，CPA）。所谓每行动成本就是广告主为每个行动所付出的成本。其计算公式为：CPA = 总成本/转化次数。

例如，一定时期内一个广告主投入某产品的网络广告的费用是6 000美元，这则网络广告的曝光次数为600 000，点击次数为60 000，转化数为1 200。那么，这个网络广告的千人印象成本为：CPM = 6 000/600 000 × 1 000 = 10美元，这个网络广告的每点击成本为：CPC = 6 000/60 000 = 0.1美元，这个网络广告的每行动成本为：CPA = 6 000/1 200 = 5美元。

CPM是目前应用最广，也是使用起来最简单的指标。广告主投放网络广告的费用是一个明确的数字，而广告曝光次数是由ISP或ICP直接提供的，所以CPM能够很容易地计算出来。然而CPM的真实性要受到置疑，这是因为广告曝光数字是由ISP或ICP提供的，他们为了宣传其网站经营效益，必然要夸大曝光数字。这样，网络广告的CPM的客观性要降低，不能真实反映网络广告的成本。CPC也是目前常用的指标，这一数据的产生是基于点击次数计算出来的，而点击次数除了ISP或ICP提供外，广告主是可以自己来进行统计的。所以利用CPC在一定程度上限制了网站作弊的可能，在很大程度上提高了评估的准确性。但是如果一个浏览者点击了广告而没有进行下一步的行动就关闭了浏览器，那么广告效果只是停留在曝光上，CPC的数值就比实际情况偏小，这也是不科学的。由于CPM和CPC两个指标都存在一定的局限性，所以有人提出了CPA指标。CPA指标对于广告主是最有借鉴意义的，因为网络广告的最终目的就是促进产品的销售，这是通过消费者的行动来实现的。但是由于目前技术的限制，很难将那些在网络广告的影响下产生实际行动的数字准确地统计出来，所以这个指标应用起来受到了很大的限制。

8.2 网络广告策略

8.2.1 网络广告的策划

网络广告策划是对整个广告活动（包括对未来的设计、广告投入、地域安排等）的各个具体环节的协调安排，是对广告活动的全面运筹和整体规划，具有事前性、指导性和全局性等特点。

网络广告策划的内容是指网络广告策划要做的工作，要解决的问题，它主要分为以下几部分：

1. 网络广告目标策划

网络广告总是要达到一定的目的，对达到这一目的而进行的策划就是网络广告目标策划。

广告的目标分为第一目标和第二目标。第一目标是指广告对顾客的吸引，它包括顾客认可率、信任度、偏好度等。第二目标又叫根本目标，是广告最终促成的购买行为，通常用市场销售量、市场占有率来描述。广告的第一目标和第二目标是相互联系的，只有成功地达到第一目标后，才有可能达到第二目标，而更重要的是要在两者之间寻找均衡点。网络广告的目标策划就是根据企业对营销计划的安排，结合市场商业环境的现实，对广告第一目标的谋略、安排和策划。网络营销人员在开始网络广告活动之前，首先要确定这次广告活动的目标，当网络广告目标确定以推销产品为中心时，营销人员可以同时让受众填写调查表，配合企业进行市场调查和促使客户再次购买产品；当广告目标确定为提高品牌知名度时，营销人员可在知名度较高的网站上发布大幅旗帜广告，以吸引网络用户的注意。

2. 网络广告对象策划

网络广告活动是广告主通过Internet向网络广告对象（即全部上网网

民）传递广告信息的过程。广告对象是哪部分人，有什么特点，如何接收和处理广告信息直接关系到网络广告效果。

由于 Internet 同时作为大众型媒体和个体型媒体，因此网络营销人员应该确定网络广告对象的主要反映层次，同时对来自个体的反应测试结果应当存档，建立顾客数据库。由于营销数据库中记录有各个顾客的认知和行为过程，因此这便于网络营销人员实施个人跟踪性调查，从而有效推进顾客的反应过程。

3. 网络广告媒体策划

网络广告在明确了广告目标和接受对象后，还要选择合适的媒体、合适的时间段以合适的方式播放，这就是网络广告媒体策划。

（1）广告中介商选择。在网络上进行广告宣传和推广是一个全新的概念，需要专门的知识、技能和设备，需要专门人员和机构的帮助。通常有以下几种网络广告中介服务商：网络服务供应商、在线服务商、网络广告公司。网络服务供应商的选择决定企业信息传播的速度和传播范围，直接关系到企业网站是否能有效运行。选择在线服务商时主要考虑广告的到达率和暴露频次，具体有：主要访客类型特征、不同信息服务网站的最佳组合。网络广告公司的选择应考虑公司经营的健全性、经营服务种类、业务水平、内部管理情况、资信状况以及本企业的广告预算等问题。

（2）发布站点选择。网络媒体的表现形式虽然多样，但终归属于不同的网站，企业如果不是自己建立广告网站，就必须慎重选择准备投放的网站。一般而言，在选择发布站点时应注意以下几点：选择受众群体经常光顾的站点，且广告内容和发布站点内容相近时，效果越好；考察站点本身的经营策略、经营方法和经营效果；在导航网站和有明确受众定位的站点发布广告；考察网络广告的收费情况和不同网站的价格行情。

（3）发布时段选择。网络广告发布时段选择包括对网络广告时限、时序、时点、频率的考虑。时限，即广告从开始到结束的时间长度；时序，即广告活动播放是在产品投放市场之前还是之后；频率，即一定时限内广告的播放次数。一般来说，网民上网活动主要集中在晚上和节假日，好的广告时间策略不仅能提高广告的浏览率和点击率，还能节省广告费用。

8.2.2 网络广告的策略

网络广告策略是网络广告策划的最终成果，是实现网络广告目的的方法。网络广告策略是一项创造性的劳动，其成败决定着网络广告宣传的成败。在传统广告形式中，一些行之有效的广告策略同样可以运用于网络广告，如定位策略、市场策略、心理策略、时间策略、导向策略等。

1. 网络广告定位策略

定位策略是网络广告诸策略中最为关键的策略。定位失策，其他策略便失去了意义。只有网络广告定位恰当，其他网络广告策略才能够有效地发挥作用。网络广告定位，也即网络广告宣传主题定位，就是确定网络广告的诉求重点，或者说是确定商品的卖点、企业的自我推销点。网络广告定位策略的类型包括：抢先策略、比附策略、空隙策略、文化策略和品牌形象策略等。

（1）抢先定位策略。抢先定位策略就是利用人们认知心理先入为主的特点，使网络广告所宣传的产品、服务或企业形象，率先占领消费者的心理位置，这被认为是最重要的定位策略，也是网络广告界最重视的策略。这一策略适宜于新产品上市，特别是那些标新立异、能够引导消费的产品。

（2）比附定位策略。这是一种攀龙附凤的定位方法。当第一品牌、领导者地位已被别人占领，跟进者要想正面抗争就十分困难，于是聪明的网络广告主或网络广告人往往委曲求全，以比照攀附领导者的方法，为自己的产品争得一席之地。

（3）空隙定位策略。这也是跟进者重要的定位方法。它是一种钻空子的方法，即寻找消费者心中的空隙，并把网络广告宣传的重点放在填补这种空隙上。有一个空隙就可能确立一种定位，没有空隙还可以创造空隙。

（4）网络广告文化定位策略。网络广告作为企业进行网络营销的手段之一，是以文化为基础的。从文化层次发展的非均衡性特点出发，网络广告与传统广告相比，最大的特点就是它所宣传的信息要涉及不同的国家、不同的民族和不同的文化。因而要突出广告的文化风格。有特色文化、宣传目标明确的广告是最能被网民所接受、最能达到推销商品的目的的。

（5）品牌形象定位策略。产品的个性和消费者的审美心理可以塑造一个产品形象，并将这个形象植入消费者心中。这个形象一旦被消费者所喜爱，就会在消费者心中形成牢固的品牌地位，消费者就会因为喜欢品牌的形象而购买相应的产品。

2. 网络广告市场策略

网络广告应根据不同目标市场的特点，采取相应的宣传手段和方法。包括无差别市场广告策略、差别市场广告策略和集中市场广告策略。

（1）无差别市场广告策略是在一定时间内向一个大的目标市场运用各种媒体，做相同内容的广告。在无差别市场中消费者对商品的需求具有共性，而消费弹性又较小，因此运用此策略，有利于运用各种广告媒体宣传同一种商品内容，能通过提高消费者对产品知名度的了解，达到创牌子的目标。

（2）差别市场广告策略是在一定时期内，针对细分的目标市场，运用不同的媒体，做不同内容的广告。在差别市场上，消费者对同类产品质量、特性要求各有不同，强调产品个性，消费弹性较大。因此运用这种策略，有利于突出产品的个性特点，满足不同消费者的不同需要，达到扩大销售的目的。

（3）集中市场广告策略是指在一定时期内，广告宣传集中力量在已细分市场中的一个或几个目标市场上。这种集中市场广告策略，只追求在较小的细分市场上有较大份额，适用于财力有限的中小企业。

3. 网络广告心理策略

网络广告的心理策略是指瞄准消费者购买过程中不同阶段的心理特征，进行网络广告诉求，引导消费者从认知产品直至实现购买。

国际上公认的网络广告心理策略五字经是 AIDAS：

A：（Attention）引起消费者的注意；

I：（Interesting）使消费者产生兴趣；

D：（Desire）引发消费者购买的欲望；

A：（Action）促成消费者的购买行动；

S：（Satisfaction）使消赞者购买后感到满意。

人们的购买心理大致可分为六个过程、三个阶段，即知觉过程、了解过程、兴趣过程、偏爱过程、确信过程及购买过程。其中知觉和了解过程是消费者对产品的认知阶段，兴趣及偏爱过程是消费者对产品的感情阶段，最后的确信和购买过程是消费者对产品由偏爱到占有的欲求阶段。

（1）认知阶段。认知阶段是消费者对产品的认识了解阶段。网络广告宣传的任务是使尽可能多的消费者尽快了解产品，并诱导消费者的心理过程从认知阶段过渡到感情阶段。这一阶段需要引导消费者完成“知觉”和“了解”两个过程。

（2）感情阶段。感情阶段也叫情感阶段，它是消费者对网络广告产品在认知基础上形成某种态度的心理体验。人对外界事物的感情总是和内在心理、生理相联系的，感情阶段是从认知走向购买的桥梁。培养消费者对产品的兴趣进而形成对产品的偏爱是网络广告宣传的基本任务。

（3）欲求阶段。欲求阶段是购买过程的最后一个阶段。这时消费者对产品已经很了解，并有了偏爱。但是偏爱并不等于购买，消费者可能还要在几种同类产品之间犹豫。只有在消费者对网络广告产品产生了占有心理，并确信该商品能满足自己的需要之时，才会形成购买行为。在这个过程中，网络广告宣传的任务是进一步刺激消费者的购买欲望，并使其确信网络广告产品能给他（她）带来好处，能满足他（她）的需要。这时再加上相应的推销保证和必要的消费指导，以及一些馈赠和优惠活动等，就会最终促成消费者的购买行为。购买是将决策变为行动的过程，购买的实现，是网络广告成功的重要象征。

消费者购买后满意还是不满意，直接关系着产品的信誉，关系着产品的市场命运。购后满意，消费者将继续购买，并会带动左邻右舍也来购买，预示着你的产品市场会扩大；购后不满意，消费者再也不会光顾，还会向左邻右舍、亲朋好友宣传，预示着你的产品将会失去一部分甚至大部分市场。怎样才能使消费者购后满意呢？一是保证产品质量；二是网络广告宣传要实事求是，诚实地向消费者介绍产品的性能、特点、用途等；三是搞好售后服务；四是如果由于产品自身原因造成消费者的不满意心理，应尽快设法改进产品。

4. 网络广告的时间策略

网络广告的时间策略包括发布的时机、时段、时序和时限等策略。

（1）网络广告时机策略。网络广告时机策略是指要抓住有利的时机，如一些重大的文娱活动、体育比赛、发起网络广告攻势的订货会等都有可能成为进行网络广告的良机。

（2）网络广告时段策略。为了实现 Web 广告实时传播的功能，让更多的目标受众来点击或浏览你的 Web 页面，以保证较高的点击有效性，这就需要考虑网络广告的时段安排技巧。做好时段安排，有利于费用的节约。显然，在深夜播放针对小孩的广告是不合适的，只有针对你的特定商业用户在较为固定的时间内做远程广告播放，这才会有效。例如，上班族习惯在工作时候上网，中小学生习惯节假日上网且时间不会很晚，大学老师习惯晚上上网，这些都是不同受众的不同生活习惯，他们的不同生活习惯对网络广告的传播效果会产生很大的影响。在安排网络广告时段时必须要意识到这一点，根据具体的广告对象、广告预算、所期望广告效果的强弱，并参照竞争者的情况来决定。

网络广告的时段安排形式可分为：持续式、间断式、实时式。所谓持续式时段形式是指在某一段时间内，企业按照一定的频次连续播出广告信息。间断式时段形式是指企业在一段时间内，非连续性地播出广告信息，两次之间的间隔时间较长。实时式时段形式则是企业根据自己的需要作出的一种临时性的广告信息发布。到底该选择哪一种广告形式还得在策划平台的基础上根据具体的情况来决定。

（3）网络广告时序策略。网络广告时序策略就是网络广告发布与商品进入市场孰先孰后的策略，包括提前策略、即时策略、置后策略三种方式。

提前策略就是在产品进入市场之前先做网络广告，提前引起公众注意，为产品进入市场作好舆论准备。有些新产品网络广告采用提前策略，还具有"吊胃口"的作用。提前策略必须和连续多次网络广告策略相配合，如果只做很少几次网络广告，待产品上市后再没有网络广告配合，消费者也许会等不到购货，就忘了网络广告产品的品牌。即时策略就是网络广告发布和产品上市同步，这是采用较多的策略。消费者看了网络广告，如果想购买，即可在商店买到该产品。置后策略就是把网络广告放在产品进入市场以后进行。采取这种策略的好处是：能根据产品上市后的最初市场反映，及时调整事先拟定的某些不相宜的网络广告策略，使网络广告宣传的诉求重点、诉求方式、目标市场更为准确、更符合实际。

（4）网络广告时限策略。网络广告时限策略是指在一次网络广告战役中，确定网络广告宣传时间长短以及如何使用既定的网络广告形式的策略。通俗地讲，网络广告时限策略就是确定每一次广告活动的宣传时间搞多长，才能达到广告宣传目的。

5. 网络广告导向策略

网络广告导向策略是指网络广告作品诱导公众接受网络广告信息的方式。它是网络广告定位、目标公众心理研究和网络广告设计的有机结合，也可以说是定位策略、心理策略的综合体现。下面是常用的几种导向策略。

（1）利益导向策略。所谓利益导向策略，就是抓住消费者注重自身利益的心理特点，注重宣传网络广告产品能给他带来的好处。如宣传产品的特殊功效，能满足消费者的特殊需要等。利益导向和网络广告定位密切相关，因此，应根据网络广告的定位，对消费者进行相应的利益导向。

（2）情感导向策略。情感导向策略的特点是在网络广告宣传中，侧重以调动消费者的某种情绪和情感为目的，通过调动消费者的某种情绪和情感，来达到网络广告的目的。

（3）观念导向策略。观念导向策略侧重宣传一种新的消费观念、生活观念。该策略有助于扩展消费者的视野，开拓其需求领域，为新产品创造市场。如果企业在网络广告定位中采取的是观念定位，那么一般情况下，网络广告的导向策略也必然是观念导向的。

（4）生活导向策略。生活导向策略就是网络广告宣传生活化。生活化的网络广告给人以自然、亲切、可信之感。生活导向常常把理性诉求和情感诉求融为一体，从而创造一种亲密或轻松快乐的生活气氛，给消费者以强烈的感染。

（5）权威和名人导向策略。该策略是借权威人物、机构、事件的影响，来提高企业或产品的知名度和可信度。比如，企业在国际或国内的评比中获奖，某产品被认可为奥运会指定产品等，都可以运用于广告宣传策划。借名人的社会声誉，来提高企业或产品的声誉是很有效的，因为在普通人眼中，名人用的产品总是高级的、时髦的。

8.3 网络广告效果的影响因素和评价方法

8.3.1 网络广告效果的影响因素

网络广告经过创意、策划和实施后，能取得怎样的效果，是广告主非常关心的。而且网络广告的投放费用在企业的全部营销费用中占很大的比例，因而网络广告投放完毕后的效果评估就是很重要的任务。

网络广告投放后其效果受到多方面的影响，主要的影响因素如下：

1. 网络经济环境的波动

造成网络广告效果不理想的因素是多方面的，既有直接原因，也有间接原因，这同时也说明网络广告还很不成熟。可以说，网络经济环境的波动对网络广告市场具有重要影响，是造成网络广告衰退的直接的原因。网络公司一度是网络广告市场最主要的客户，在网络公司红火的时候，各类网站争相投放网络广告，甚至根本不考虑是否可以取得效果。但随着大批网络公司的倒闭或者压缩开支，这种短暂的非理性时代也随之结束，由于网络公司减少广告投入，网络广告遭遇暂时的挫折也是在所难免。

2. 网络广告点击率的下降

造成网络广告走向衰退的间接原因是网络广告点击率的下降。互联网作为新型广告媒体出现，为了表明网络广告对传统广告的优势并从传统广告市场吸引部分用户，网络广告许下了太多的承诺，其中网络广告最为得意之处，就在于其可测量性，因而可以制订准确的收费标准，如基于广告显示次数的 CPM 计价法，或者基于广告所产生效果的 CPC（每点击成本）或 CPA（每行动成本）计价法。在这种情况下，广告主对网络广告产生了越来越高的期望，但另一方面，尽管网络广告市场规模在不断增长，然而相对于传统广告的优势并没有充分表现出来。直到如今，由于缺乏统一的测量标准和公正的第三方监测报告，并且部分网络媒体存在一定的作弊行为，因此，广告主很难获得理论上的投资收益率。随着 BANNER 广告的平均点击率从最初辉煌时期的 30% 降低到 0.4% 以下，广告主对网络广告也逐渐失去了耐心和信心。

3. 网络广告自身的缺陷

从网络广告本身来说，由于在 468×60 像素区域中的标志广告只能承载有限的信息，如果要了解更详细的内容，则需要通过点击进入一个包含更多内容的网页或者是广告主自己的网站，但许多用户也许不希望当前的活动被打断，因此将不会点击网络广告。针对这种状况，有两种常见的措施，一种是使用更加醒目的颜色、更具有视觉刺激性的图像或者富有吸引力的文字来诱导用户点击；另一种是与此相反的表达方式，它不追求点击，而是尽量增加广告内容中的信息量，将诉求内容、网址等联系手段直接在广告条中表达出来，以便用户记录并在适当的时候访问网站。诱导性广告可能会获得短期点击率的提高，但随着用户上网经验的增加，对于诱导性广告的了解也会更多一些，这样无疑将会降低点击率。

4. 广告主导致的问题

缺乏吸引力肯定是网络广告点击率不高的重要原因，但是，投放网络广告的公司对所投放广告缺乏有效的跟踪和管理也是造成效果不佳的主要原因之一。一个设计优秀的BANNER投放在非目标用户的网站上自然不会受到关注，这不光关系到广告媒体选择的问题，因为即使选择了合适的媒体，长期播放同样内容的广告也会让用户视而不见，当然不会去点击。

5. 网络广告发布者的责任

网络媒体的用户结构和访问量会对广告的效果产生直接的影响，网络广告是网站媒体的主要收入来源，因此，网站总是千方百计地说服广告主投放广告，甚至给出很多无法兑现的承诺，比如充满了气泡的独立用户数量和页面浏览数量等，但又很少能提供第三方的实时监测数据，有时对广告客户也缺乏应有的责任心。其实，夸大广告效果的问题在传统媒体中也同样存在，主要表现在发行量、发行区域、读者成分等资料上做文章，但传统媒体广告的效果测评具有一定的滞后性，因而会掩盖一些基本的事实。但由于网络广告向用户承诺了太多的优越性而使广告客户抱有更高的期望，在期望得不到满足的情况下，客户自然会对网络广告失去信心。

6. 网站访问者行为的影响

说到底，点击率下降是因为访问者不去点击或者很少点击广告。尽管中国互联网信息中心（CNNIC）在《中国互联网络发展统计报告2001/1》中的数字表明，对网络广告痛恨至极的只占被调查人数的3.7%，有时点击和偶尔点击的被调查者人数达到一半还多一点，但实际上真正点击网络广告的人很少，除了前面所说用户在浏览一个网页时可能不希望被打断而跳转到另一个网页的原因之外，最主要的原因就是广告内容和自己无关，也就是说，网络广告的定位程度太差。

8.3.2 网络广告效果的评价方法

网络广告效果的评价对网络广告实施具有重要的意义，恰当地评估有助于确定广告策划的优劣，能检测网络广告的投放效果。但是目前还缺乏网络广告的评估标准，因而在一定程度上成为了制约网络广告发展的瓶颈。因此，网络广告的效果评估已经成为网络广告发展中亟待解决的问题，

1. 评价指标

（1）广告曝光次数（Advertising Impression）。广告曝光次数是指网络广告所在的网页被访问的次数，这一数字通常用Counter（计数器）来进行统计。假如广告刊登在网页的固定位置，那么在刊登期间获得的曝光次数越

高，表示该广告被看到的次数越多，获得的注意力就越多。但是，在运用广告曝光次数这一指标时，应该注意以下问题：①广告曝光次数并不等于实际浏览的广告人数。在广告刊登期间，同一个网民可能光顾几次刊登同一则网络广告的同一网站，这样他就可能看到了不止一次这则广告，此时广告曝光次数应该大于实际浏览的人数；还有一种情况是，当网民偶尔打开某个刊登网络广告的网页后，也许根本没有看上面的内容就将网页关闭了，此时的广告曝光次数与实际阅读次数也不相等。②广告刊登位置的不同，每个广告曝光次数的实际价值也不相同。通常情况下，首页比内页得到的曝光次数多，但不一定是针对目标群体的曝光，相反，内页的曝光次数虽然较少，但目标受众的针对性更强，实际意义更大。③通常情况下，一个网页中很少只刊登一则广告，更多情况下是刊登几则广告。在这种情形下，当网民浏览该网页时，他会将自己的注意力分散到几则广告中，这样对于广告主的广告曝光的实际价值到底有多大我们无从知道。总的来说，得到一个广告曝光次数，并不等于得到了一个广告受众的注意，只可以从大体上来反映。

（2）点击次数与点击率（Click & Click Through Rate）。网民点击网络广告的次数就称为点击次数。点击次数可以客观准确地反映广告效果。而点击次数除以广告曝光次数，就可得到点击率（CTR），这项指标也可以用来评估网络广告效果，是广告吸引力的一个指标。如果刊登这则广告的网页的曝光次数是5 000，而网页上的广告点击次数为500，那么点击率是10%。点击率是网络广告最基本的评价指标，也是反应网络广告最直接、最有说服力的量化指标，因为一旦浏览者点击了某个网络广告，说明他已经对广告中的产品产生了兴趣，与曝光次数相比这个指标对广告主的意义更大。不过随着人们对网络广告的深入了解，点击率这个数字越来越低。因此，在某种程度上，单纯的点击率已经不能充分反映网络广告的真正效果。

（3）网页阅读次数（Page View）。浏览者在对广告中的产品产生了一定的兴趣之后就会进入广告主的网站，在了解产品的详细信息后，他可能就产生了购买的欲望。当浏览者点击网络广告之后即进入了介绍产品信息的主页或者广告主的网站，浏览者对该页面的一次浏览阅读称为一次网页阅读。而所有浏览者对这一页面的总的阅读次数就称为网页阅读次数，这个指标也可以用来衡量网络广告效果，它从侧面反映了网络广告的吸引力。广告主网页阅读次数与网络广告的点击次数事实上是存在差异的，这种差异是由于浏览者点击了网络广告而没有去浏览阅读点击这则广告所打开的网页造成的。目前由于技术的限制，很难精确地对网页阅读次数进行统计，在很多情况下，就假定浏览者打开广告主的网站后都进行了浏览阅读，这样的话，网页阅读次数就可以用点击次数来估算。

（4）转化次数与转化率（Conversion & Conversion Rate）。网络广告的最终目的是促进产品的销售，而点击次数与点击率指标并不能真正反映网络广告对产品销售情况的影响，于是，引入了转化次数与转化率指标。转化率最早是由美国的网络调查公司 AdKnowledge 在《2000 年第三季度网络广告调查报告》中提出的。"转化"被定义为受网络广告影响而形成的购买、注册或者信息需求。那么，我们推断转化次数就是由于受网络广告影响所产生的购买、注册或者信息需求行为的次数，而转化次数除以广告曝光次数，即得到转化率。网络广告的转化次数包括两部分，一部分是浏览并且点击了网络广告所产生的转化行为的次数，另一部分是仅仅浏览而没有点击网络广告所产生的转化行为的次数。由此可见，转化次数与转化率可以反映那些浏览而没有点击广告所产生的效果，同时，点击率与转化率不存在明显的线性关系，所以出现转化率高于点击率的情况是不足为奇的。但是，目前转化次数与转化率如何来监测，在实际操作中还有一定的难度。通常情况下，将受网络广告的影响所产生的购买行为的次数就看作转化次数。

2. 评价方法

（1）对比分析法。无论是 BANNER 广告，还是邮件广告，由于都涉及到点击率或者回应率以外的效果，因此，除了可以准确跟踪统计的技术指标外，利用比较传统的对比分析法仍然具有现实意义。当然，不同的网络广告形式，对比的内容和方法也不一样。对于 Email 广告来说，除了产生直接反应之外，利用 Email 还可以有其他方面的作用，例如，Email 关系营销有助于我们与顾客保持联系，并影响其对我们的产品或服务的印象。顾客没有点击 Email 并不意味着不会增加将来购买的可能性或者增加品牌忠诚度，从定性的角度考虑，较好的评价方法是关注 Email 营销带给人们的思考和感觉。这种评价方式也就是采用对比研究的方法将那些收到 Email 的顾客的态度和没有收到 Email 的顾客做对比，这是评价 Email 营销对顾客产生影响的典型的经验判断法。利用这种方法，也可以比较不同类型 Email 对顾客所产生的效果。对于标准标志广告或者按钮广告，除了增加直接点击以外，广告的效果通常还表现在品牌形象方面，这也是为什么许多广告主不顾点击率低的现实而仍然选择标志广告的主要原因。当然，品牌形象的提升很难随时获得可以量化的指标，不过同样可以利用传统的对比分析法，对网络广告投放前后的品牌形象进行调查对比。

（2）加权计算法。加权计算法就是在投放网络广告后的一定时间内，对网络广告产生效果的不同层面赋予权重，以判别不同广告所产生效果之间的差异。这种方法实际上是对不同广告形式、不同投放媒体、不同投放周期等情况下的广告效果比较，而不仅仅是反映某次广告投放所产生的效果。显然，加权计算法要建立在对广告效果有基本监测统计手段的基础之上。下面以一个例子来说明：

第一种情况，假定在 A 网站投放的 BANNER 广告在一个月内获得的效果为：产品销售 100 件（次），点击数量 5 000 次；第二种情况，假定在 B 网站投放的 BANNER 广告在一个月内获得的效果为：产品销售 120 件（次），点击数量 3 000 次。

如何判断这两次广告投放效果的区别呢？可以为产品销售和获得的点击分别赋予权重，根据一般的统计数字，每 100 次点击可形成 2 次实际购买，那么可以将实际购买的权重设为 1.00，每次点击的权重为 0.02，由此可以计算上述两种情况下广告主分别获得的总价值。

第一种情况下总价值为：$100 \times 1.00 + 5\,000 \times 0.02 = 200$；第二种情况下总价值为：$120 \times 1.00 + 3\,000 \times 0.02 = 180$

可见，虽然第二种情况获得的直接销售比第一种情况要多，但从长远来看，第一种情况更有价值。这个例子说明，网络广告的效果除了反映在直接购买之外，对品牌形象或者用户的认知同样重要。

权重的设定，对加权计算法最后结果影响较大，比如，假定每次点击的权重增加到 0.05，则结果就不一样，如何决定权重，需要在大量统计资料分析的前提下，对用户浏览数量与实际购买之间的比例有一个相对准确的统计结果。

（3）点击率与转化率。点击率是网络广告最基本的评价指标，也是反映网络广告最直接、最有说服力的量化指标，不过随着人们对网络广告了解的深入，点击它的人反而越来越少，除非特别有创意或者有吸引力的广告。造成这种状况的原因可能是多方面的，如网页上广告的数量太多而无暇顾及；浏览者浏览广告之后，已经形成一定的印象无须点击广告；仅仅记下链接的网址，在其他时候才访问该网站等。因此，平均不到1%的点击率已经不能充分反映网络广告的真正效果。

于是，对点击以外的效果评价问题显得重要起来，与点击率相关的另一个指标——转化率，被用来反映那些观看而没有点击广告所产生的效果。“转化率”最早由美国的网络广告调查公司 AdKnowledge 在《2000 年第三季度网络广告调查报告》中提出，AdKnowledge 将“转化”定义为受网络广告影响而形成的购买、注册或者信息需求。正如该公司高级副总裁 David Zinman 所说：“这项研究表明，浏览而没有点击广告同样具有巨大的意义，营销人员更应该关注那些占浏览者总数99%的没有点击广告的浏览者。”

本章小结

本章首先介绍了网络广告的定义、特点、类型，网络广告的出现以及发展简史。并分析了几种常见的广告类型的特点和发布方式。此外还介绍了网络广告成本的计算方法。

网络广告策划是对网络广告从整体出发的一种运筹和规划。如何让网络广告更为有效，这是广告主和代理商共同关心的问题。高效的网络广告必须依赖于策略性的事先策划，做到让合适的网络广告展现在合适的对象面前，从而吸引网民来点击和浏览，并参与企业的广告信息活动。本章着重介绍了网络广告目标策划、对象策划、媒体策划及其具体的策划过程。

网络广告策略是网络广告策划的最终成果，是实现网络广告目的的方法。在传统广告形式中，一些行之有效的广告策略同样可以运用于网络广告，如定位策略、市场策略、心理策略、时间策略、导向策略等。

最后，详细讨论了网络广告效果的评价方法。指出了具体影响网络广告效果的几种因素，并介绍了网络广告效果评估的内容指标和评估方法。

第9章 网上市场调查

9.1 网上市场调查概述

9.1.1 网上市场调查的概念

市场调查对于企业的营销活动至关重要，企业为了把握市场营销活动中存在的问题，必须进行系统、全面、深入的市场调查。市场调查是针对特定的营销问题，运用科学的方法和手段，系统地、有目的地收集、整理和分析与市场有关的信息，提出结论和建议，为营销决策和市场预测提供依据和参考。通过市场调查，获取准确、充分的市场信息，有助于企业分析和研究营销环境的变化，从而有预见地安排市场营销活动，减少营销决策风险；有助于企业进行市场预测，从而掌握市场动向和发展趋势，把握营销机会。因此，搞好市场调查，对于企业进行科学预测，制定正确的营销决策和策略，提高经济效益，求得企业的进一步发展，具有十分重要的作用。

随着互联网的发展和广泛应用，以互联网为基础和平台的网上市场调查应运而生。由于互联网传播信息的便捷性和低成本，网上调查将很快成为主流的市场调查方法，并将最终取代传统的入户调查和街头随时访问等调查方式。在欧美等国际互联网发达国家，关于市场调查和民意调查的网上调查已经相当广泛，国外还针对网上调查开发出了一些网上调查软件。因此，探讨网上调查理论和技术是完全必要和切合实际的。

网上市场调查是指在互联网上针对特定营销环境进行的简单调查设计、收集资料和初步分析的活动。市场调查有两种方式，一种是直接收集一手资料，如问卷调查、专家访谈、电话调查等；另一种是间接的收集二手资料，如报纸、杂志、电台、调查报告等现成资料。因此，利用互联网进行市场调查（不妨称为网上市场调查，简称网上调查），相应也有两种方式，一种是利用互联网直接进行问卷调查等方式收集一手资料，即网上直接调查；另一种方式是网上间接调查，即利用互联网的媒体功能，从互联网收集二手资料。由于越来越多的传统媒体，如报纸、杂志、电台等，还有政府机构、企业等也纷纷上网，因此网上成为了信息的海洋，信息蕴藏量极其丰富。现在问题关键是如何发现和挖掘有价值的信息，而不再是过去苦于找不到信息。

9.1.2 网上市场调查的特点

网上市场调查的实施可以充分利用Internet作为信息沟通渠道的开放性、自由性、平等性、广泛性和直接性的特性，使得网上市场调查具有传统市场调查手段和方法所不具备的一些独特的特点和优势。通过Internet进行的市场调查，可以借鉴传统市场调查的理论、方式和方法，但由于Internet自身的特性，网上调查也有一些与传统市场调查不同的特点。

1. 无时空和地域限制

网上市场调查是借助于互联网进行的，所以支持24小时全天候的调查，同时也不受地域的限制。这就与受区域制约和时间制约的传统调查方式有很大不同。

2. 交互性和充分性

网络的最大好处是交互性，因此在网上调查时，被调查对象可以按照调查表的设计问题回答，同时也可以就问卷相关问题提出自己更多的看法和建议，可减少因问卷设计不合理导致调查结论出现偏差。

3. 高效性

传统的市场调查周期一般都较长，而网上调查利用覆盖全球的Internet的优势弥补了这一不足。Web和电子邮件大大缩短了调查的时间，这比用几周或几个月来邮寄调查表或是通过电话方式联系调查对象获得反馈信息快得多，Internet只需几个小时。以零点——搜狐网上调查系统为例，目前该调查专页每天有约400~600位主动浏览的访问者，10天内可以获得约5 000位受访对象，而通过街头拦访或电话访问来获得同样样本量的访问量，至少需要2~3倍的时间。因此，借助Internet进行市场调查正在成为更佳的解决方案。

4. 便捷性和低费用

网上调查在信息采集过程中不需要派出调查人员、不需要印刷调查问卷，调查过程中最繁重、最关键的信息采集和录入工作可分布到众多网上用户的终端上完成，可以无人值守和不间断地接收调查填表，信息检验和信息处理由计算机自动完成。在传统调查方式中，纸张、印刷、邮资、电话、人员培训、劳务以及后期统计整理等要耗费大量的人力和财力。虽然通过 Internet 进行联机调查没有降低调查的基本费用，如设计调查问卷表、分析调查结果等，但网上调查确实降低了调查实施的附加成本、接触成本以及数据分析处理方面的费用，节省了传统调查中耗费的大量人力和物力。

5. 时效性强

网上调查的数据来源直接，而且可以事先编制好软件进行处理，所以在一些网上调查中，一旦应答者填写完毕，即可迅速被确认或显示出调查的简要结果。例如，对调查满意的响应者可以通过电子邮件来表达感谢；而对于那些不满意的响应者可以返回一些表示歉意的信息；反馈信息也可包括要求提供的产品信息等。

6. 调查结果可验性和可控性

在调查信息的搜集上，网上市场调查省去了人工录入的过程，被调查者直接通过 Internet 将信息以电子格式输入数据库，从而减少了数据录入过程中的遗漏或编误。在调查信息的处理方面，可利用统计分析软件及时完成数据的标准化和相应的分析处理，能以直观的方式显示调查的结果。此外，还可以有效地对采集信息的质量实施系统进行检验和控制。

9.1.3 网上市场调查的内容

网上市场调查是一个复杂的过程，其包含的内容相当广泛，涉及的对象主要包括市场需求、消费者、竞争对手、宏观环境等。

1. 市场需求

调查市场需求情况，主要是要掌握市场供求量、市场规模、市场占有率，其内容主要包括本企业产品的市场占有率、市场的进入策略和时间策略，国内外市场的变化动态和发展趋势等。

2. 消费者

消费者是企业营销活动的重要对象，因此对消费者的调查是网上市场调查的重要内容，调查的内容包括被调查者的基本个人信息，如家庭情况、所在地区、经济水平等；还包括其上网行为和网上购物行为，如上网的主要目的、上网的时间段、消费者喜欢在何时何地购物、购物的习惯和方式等。

3. 竞争对手

企业的竞争对手包括本行业现有企业和新加入的竞争者，企业间相互竞争、相互影响、相互制约。通过对竞争者的调查，可以了解竞争者的现状和自身在行业中所处的地位和具有的优势与不足，以便为自己制定战胜对手的策略。对竞争对手的调查包括以下内容：竞争对手的基本情况、竞争能力、经营战略、新产品、新技术开发情况和售后服务情况，同时还要注意潜在的竞争对手。

4. 宏观环境

宏观环境包括人口、经济、自然地理、科学技术、政治法律和社会文化等因素。这些因素共同构成了企业营销的大环境，这些因素将会对企业的发展、市场供给和需求的变化、消费需求变化产生重要影响。因此在进行市场调查时也要重视宏观环境的影响。

9.2 网上市场直接调查

9.2.1 网上直接调查方法

1. 网上直接调查分类

网上直接调查的方法分为网上问卷调查法、网上实验法和网上观察法，常用的是网上问卷调查法。这里主要介绍如何组织使用网上问卷进行调查。按照调查者组织调查样本的行为，网上调查可以分为主动调查法和被动调查法。主动调查法，即调查者主动组织调查样本，完成统计调查的方法。被动调查法，即调查者被动地等待调查样本造访，完成统计调查的方法，被动调查法的出现是统计调查的一种新情况。按网上调查采用的技术可以分为站点法、电子邮件法、随机 IP 法和视讯会议法等。

（1）站点法。站点法是将调查问卷的 HTML 文件附加在一个或几个网络站点的 Web 上，由浏览这些站点的网上用户在此 Web 上回答调查问题的方法。站点法属于被动调查法，这是目前出现的网上调查的基本方法，也将成为近期网上调查的主要方法。

（2）电子邮件法。电子邮件法是通过给被调查者发送电子邮件的形式将调查问卷发给一些特定的网上用户，由用户填写后再以电子邮件的形式反馈给调查者的调查方法。电子邮件法属于主动调查法，与传统邮件法相似，优点是邮件传送的时效性大大提高了。

（3）随机 IP 法。随机 IP 法是以产生一批随机 IP 地址作为抽样样本的调查方法。随机 IP 法属于主动调查法，其理论基础是随机抽样。利用该方法可以进行纯随机抽样，也可以依据一定的标志排队进行分层抽样和分段抽样。

（4）视讯会议法。视讯会议法是基于 Web 的计算机辅助访问（Computer Assisted Web Interviewing，CAWI）。它是将分散在不同地域的被调查者通过互联网视讯会议功能虚拟地组织起来，在主持人的引导下讨论调查问题的调查方法。

2. 网上问卷调查法

网上问卷调查法是将问卷在网上发布，被调查对象通过 Internet 完成问卷调查。网上问卷调查一般有两种途径：一种是将问卷放置在 WWW 站点上，等待访问者访问时填写问卷，如 CNNIC 每半年进行一次的“中国互联网络发展状况调查”就是采用这种方式。这种方式的好处是填写者一般是自愿性的，缺点是无法核对问卷填写者真实情况。为达到一定问卷数量，站点还必须进行适当宣传，以吸引大量访问者。另一种是通过 Email 方式将问卷发送给被调查者，被调查者完成后将结果通过 Email 返回。这种方式的好处是，可以有选择性的控制被调查者，缺点是容易遭到被访问者的反感，有侵犯个人隐私之嫌。因此，用该方式时首先应争得被访问者的同意，或者估计被访问者不会反感，并向被访问者提供一定补偿，如有奖回答或赠送小件东西，以降低被访问者的反感。

3. 其他网上直接调查方法

前面讨论的是采用最多的问卷调查方法，它比较客观、直接，缺点是不能对某些问题进行深入调查和分析原因。因此，许多企业设立了 BBS 以供访问者对企业产品进行讨论，或者参与某些专题的新闻组进行讨论，以更多深入调查获取有关资料。及时跟踪和参与新闻组和公告栏，有助于企业获取一些问卷调查无法发现的问题，因为问卷调查是从企业角度出发考虑问题，而新闻组和公告栏是用户自发的感受和体会，他们传达的信息也是最接近市场和最客观的，缺点是信息不够规范，需专业人员进行整理和挖掘。

4. 网上直接调查的途径

（1）利用企业自己的网站。网站本身就是宣传媒体，如果企业网站已经拥有固定的访问者，完全可以利用自己的网站开展网上调查。这种方式要求企业的网站必须有调查分析功能，对企业的技术要求比较高，但可以充分发挥网站的综合效益。

（2）借用别人的网站。如果企业没有自己的网站，可以利用别人的网站进行调查。这些网站可以是访问者众多的互联网内容提供网（ICP）。这种方式比较简单，企业不需要建设网站和进行技术准备，但需要付给所借助的网站一定费用。

（3）混合型。如果企业网站已经建设好但还没有固定的访问者，可以在自己的网站调查，但需要与其他一些著名的ISP/ICP网站建立广告链接，以吸引访问者参与调查。这种方式是目前常用的方式，根据调查研究表明，传统的优势品牌并不一定是网上的优势品牌，因此它需要在网上重新发布广告来吸引顾客访问网站。

（4）Email型。直接向你的潜在客户发送调查问卷，这种方式比较简单直接，而且费用非常低廉。但要求企业必须积累有效的客户Email地址，而且顾客的反馈率一般不会非常高。采取该方式时要注意是否会引起被调查对象的反感，最好是能提供一些奖品作为对被调查对象的补偿。

（5）讨论组型。在相应的讨论组中发布问卷信息，或者发布调查题目，这种方式与Email型一样，成本费用比较低廉而且是主动型的。但是Web网站上的问卷在新闻组（Usernet News）和公告栏（BBS）上发布信息时，要注意网上行为规范，调查的内容应与讨论组主题相关，否则可能会导致被调查对象的反感甚至是抗议。

9.2.2 网上直接调查步骤

网上直接调查是企业主动利用Internet获取信息的重要手段。与传统调查类似，网上直接调查必须遵循一定的步骤。

1. 明确问题和调查目标

Internet是一个巨大的信息仓库，承载着丰富的信息，企业必须要从中找出对市场调查有用的信息。这就要求企业有一个明确的目标去寻找信息，并设计相应的问题开展调查。在确定网上直接调查目标时，需要考虑的是被调查对象是否上网，网民中是否存在着被调查群体，规模有多大。只有网民中的有效调查对象足够多时，网上调查才可能得出有效结论。

另外，Internet作为企业与顾客一种有效的交流沟通渠道，企业可以充分利用该渠道直接与顾客进行沟通，了解企业的产品和服务是否满足顾客的需求，同时了解顾客对企业潜在的期望和改进的建议。

2. 确定调查方法

网上直接调查方法主要是问卷调查法，因此设计网上调查问卷是网上直接调查的关键。由于因特网交互机制的特点，网上调查可以采用调查问卷分层设计。这种方式适合过滤性的调查活动，因为有些特定问题只限于一部分调查者，所以可以借助层次的过滤寻找适合的回答者。

3. 选择调查方式。

网上直接调查时采取较多的方法是被动调查方法，将调查问卷放到网站等待被调查对象自行访问和接受调查。因此，吸引访问者参与调查是关键，为提高被调查者参与的积极性可提供免费礼品和服务等。另外，必须向被调查者承诺并且做到有关个人隐私的任何信息不会被泄露和传播。

4. 分析调查结果

网上信息的获取具有及时性，并且能从全国甚至全球搜集到大量信息，因此，首先需要进行整理，排除掉一些不合格或无效的问卷，然后对大量回收的问卷进行综合分析和论证，以帮助企业做出合理的决策，所以这是市场调查能否发挥作用的关键。

5. 撰写和提交调查报告

撰写调查报告是网上调查的最后一步，也是调查成果的体现。调查报告不是调查数据和资料的简单堆砌，而应该将调查得来的数据和企业的营销策略结合起来，在分析调查结果基础上对调查的数据和结论进行系统的说明，并据此撰写出书面的调查报告。

9.2.3 网上直接调查应注意的问题

在确定了网上直接调查的内容、方式及实施步骤之后，就要制作网上调查表并将其发布在网上或通过 Email 发给被调查者，在实施网上调查时要注意以下几个方面的问题：

1. 网上调查问卷的设计

当采用网上问卷调查时，问卷设计的质量直接影响到调查效果。对于设计不合理的网上调查问卷，网民可能会拒绝参与调查，从而导致有效调查偏少，影响调查的效果。因此，在设计问卷时除了遵循一般问卷设计中的一些要求外，还应该注意下面几点：

（1）充分利用多媒体技术，在网上调查问卷中添加相应的多媒体背景资料，帮助被调查者作出选择。

（2）尽量将问卷设计成选择题形式，这样便于计算机自动统计结果。

（3）问卷中的问题安排一般按照从简到难的顺序，以吸引被调查者完成问卷填写。

（4）应考虑被调查者的耐心，在问卷中设置的问题不能太多。

（5）注意保护被调查对象的个人隐私。

2. 网上直接调查其他注意问题

（1）注意调查信息的质量。对采集信息实施质量控制，可以采用“IP+若干特征标志”的办法作为判断被调查者填表次数唯一性的检验条件。

（2）注意信息保密。网上调查可以使用匿名提交的方法，这比其他传统的调查方法拥有更加彻底的保密性能。

（3）答谢被调查者。网上直接调查对被调查者并没有直接的利益，为了调动被调查者的积极性，给予适当的奖励和答谢是十分必要的。这既有利于调动网上用户参与网上调查的积极性，又可以弥补因接受调查而附加到被调查者身上的费用（如网络使用费、市内电话费等）。答谢的有效办法是以身份证编号为依据进行计算机自动抽奖，获奖面可以适当大一点，但奖品价值可以尽量小一些。

（4）考虑各类客户的需求。从顾客的角度来了解客户需求。调查对象可能是产品直接的购买者、提议者、使用者，对他们进行具体的角色分析。

（5）网上直接调查的局限性。网上直接调查的局限性主要包括两个方面，其一是调查结果受制于调查对象，在互联网上进行的调查，被调查者是在完全自愿的原则下参与调查，调查的针对性更强。但网上调查的问卷能否收回，取决于被调查者对调查项目的兴趣，这在一定程度上影响了调查结果的可靠性和样本的准确性。而且，网上调查是在非面对面的情况下进行的，调查对象没有任何的压力和责任，这也很容易导致他在回答问题上的随意性，甚至还可能故意乱填，再加上网上的调查对象来源具有不确定性，在调查过程中很难进行复核，因此需要在分析调查结果阶段根据所得到的数据加以论证分析，去伪存真。其二是调查对象群体受到限制，目前上网的消费者人数较少，被调查对象的规模不大，而且上网者具有很强的群体特定性，难以具有真正的代表性，其调查结果一般只反映网民中对特定问题有兴趣的人，它所能代表的群体可能是有限的。所以，网上调查要看具体的调查项目和被调查者群体的定位，如果被调查对象规模不够大，就意味着不适合于在网上进行调查。

9.3 网上市场间接调查

网上直接调查通过网络收集的信息资料具有及时性，一般都是过去没有的，即是原始资料或第一手资料，具有较强的针对性和适用性，但调查的数据可能不够充分。Internet 作为一种信息媒体，其涵盖的信息远远超过任何传统媒体，对调查者来说，其中蕴藏着大量有价值的商业信息，如网上广告，以及企业、政府部门网站上发布的需求信息和招商、招标信息等，这些需经编排、加工处理后才能成为有用的资料，即称为二手资料。网上间接市场调查所要进行的工作就是在网上收集、加工与处理分析这些二手资料，使其成为有价值的商业信息。

9.3.1 网上商业信息的特点

1. 时效性强

Internet 已成为全球传播信息最快的途径之一。用户只需在搜索引擎网站的搜索框中填入其所要搜寻信息的关键字，便可在几分钟内获得全球宏观经济的预测、微观经济发展状况和经济界资深人士对当前经济的意见以及各种最新的商业信息。

2. 准确性高

网上信息基本上都是通过搜索引擎直接找到信息发布源获得的，由于无中间环节的中转，因此减少了信息的误传和变更，有效地保证了信息的准确性。Internet 上的许多著名站点，如联合国贸发大会 ETO 网站、中国经济信息网等，其发布的信息经过经济专家的加工，去伪存真，对企业的经营活动有一定的参考价值。

3. 便于存储

用户在网上浏览到的商业信息可以十分方便地从网上下载到用户的计算机上，并长期保存，供用户随时使用。

4. 检索难度大

在 Internet 这一浩如烟海的信息海洋中，要迅速查找自己所需的信息，不是一件容易的事。虽然网上提供了许多搜索工具和检索手段，但要熟练掌握，需要相当一段时间的培训和经验积累。

9.3.2 网上间接信息来源

间接信息的来源包括企业内部信息源和企业外部信息源两个方面。与市场有关的企业内部信息源主要是企业自己搜集和整理的市场信息、企业产品在市场销售的各种记录、档案材料和历史资料，如客户名称表、购货销货记录、推销员报告、客户和中间商的通讯、信件等。企业外部的市场信息源包括的范围极广，主要是国内外有关的公共机构。

1. 本国政府机构网站

政府有关部门、国际贸易研究机构以及设在各国的办事机构，通常能较全面地搜集世界或所在国的市场信息资料。本国的对外贸易公司、外贸咨询公司等，也可以提供较为详细、系统、专门化的国际市场信息资料。

2. 外国政府网站

世界各国政府都有相应的部门搜集国际市场资料，很多发达国家专设贸易资料服务机构，向发展中国家的出口企业提供部分或全部的市场营销信息资料。此外，每个国家的统计机关，都定期发布各种系统的统计数字，一些国家的海关甚至可以提供比公布的数字更为详尽的市场贸易和营销方面的资料。

3. 图书馆

公共图书馆和大学图书馆，可以提供市场背景资料的文件和研究报告。而最有价值的信息，往往来自附属于对外贸易部门的图书馆，这种图书馆起码能提供各种贸易统计数字、有关市场的产品、价格情况，以及国际市场分销渠道和中间商的基本市场信息资料。

4. 国际组织

与国际市场信息有关的国际组织主要有：

（1）联合国（United Nations，网址：http：//www. un. org/）。出版有关国际的和国别的贸易、工业和其他经济方面的统计资料，以及与市场发展问题有关的资料。

（2）国际贸易中心(International Trade Center，网址：http：//www. itc. org/)。提供特种产品的研究、各国市场介绍资料，还设有答复咨询的服务机构，专门提供由电子计算机处理的国际市场贸易方面的全面、完整、系统的资料。

（3）国际货币基金组织（International Monetary Fund，网址：http：//www. imf. org/）。出版有关各国和国际市场的外汇管理、贸易关系、贸易壁垒、各国对外贸易和财政经济发展情况等资料。

（4）世界银行（World Bank，网址：http：//www. worldbank. org/）。

（5）世界贸易组织(World Trade Organization，网址：http：//www. wto. org/)。

此外，一些国际性和地方性组织提供的信息资料，对了解特定地区或国际经济集团和经济贸易、市场发展、国际市场营销环境也是非常有用的。

5. 银行

许多国际性大银行都发行期刊，而且通常是一经索取就可以免费得到。期刊上一般有全国性的经济调查、商品评论以及上面提及的有关资料，这些资料有利于把握市场和各细分市场的营销环境。

6. 商情调研机构

这些机构除为委托人完成研究和咨询工作外，还定期发表市场报告和专题研究论文。

7. 相关企业

参与市场经营的各类企业是市场信息的重要来源之一。市场信息人员只要写信给这些企业的外联部门索取商品目录、产品资料、价目表、经销商、代理商、批发商和经纪人一览表、年度报告等，就可以得到有关竞争者的大量资料，了解竞争的全貌和竞争环境。

通过 Internet 访问相关企业或者组织机构的网站，企业可以很容易获取市场中许多信息和资料。因此，在网络信息时代，信息的获取不再是难事，困难的是如何在信息繁多的信息海洋中找出企业需要的有用信息。

9.3.3 网上间接调查方法

网上间接调查主要是利用互联网收集与企业营销相关的市场、竞争者、消费者以及宏观环境等方面的信息。企业用得最多的还是网上间接调查方法，因为它的信息广泛且能满足企业管理决策的需要，而网上直接调查一般只适合于针对特定问题进行专项调查。网上间接调查渠道，主要有 WWW、Usernet News、BBS、Email，其中 WWW 是最主要的信息来源，根据统计，目前全球有 8 亿个 Web 网页，每个 Web 网页涵盖信息包罗万象，无所不有。

网上间接调查方法一般是通过搜索引擎搜索检索有关站点的网址，然后访问所想查找信息的网站或网页。在提供信息服务和查询的网站中，网站一般都提供有信息检索和查询的功能。

9.3.4 网上间接调查的资料搜集渠道

1. 利用搜索引擎收集资料

目前网上80%的信息都是英文的，中文网站经过几年的发展，网上的中文信息也开始丰富起来，中文网站数目也急剧增加，特别是1999年为“政府上网年”，越来越多的经济政策信息纷纷上网，再加上中国台湾地区、中国香港地区等中文网站，网上中文资源已小有规模。因此，选择搜索引擎时最好区分一下是查中文信息还是英文信息，如果是中文信息，使用较多的中文搜索引擎是：搜狐（http://www.sohu.com），新浪（http://search.sina.com.cn），网易（http://www.yeah.net），中文雅虎（http://gbchinese.yahoo.com）。如果是英文信息，使用较多的搜索引擎是：Yahoo（http://www.yahoo.com），Excite（http://www.excite.com），Lycos（http://www.lycos.com），Infoseek（http://www.infoseek.com）和AltaVista（http://www.altavista.com）。

2. 利用公告栏收集资料

公告栏（BBS）就是在网上提供一公开“场地”，任何人都可以在上面进行留言或发表意见和问题，也可以查看其他人的留言，好比在一个公共场所进行讨论一样，你可以随意参加也可以随意离开。

目前许多ICP都提供有免费的公告栏，你只需要申请使用即可。公告栏软件系统有两大类，一类是基于Telnet方式的文本方式，查看阅览不是很方便，在早期用的非常多；另一类是现在居多的基于WWW方式，它是通过Web页加上程序（如JavaScript）实现，这种方式界面友好，受欢迎，使用方法如同浏览WWW网页。利用BBS收集资料主要是到主题相关的BBS网站上去了解情况。

3. 利用新闻组收集资料

新闻组就是一个基于网络的计算机组合，这些计算机可以交换一个或多个可识别标签标识的文章（或称之为消息），一般称作Usenet或Newsgroup。由于新闻组使用方便，内容广泛，并且可以精确地对使用者进行分类（按兴趣爱好及类别），其中包含的各种不同类别的主题已经涵盖了人类社会所能涉及到的所有内容，如科学技术、人文社会、地理历史、休闲娱乐等。使用新闻组的人主要是为了从中获得免费的信息，或相互交换免费的信息。

4. 利用Email收集资料

Email是Internet使用最广的通信方式，它不但费用低廉，而且使用方便快捷，深受用户欢迎，许多用户上网也主要是为收发 Email 信件。目前许多 ICP 和传统媒体，以及一些企业都利用 Email 发布信息。一些传统的媒体公司和企业，为保持与用户的沟通，也定期给公司用户发送 Email，发布公司的最新动态和有关产品服务信息。因此，通过 Email 收集信息是最快捷有效的渠道，收集资料时只需要到有关网站进行注册，以后等着接收 Email 就可以了。

9.4 间接调查信息的搜集和整理方法

9.4.1 收集竞争者信息方法

收集互联网上竞争者信息的途径主要有：①访问竞争者的网站。②收集竞争者网上发布的信息。③从其他网上媒体获取竞争者信息。④从有关新闻组和 BBS 中获取竞争者信息。

收集互联网上竞争者信息的步骤主要有：①识别竞争者。寻找网上竞争对手的最好方法是在全球最好的八大导航网站中查找。这八大导航网站是：yahoo、altavista、infoseek、excite、hotbot、webcrawler、lycos、planetsearch。对于国内来说，上网企业还不是很多，通过引擎可能只能搜索到部分的竞争对手，这是要注意的。②选择收集信息的途径。领导者可选择一些公众性媒体，如网上报纸收集信息或参与 BBS 与新闻组讨论，以发现潜在威胁者和最新竞争动态，然后有针对性访问其挑战者的网站，了解其发展状况，以作好应战准备；挑战追随者主要是选择访问领导者的网站和扮作领导者的顾客来收集信息，同时以一些公众性网上媒体为辅助；补充者可能限于资金等因素，主要通过访问竞争者网站了解竞争动态。③建立有效信息分析处理体系。信息收集与处理最好是由专人完成，分类管理，并用数据库将信息组织管理起来，以备将来查询使用。

9.4.2 收集市场行情信息方法

企业收集市场行情资料，主要是收集产品价格变动、供求变化方面的。目前互联网上建设有许多信息网：①实时行情信息网，如股票和期货市场（如中公网证券信息港，http：//www. cis. com. cn/）；②专业产品商情信息网（如慧聪计算机商情网，http：//www. hcinfo. com. cn）；③综合类信息网（如中国市场商情信息网，http：//www. bre392. com. cn）。收集信息时，首先通过搜索引擎找出所需要的商情信息网站点地址，然后访问该站点，登记注册，有的站点要收费，可以根据需要信息的重要性和可靠性选择是否访问收费信息网。在商情信息网站点获取需要信息时，一般要用站点提供的搜索工具进行查找，查找方法与搜索引擎基本类似。一般说来，不同商情信息网侧重点不一样，最好是能同时访问若干家相关但不完全相同的站点，以求找出最新、最全面的市场行情。

9.4.3 收集消费者信息方法

通过互联网了解消费者的偏好，主要采用网上直接调查法来实现。了解消费者偏好也就是收集消费者的个性特征，为企业细分市场和寻求市场机会提供基础。

利用互联网了解消费者偏好，首先是要识别消费者的个人特征，如地址、年龄、Email、职业等，为避免重复统计，一般对已经统计过的访问者在其计算机上放置一个Cookie，让它记录下访问者的编号和个性特征，这样既可以让消费者下次接受调查时可以不用填写重复信息，也可以减少对同一访问者的重复调查；另外还可以采用奖励或赠送办法，吸引访问者登记和填写个人情况表，以获取消费者个性特征。其次，在对消费者调查一些敏感信息时，应注意一些技巧。

有的公司还通过网页统计方法了解消费者对企业站点的感兴趣内容，现在的统计软件可以如实记录下每个访问网页的IP地址、如何找到该页等信息。根据这些信息，可以判定消费者感兴趣的内容是什么，注意的问题是什么，当然仅仅根据这些信息还是不够的。

目前许多公司为方便消费者，在公司的网站架设BBS，允许消费者对公司的产品进行评述和提意见。有的公司允许消费者直接通过网络下定单，提出自己的个性化需求，公司因此也可以获得消费者的第一手资料。

9.4.4 收集市场环境信息方法

企业仅仅了解一些与其紧密关联的信息是不够的，特别是在做重大决策时，还必须了解一些政治、法律、文化、地理环境等方面的信息，这有助于企业从全局高度综合考虑市场变化因素，寻求市场商机。互联网作为信息海洋，在网上基本都可以了解到上述信息，关键是如何寻找到有用的信息。对于政治信息，一般可以从一些政府网站（以.gov作为最高域名，如中国对外贸易与合作部网址为：http：//www.moftec.gov.cn）和一些ICP站点中查找（如新浪，http：//www. sina. com. cn）。对于法律、文化和地理环境方面的知识性信息，可以通过查找一些图书馆中有关的电子版书籍获取信息，查找时先利用搜索引擎找出图书馆的站点，然后通过图书馆站点的搜索功能查找有关信息。

9.4.5 网上间接调查资料的整理与分析

互联网是一个开放、平等和高度自由的媒体，其信息的获取和发送极少受到限制，因此，人们可以自由地在上面发表自己的言论。在这种情况下，来自网上的信息质量会良莠不齐，有价值和无价值的信息会混杂在一起，因此，若不加严格分析评估和审查就直接引用，是非常危险的，甚至可能带来不可挽回的损失，所以，必须对所收集到的资料进行认真的分析和评估。审查和评估可以从以下两个方面进行。

1. 资料的可靠性与公正性

一般来说，政府网站、国际组织、行业协会及知名企业的网站或一些著名站点所提供的资料一般比较可靠和公正，而一些民间组织或某些企业网站出于各自的目的，所发布的信息可能会有一些失真。对那些来自个人网站上的信息则一定要进行严格的审查。要审查提供资料的网站是否怀有恶意或偏见，可以从其机构域名上初步辨识，如“. gov”是政府网站、“. org”是非营利性组织的网站等；或通过浏览其网站的背景材料进行判断，有时无法判定某个网站的性质时，可给该网站管理者发 Email 进行核实。

2. 资料的有效性

网上信息的有效性主要通过其发布的时间来判断。运作较规范的网站一般在网页上都提供有网站信息的更新时间，但也有一些网站尤其是那些提供免费服务的网站，对所发布的信息往往不注意及时更新和维护，其时效性已荡然无存了。

网上市场调查是一项新生事物，尽管目前还没有成为一项具有广泛代表性的调查手段，但随着 Internet 向着更为广泛的社会生活领域的延伸，越来越多的经营者将会重视和依赖这一信息通道，从而使上网者能够具备在日益广泛的领域中充当调查对象的条件，从这个意义上来讲，网上调查技术的探索对专业调查者来说是一件非常具有潜在价值的工作。

本章小结

网上市场调查是指企业利用互联网络作为沟通和了解信息的工具，对消费者、竞争者以及整体市场环境所做的调查研究工作，是网络营销活动中的重要环节，没有网上市场调查，企业就把握不了网上市场的各种情况。网上市场调查是一种新的调查方式，其利用互联网进行调查扩展了传统的市场调查方法，尤其是在互联网在线调查、定性调查和二手资料调查方面具有优势。

本章阐述了网上市场调查的概念和内容，以及与传统市场调研相比之特点，论述了网上直接调查和网上间接调查的基本方法，着重介绍了网上直接调查的实施步骤和需注意的问题、网上商业信息的特点、网上间接信息来源、调查方法和资料搜集渠道，并详细说明了间接调查信息的搜集和整理方法。总之，网上市场调查可以帮助企业准确地把握市场机会，制定出有效的网络营销策略。

参考文献

[1] 钱旭潮，等. 网络营销与管理（第二版）[M]. 北京：北京大学出版社，2005.

[2] 瞿彭志，等. 网络营销 [M]. 北京：高等教育出版社，2001.

[3] 姜旭平. 电子商贸与网络营销 [M]. 北京：清华大学出版社，1998.

[4] 杨坚争. 电子商务基础与应用（第三版）[M]. 西安：西安电子科技大学出版社，2001.

[5] 冯英健. Email 营销 [M]. 北京：机械工业出版社，2003.

[6] 中国企业培训网. http://www.9j1.com/html/websell.

[7] 新浪网. http://finance.sina.com.cn/110/2004-06-20/360.html.

[8] 苏州物流信息网. http://www.512.56885.net/new_view.asp?id=23523.

[9] 冯英健. 网络营销基础与实践 [M]. 北京：清华大学出版社，2004.

[10] 薛辛光. 网络营销 [M]. 北京：中国电力出版社，2005.

[11] 史达. 网络营销 [M]. 大连：东北财经大学出版社，2006.

[12] 李纲. 网络营销教程 [M]. 武汉：武汉大学出版社，2005.

[13] 胡理增. 网络营销 [M]. 北京：中国物资出版社，2005.

[14] 王耀球. 网络营销 [M]. 北京：清华大学出版社/北方交通大学出版社，2004.

[15] 张建军. 网络广告实务 [M]. 南京：东南大学出版社，2002.

[16] 屠忠俊. 网络广告教程 [M]. 北京：北京大学出版社，2004.